고대중일관계사

왜의 오왕에서 견당사 이후까지

이 번역서는 2017년 대한민국 교육부와 한국연구재단의 지원을 받아 수행된 연구임(NRF-2017S1A6A3A03079318)

접경인문학
번역총서
007

고대 중일관계사

왜의 오왕에서 견당사 이후까지

가와카미 마유코 지음

서각수 · 이근명 옮김

學古房

666년 1월, 당(618~907)의 제3대 황제 고종(재위 649~683)은 중국 제일의 명산인 타이산泰山에서 하늘과 땅에 제사를 드리는 봉선封禪 의식을 거행하였다.

이 의식에는 황후 측천무후와 문무백관은 물론 지배층의 대부분이 참석했다고 중국 사서는 전한다. 또 중앙아시아 초원지대의 패자였던 돌궐, 서아시아에서 오랫동안 패권을 유지하던 사산 왕조 페르시아, 중앙아시아에서 인도에 이르는 요충지를 장악하고 있던 카피시와 웃디야나, 그리고 인도 등 중앙아시아와 남아시아의 국가에서 온 사절, 나아가 신라와 백제, 탐라, 고구려 등 동아시아 국가의 사절과 함께 일본의 사절도 참가했다고 한다.

3년 전 663년에는 백제 유민과 일본 연합군이 나당 연합군과 한반도의 백강에서 전투를 벌였다. 660년에 멸망한 백제의 부흥을 위한 전쟁이었지만, 결과는 백제와 일본 연합군의 대패로 끝났다. 더욱이 당은 봉선을 거행하던 해 겨울에는 고구려 원정을 위해 움직이기 시작하였다.

봉선 의식에는 격동하는 동아시아 정세 속에서 당의 국위를 모든 주변 국가들에 강조하려는 의도가 담겨 있었다. 얼마 전 나당 연합군에 패한 일본은 타이산에서 대국인 당의 압도적인 존재감을 똑똑히 실감하였다.

당의 뜻에 따르지 않고 대들었던 일본에 대한 위협이자 협박이었다.

그런데 에도시대 이전의 일본에게 중국은 줄곧 대국이자 동경의 대상이었다. 고대부터 근세까지 유력자들 - 고대는 왕족과 귀족, 중세는 무사, 근세는 유력 상인으로 중국 문물을 향유하는 계층이 확대되었다 - 이 열광적으로 중국의 문물을 수용한 것은 대국 중국에 대한 동경을 단적으로 말해준다.

그러나 일본은 고대의 어느 시기 이후 중국과 대등한 관계를 구축하고, 그 이후에는 중국을 단순히 대국으로 간주하지는 않았다는 주장이 뿌리 깊게 존재하고 있다.

이 주장은 607년에 파견된 일본의 견수사가 수(581~618)의 양제(재위 604~618)에게 보낸 국서의 서두, "해가 뜨는 곳의 천자가 서신을 해가 지는 곳의 천자에게 보낸다."(『수서』 동이전 왜국조)를 주된 근거로 삼고 있다. '해가 뜨는 곳'은 일본, '해가 지는 곳'은 수를 가리킨다. 양국의 군주에게 동일하게 '천자' 칭호를 사용하고 있으므로 당연히 일본은 양자가 대등하다고 주장한 것이라는 말이다.

견수사를 일본 고대 대외교섭의 역사에서 획기적 사건으로 보는 주장은 근대에 들어 교과서에 채택되었다. 태평양전쟁 중에는 전선의 확대와 함께 전황이 악화되면서 쇼토쿠태자聖德太子를 찬미하는 어구도 추가되었다. "매우 기세가 강하여 주변 국가를 깔보며 으스대고"(『초등과 국사』 상, 1943년 발행) 있던 수에게 대등 관계를 주장한 쇼토쿠태자의 자세가, 열강과의 전쟁으로 돌진한 정부가 국민에게 요구하는 자세와 합치되었기 때문이다. 그러나 패전 후 쇼토쿠태자를 칭송하는 기술은 갑자기 기세가 누그러졌다. 이것은 역사교육을 통한 도덕교육의 필요성이 급격히 저하된 것과 관계가 있다.

현재 고등학교 역사 교과서에서 견수사가 중국과 대등을 주장했다는 설은 사라졌다. 그러나 상당히 담담한 기술로 바뀌긴 했지만, 의무교육

교과서에는 아직도 견수사부터 대등한 입장에서 일본과 중국의 교섭이 시작되었다는 표현이 더러 남아 있다. 일반을 대상으로 한 서적도 마찬가지다. 견수사가 중국과 대등한 입장을 주장했다는 설은 21세기가 된 지금도 일본 사회에 상식으로 공유되고 있다.

그렇다면 실제로 고대 일본은 중국을 어떻게 인식하고 어떤 교섭을 가졌을까? 이 책은 대국 중국의 존재를 늘 가까이서 느끼고 있던 고대 일본이 어떤 수단과 방침, 목적을 가지고 중국과 교섭했는지 실증적으로 기술해 나가려고 한다. 그렇게 함으로써 앞에서 말한 '상식'과는 다른 모습을 드러내려 한다.

구체적인 대상은 5세기 이른바 '왜의 오왕五王'이라 불리는 왕들이 화이허淮河강 이남의 중국 강남에 있던 송(420~479)에 사신을 파견한 시대부터, 9세기 말 헤이안시대 초기 스가와라노 미치자네菅原道真의 건의에 따라 마지막 견당사 파견 계획이 중단될 때까지로 한다.

왜의 오왕부터 시작하는 이유는 수 왕조 때 대등한 입장에서 교섭을 요구한 일본의 인식 변화의 맹아를 이 시대에서 구하는 경향이 있기 때문이다. 마지막을 최후의 견당사 파견 계획에 두는 이유는 이 이후 국가로서의 교섭이 중단되었기 때문이다. 다만, 국가로서의 교섭이 재개되지 않았던 배경에 대해 언급하기 위해 헤이안시대 중기, 중국으로 말하면 오대십국(907~960)부터 북송(960~1127) 초기까지의 인적 교류에 대해서 언급하려고 한다. 이와 동시에 일본과 중국의 교섭사를 바르게 해독하는 작업의 전제로 교섭 상대인 중국의 사회와 정치, 문화의 움직임에 대해서도 상세하게 기술할 것이다.

대상으로 삼은 영역에 대해서도 잠시 언급하려고 한다. 본서는 일본과 중국의 교섭을 중심으로 하면서 동아시아와 중앙아시아, 남아시아, 동남아시아와 중국의 교섭도 시야에 넣을 것이다. 일본과 중국의 교섭의 역사는 다른 아시아 지역의 역사와 밀접하게 관련을 가지면서 전개되었기 때문이다.

663년 백강 전투의 후일담을 예로 들어보자. 668년 신라와 협력하여 고구려를 멸망시킨 당은 신라의 영역을 포함한 한반도 전역에 당의 통치 기구를 두었다. 그러자 신라가 강하게 반발하여 양국 사이에 전쟁이 시작되었다. 이 전쟁은 675년 신라의 끈질긴 저항으로 끝이 났다. 당시 당은 실크로드 무역의 이익을 둘러싸고 토번과 중앙아시아의 패권을 다투고 있었다. 전선으로서의 중요성은 이곳이 더욱 중요하다고 판단한 당은 한반도 경영에서 철수하였다.

아시아의 중대 사건은 늘 연쇄적으로 다른 지역으로 파급되어 새로운 상황이 각지에 발생하였다. 그런 변화가 닥칠 때마다 일본은 중국과의 교섭을 개시하거나 혹은 중지 또는 재개하였다. 또 새로운 정세에 대응하기 위해 중국과의 교섭 방법을 바꾸기도 하였다. 따라서 시야를 아시아로 넓힘으로써 일본 고대의 대중국 교섭을 더욱 흥미롭게 묘사할 수 있게 될 것이다.

그리고 고대 일본의 다양한 문제는 한반도 각국과의 교류나 그것을 통해 얻은 문물을 빼고는 생각할 수 없다. 그러나 일본과 한반도 각국의 관계도 중국을 중심으로 한 아시아의 동향 속에 있었던 점을 중시하여, 본서에서는 일본과 중국의 교섭사에 초점을 맞췄다.

그러면 일본 고대의 대중국 교섭을 아시아사의 테두리에서 살펴보면 어떤 것들이 보이게 될지 통설을 뛰어넘는 시도를 시작하기로 한다.

《수서》〈동이전〉에 아래와 같은 내용이 실려 있다.

해 뜨는 곳의 천자가 해 지는 곳의 천자에게 글을 보냅니다.
별 탈 없이 잘 지내는지요? 日出處天子 致書日沒處天子, 無恙?

우리에게도 익히 잘 알려져 있는 내용이다. 607년 일본(당시의 국호는
왜국)의 사신이 중국에 갖고 간 문서, 즉 일본의 통치자 쇼토쿠태자가 수
양제에게 보내는 글의 첫 부분에 해당한다. 일본인들 사이에는 실로 삼
척동자조차 아는 내용이라 하여도 과언이 아닐 정도로 유명하다. 여기서
쇼토쿠태자는 스스로 '해 뜨는 곳의 천자日出處天子'라 칭하고 있다. 중
국과 마찬가지로 천자라는 것이다. 이를 두고 통상 일본 학계에서는 중
국에 대한 대등 의식을 표현한 것이라 이해하여 왔다.

그런데 좀 의아한 점이 있다. 7세기 초 당시 일본은 갓 중앙 왕권을
수립해 가는 상황이었다. 일본열도 전체에 대해 명실상부하게 지배권을
확립한 것도 아니었다.

반면 중국의 수 왕조는 남북조의 분열을 종식시키고 동아시아 세계를
호령하고 있었다. 북방의 강국으로 군림하던 돌궐조차 600년 전후가 되

면 수에 순순히 복속하였다. 유일하게 수 중심의 국제 질서에 대해 저항하는 나라가 고구려였다. 수는 그러한 고구려를 좌시하지 않았다. 수 양제의 부친인 문제 시기부터 고구려에 대한 정벌을 기도하였다. 양제 시대가 되면 그 공격을 실행에 옮겼다. 612년부터 실로 전국력을 기울여 무려 3차례나 공격하며 고구려의 불복종을 징벌하고자 하였다.

당시 일본도 이와 같은 동아시아의 정세 변화를 잘 알고 있었다. 607년에 파견된 사신단 자체 새로운 강국 수와 우호 관계를 맺고자 하는 목적을 지니고 있었다. 그러한 사절단이 수에게 감히 이처럼 도발적인 내용이 담긴 국서를 전하려 하였을까?

전근대 시기를 통해 일본은 중국 중심의 조공 – 책봉 질서로부터 벗어나 상대적인 독자성을 유지하였다고 인식되어 왔다. 극히 예외적인 사례를 제외하고는 일본의 지배자가 중국으로부터 책봉을 받지 않았다는 것이다. 조공 사절단을 보내는 기간도 대단히 짧았다고 평가한다. 이러한 인식은 일본학계에서 통설로 받아들여지고 있다.

가와카미 마유코河上麻由子 교수가 저술한 이 책은 그러한 학계의 통설에 대해 전면적인 재검토를 시도하고 있다. 이른바 왜의 오왕五王부터 견당사의 파견 시기, 그리고 10세기 시점까지의 중일 관계사가 어떠한 구조 속에서 전개되었는가 분석한다. 그리고 이러한 분석과 검토를 통해 고대의 일본은 중국에 대해 시종일관 조공의 태도를 견지하였을 뿐 결코 대등을 주장하지는 않았다고 결론짓고 있다.

이 책은 전체 네 개의 장으로 되어 있다. 각각, 오왕의 시대, 견수사, 견당사, 오대 송초 시기의 중국과 일본 사이 교류를 고찰하고 있다. 그 주요 내용을 정리하면 다음과 같다.

(1) 왜의 오왕은 중국 황제에 대하여 군신 관계의 위치에 있었다.
(2) 수 양제에게 보낸 서신 속의 '천자'는 대등의 의미가 아니었다. '보

살 천자'의 약칭으로서, 불교를 옹호하고 신봉하는 군주라는 의미
였다.

(3) 견당사는 새로 즉위한 천황이 당의 황제에게 인사를 드리는 형식
을 띤 조공 사절단이었다.

(4) 오대의 중원 왕조와 송은 일본뿐 아니라 모든 외국에서 파견된 승
려를 환영하였다. 이를 통해 국가의 권위를 과시하고자 하였다.

이와 같은 관점은 대부분 일본 학계의 정설 내지 통설과 정면으로 배
치되는 것이라 할 수 있다. 그 중에서도 607년 수에 파견한 사신이 지니
고 간 문서의 해석은 실로 압권이라 할 만하다.

저자는 우선 이 문서를 두고 국서가 아니라 사적인 서신이었을 것이라
주장한다. 또한 일본인들이 상찬해 마지않는 '천자'라는 표현에 대해서도
다른 이해가 필요하다고 말한다. 통상적인 의미의 '천자', 즉 '지상 최고
의 권위를 지니는 지배자'의 동의어가 아니라는 것이다. 만일 그렇다면
수의 조정에서 결코 용납될 수 없었을 것이고, 《수서》에서도 그렇게 기록
하지 않았을 것이라고 말한다. 전후 문맥을 고려하면 불교를 진흥시키는
'보살 천자'라고 자임하는 것으로 보아야 한다고 설명한다. 일본의 군주
역시 수의 황제를 본받아 불교를 숭상하고 또 전파하고 있음을 강조하는
내용이라는 것이다.

이러한 주장과 분석은 매우 참신하고 흥미로울뿐더러 그 논증의 과정
도 대단히 설득력이 있다. 그렇기에 일본 내에서도 높은 평가를 받아 학
술상을 2번(2021년도 濱田靑陵賞 및 2019년 고대역사문화상 우수작품상)이나
수상하였다.

이 책은 중앙대와 한국외국어대가 컨소시움을 이루어 수행하는 접경
인문학 HK+사업단의 연구사업 일환으로 번역되었다. 접경인문학 사업단
은, "다양한 문화와 가치가 조우하고 교류하여 서로 융합하고 공존하는

장場”을 의미하는 ‘접경contact zones’을 연구 대상으로 삼아 교류와 공존의 양상을 연구하고 분석한다. 이러한 접경인문학 사업단의 지향 내지 연구 목표가 좋은 성과를 이루기를 기대한다. 그리하여 현대 세계가 직면하고 있는 갈등과 분쟁의 해결에 유효하고 설득력 있는 시각을 제시할 수 있게 되기를 바라마지 않는다.

2023년 9월
역자 일동

1. 이 역서는 아래의 책을 번역한 것이다.

　가와카미 마유코河上麻由子 저,『古代日中関係史 − 倭の五王から遣唐使
　以降まで − 』(中公新書 2533), 東京, 中央公論新社, 2019.

2. 중국 및 일본의 인명, 지명 표기는 국립국어원의 규정에 따랐다.

　예) 長安 → 장안(역사 지명으로 현재 쓰이지 않는 것)

　　　洛陽 → 뤄양(현재 지명과 동일한 것)

　　　聖德 태자 → 쇼토쿠태자, 平安京 → 헤이안쿄

3. 원저의 내용 가운데 오탈자 및 명백한 오류는 별도의 표기 없이 바로 잡았다.

　예) ① 36쪽 4행 : 天下が基本的には実行支配領域をさす

　　　　　　　　　 → 실효 지배 영역実効支配領域

　　　② 39쪽 6행 : 形成の逆転

　　　　　　　　　 → 형세의 역전形勢の逆転

　　　③ 46쪽 1행 : 顕宗天皇の弟である第24代仁賢天皇

　　　　　　　　　 → 겐소 천황의 형顕宗天皇の兄

　　　④ 61쪽 4행 : 朝鮮半島南部東には百済、西に新羅

　　　　　　　　　 → 동에는 신라, 서에는 백제東には新羅、西に百済

4. 원저의 이해를 돕기 위해 필요한 경우 역주를 가하였다. 역주는 본문의 아래
　에 각주 형식을 취하고 있다.

고대 일본의 천황 계보도(*는 여성)

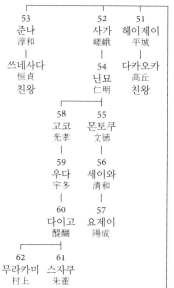
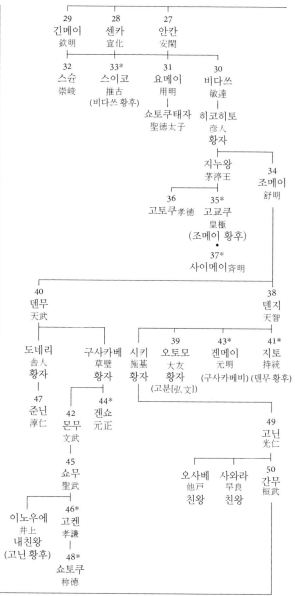

```
53              52      51
준나            사가    헤이제이
淳和            嵯峨    平城
  |             |       |
쓰네사다        54      다카오카
恒貞           닌묘    高丘
친왕           仁明    친왕

        58      55
        고코    몬토쿠
        光孝    文德
          |       |
        59      56
        우다    세이와
        宇多    清和
          |       |
        60      57
        다이고  요제이
        醍醐    陽成

  62      61
무라카미  스자쿠
村上      朱雀
```

```
29              28      27
긴메이          센카    안칸
欽明            宣化    安閑

32              33*     31              30
스슌            스이코  요메이          비다쓰
崇峻            推古    用明            敏達
              (비다쓰 황후)                |
                      쇼토쿠태자        히코히토
                      聖德太子          彦人
                                        황자
                                          |
                                        지누왕        34
                                        茅渟王        조메이
                            36      35*              舒明
                            고토쿠孝德 고교쿠
                                    皇極
                                (조메이 황후)
                                      •
                                    37*
                                    사이메이齊明

40                                              38
덴무                                            덴지
天武                                            天智

                                    39      43*     41*
도네리    구사카베  시키    오토모  겐메이  지토
舍人      草壁    施基    大友    元明    持統
황자      황자    황자    황자  (구사카베비) (덴무 황후)
  |       |               (고분[弘文])
47      44*
준닌    겐쇼
淳仁    42      元正
        몬무
        文武                                      49
          |                                     고닌
        45                                      光仁
        쇼무
        聖武                    오사베    사와라    50
          |                    他戸      早良    간무
        46*                    친왕      친왕    桓武
이노우에 고켄
井上     孝謙
내친왕     |
(고닌 황후) 48*
        쇼토쿠
        称德
```

16

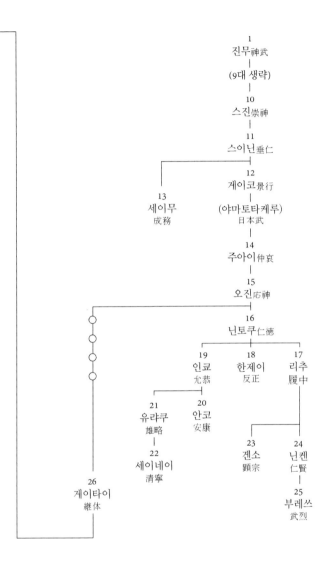

1
진무神武

(9대 생략)

10
스진崇神

11
스이닌垂仁

13
세이무
成務

12
게이코景行

(야마토타케루)
日本武

14
주아이仲哀

15
오진応神

16
닌토쿠仁徳

19
인쿄
允恭

18
한제이
反正

17
리추
履中

21
유랴쿠
雄略

20
안코
安康

23
겐소
顕宗

24
닌켄
仁賢

22
세이네이
清寧

25
부레쓰
武烈

26
게이타이
継体

제 1 장

왜의 오왕五王 시대
– '치천하대왕治天下大王'의 중국 남조와의 교섭

1. 5세기, 송 왕조에 무엇을 요구했나?

왕조 교체가 계속되는 중국

중국 사서에 따르면, 5세기에 찬讚 · 진珍 · 제濟 · 흥興 · 무武 등 5명의 왜국왕이 화이허강 이남의 중국 강남에 있던 왕조에 사신을 파견했다고 한다. '왜의 오왕'으로 통칭되는 이 왕들의 대중국 교섭은 421년부터 시작되었다. 교섭 개시의 배경을 알아보기 위해 이 무렵 중국이 도대체 어떤 상황이었는지 확인해 두기로 하자.

시대는 조금 거슬러 올라가지만, 후한 멸망 후 약 반세기에 이르는 혼란을 수습하고 중국을 통일한 것은 사마씨가 세운 진晉이다. 『삼국지』를 좋아하는 사람은 잘 알고 있겠지만, 사마씨는 본래 위魏의 조조를 섬기던 일족이었다. 조조가 죽은 후 265년에 사마염司馬炎이 조조의 손자로부터 선양을 받아 진 왕조를 열었다.

진은 그다지 인기가 없다. 삼국시대처럼 매력적이고 역동적인 인물의 활약이 없기 때문일 것이다. 초대 황제 사마염이 죽은 후 일찌감치 황위 계승 분쟁이 일어나 건국 후 곧바로 약체화한 것도 인기가 없는 이유 중 하나일지 모르겠다.

황실 내 투쟁이 되풀이되는 가운데 세력을 키운 것이 비非한족 집단이다. 독립의 기운이 고조되는 북방민족 앞에서 진은 곧바로 분열하여, 영역의 북반부에 해당하는 화북의 지배권을 유목 민족에게 넘겨주었다. 이후 화이허강 이북의 화북에서는 오호五胡로 총칭되는 비한족 세력의 이합집산이 되풀이되었다.

한편 화이허강 이남에 결집한 진의 잔존 세력은 317년 건강建康(현재의 난징)을 수도로, 영토가 대폭 축소되어 존속하였다. 남북 중국을 통일하고 있던 시기의 수도 뤄양에 비해 건강은 동쪽에 위치하고 있어, 중국사에서는 뤄양에 수도를 두었던 시기의 진을 서진(265~316), 건강에 수도를 두었던 시기의 진을 동진(317~420)이라 부른다.

당 초기에 편찬된 『진서晉書』에는 동진 시대인 413년에 "왜국이 토산품을 헌상하였다."라고 적혀 있다. 또 마찬가지로 당 초기에 만들어진 『양서梁書』와 송·남제·양·진陳 등 강남에 있었던 4개 왕조의 역사를 편찬한 『남사南史』에도 왜왕 찬이 사신을 파견했다고 기록되어 있다.

다만, 『진서』 본기에는 이 사신이 고구려와 동시에 중국에 입조했다고 기록되어 있다. 북송 때 편찬된 유서類書(사항별로 분류해서 편찬한 서적) 『태평어람』에 인용된 「진기거주晉起居注」(기거주란 황제를 측근에서 모시는 관리가 황제의 일상 발언과 행동을 적은 것)에는 왜국이 고구려의 산물인 표피와 인삼을 헌상했다고 되어 있는 점, 그리고 고구려와 왜가 당시 적대 관계에 있었을 뿐 아니라 이때 고구려왕에게만 관작官爵이 수여된 점으로 봐서, 413년의 사신은 왜국왕이 파견한 것이 아니라 고구려가 꾸린 사신으로 판단된다(사카모토 요시타네[坂元義種]의 연구 참조).

이런 동진은 420년에 멸망하였다. 고구려가 왜국의 사신을 날조한 것은 왕조의 말기였다. 이때 동진의 실권은 황제가 아니라 유유劉裕라는 인물이 장악하고 있었다.

〈1-1〉 중국 왕조 교체표(기원전 3세기 말~10세기 초)

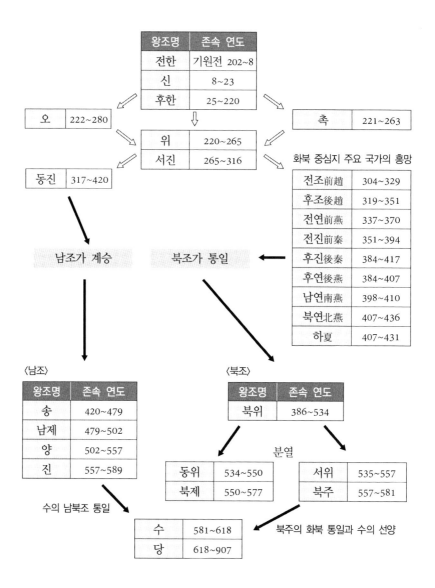

왕조명	존속 연도
전한	기원전 202~8
신	8~23
후한	25~220

오	222~280

위	220~265
서진	265~316

촉	221~263

동진	317~420

남조가 계승

북조가 통일

화북 중심지 주요 국가의 흥망

전조前趙	304~329
후조後趙	319~351
전연前燕	337~370
전진前秦	351~394
후진後秦	384~417
후연後燕	384~407
남연南燕	398~410
북연北燕	407~436
하夏	407~431

〈남조〉

왕조명	존속 연도
송	420~479
남제	479~502
양	502~557
진	557~589

〈북조〉

왕조명	존속 연도
북위	386~534

분열

동위	534~550
북제	550~577

서위	535~557
북주	557~581

수의 남북조 통일

북주의 화북 통일과 수의 선양

수	581~618
당	618~907

유유는 국내의 전란 및 화북의 이민족 정권과의 전투에서 두각을 나타 낸 동진의 장군이다. 귀족이 권력을 가진 동진에서 출신이 비천한 유유 는 이색적인 권력자였다. 410년 산둥반도에 할거하고 있던 남연南燕이라 는 왕조를 멸망시키자, 동진의 권력은 결정적으로 유유에게 집중되었다. 앞서 언급한 고구려왕에 대한 관작 수여는 3년 후의 일이었다.

장군 유유의 활약으로 산둥반도가 동진에 귀속된 것은 후연後燕(고구 려왕에게 관작을 수여한 전연의 후신)으로부터 얼마 전 랴오둥반도를 빼앗은 고구려에게 충격이었다. 유유의 영토 확대는 똑같이 영토 확대 시기에 있던 고구려의 사신 파견을 추동하였다. 고구려는 새로 산둥반도를 장악 한 동진을 종주국으로 인정하고 조공朝貢하였다. '조朝'는 황제를 알현하 는 것이고, '공貢'은 헌상품을 바치는 것을 가리킨다. 고구려의 방침 변경 을 받아들인 동진은 전연이 355년 고구려왕에게 내린 관작을 바탕으로 다시 고구려왕에게 관작을 수여했다. 관작을 수여함으로써 동진은 고구 려를 해외의 신하로 편입시켰다.

7년 후인 420년 동진 최후의 황제인 공제(재위 418~420)로부터 선양을 받아 유유가 즉위하였다. 수도는 건강이다. 이때 유유는 58세, 묘호를 무 제(재위 420~422)라고 한다. 수도를 남쪽으로 옮겨 존속하던 진은 멸망하 고, 송이라는 왕조가 새로 성립하였다.

송 건국과 각국의 책봉

즉위 직후 유유는 우선 동진의 마지막 황제를 영릉왕으로 삼고, 자신 의 부모를 황제와 황태후로 추증하고 건국 공신의 작위를 높였다. 다음 달에 유유는 주변 각국의 국왕과 수장을 한꺼번에 다음과 같이 승진시 켰다.

① 정서대장군 개부의동삼사 양성 → 거기대장군

② 진서장군 이흠 → 정서장군

③ 평서장군 걸복치반 → 안서대장군

④ 정동장군 고구려왕 고연高蓮[1] → 정동대장군

⑤ 진동장군 백제왕 부여영扶餘映[2] → 진동대장군

〈1-2〉 5세기의 동아시아(420년경)

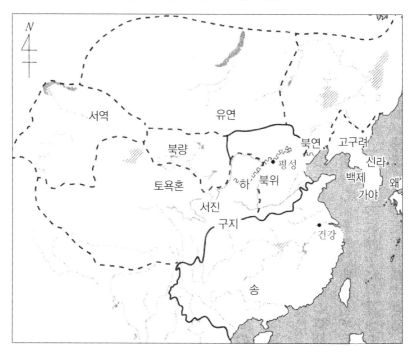

출전 : 川本芳昭 『中国の崩壊と拡大』(講談社, 2005)를 바탕으로 필자가 작성

---

1) 高蓮 : 고구려의 장수왕을 가리킨다.

2) 扶餘映 : 백제의 전지왕을 가리킨다.

① 양성楊盛은 간쑤성 남부에 있던 구지仇池라는 저족氐族 지방 정권의 수장, ② 이흠李歆은 둔황을 거점으로 하는 서량西涼이라는 한족 지방 정권의 수장, ③ 걸복치반乞伏熾磐은 간쑤성과 칭하이성을 지배하던 서진西秦이라는 국가의 수장, ④, ⑤는 한반도의 고구려와 백제의 왕이다. 그들은 동진 말기에 각각 관작을 받았다(① 407년, ② 418년, ③ 416년, ④ 413년, ⑤ 416년). 즉위 직후 유유는 국외까지 널리 은전을 베푼다고 하면서 서역과 한반도 등 주변 각국 및 세력의 군장의 칭호를 한꺼번에 높인 것이다.

중국의 황제들은 예로부터 국내의 귀족이나 공신에게 '왕'이나 '공', '후' 같은 작위를 수여하였다. 한대에는 작위 수여가 국외에도 적용되어, 각국의 왕을 그 나라의 왕에 임명하거나 그들에게 장군 등의 칭호를 수여하였다. 작위나 장군 등의 칭호를 수여받은 각국의 왕은 명분상 황제와 군신 관계를 맺게 된다. 대외관계사에서는 중국이 각국의 왕을 그 나라의 왕으로 삼는 행위를 '책봉冊封'이라 부른다. '책冊'이란 각국의 왕에게 주는 임명서, '봉封'이란 흙을 쌓아 구획한 영역을 가리키는데, '책봉'이라는 두 음절로 그 지역의 군장에 임명한다는 의미이다. 황제에게 책봉은 국내외에서 자신의 권위와 영향력을 높이는 것이며, 각국의 왕에게는 국내외에서 자신의 지위를 보증하는 것이었다. 피책봉국에게는 조공 때 하사받는 물품도 매력적이었다. 다만, 책봉을 받은 나라는 조공의 의무가 있었지만, 조공한 나라가 반드시 책봉을 받는 것은 아니었다(니시지마 사다오[西島定生]의 연구 참조).

그런데 책봉은 이 시대 사서에는 등장하지 않는 용어이지만, 개설서에도 사용되는 등 일반에게 잘 알려진 용어이므로, 본서에서도 이 어구를 사용하기로 한다. 또 더 높은 관위를 수여하는 것은 사료의 기술에 따라 '진호進號'라고 하기로 한다.

420년의 책봉으로 이야기를 되돌리자.

앞서 적은 것처럼 유유가 즉위 다음 달에 일제히 진호한 것은 건국 일시를 통보받은 주변 각국의 국왕과 수장이 때맞춰 사절을 파견한 것에 대한 은전으로 이루어진 것일까? 아니면 황제가 된 유유가 각국이 사절을 보내지 않았는데도 제멋대로 승진시킨 것일까? 그해 유유가 고구려와 백제에 내린 조서를 통해 이것은 후자라고 판단할 수 있다.

> 사지절 도독영주제군사 정동장군 고구려왕 낙랑공 연(璉)과 사지절 독백제제군사 진동장군 백제왕 영(映)은 함께 해외에 있으면서 충의를 지켜 멀리서 공물을 바쳐오고 있다. <u>새로운 [왕조의] 시작을 알림에 즈음하여, 경사를 함께 누리는 것이 마땅하다.</u> 연에게는 정동대장군을, 영에게는 진동대장군을 제수한다. [동진 시절에 받았던] 지절과 도독, 왕, 공의 칭호는 그대로 [유지하도록 허락한다].　　　（『송서』 이만전 고구려국조）

유유는 새 왕조의 시작을 고구려와 백제에 전달하면서 고구려왕과 백제왕에게 은전을 베풀어야 마땅하다(밑줄 부분), 그러므로 고구려왕에게는 본래의 관작에 맞춰 정동대장군을, 백제왕에게는 본래의 관작에 맞춰 진동대장군을 수여한다고 하였다. 왕조의 시작과 진호는 송이 파견한 사절을 통해 고구려와 백제에 동시에 전달되었을 것이다.

일제히 진호한 것은 동진이 주변 각국 및 세력과의 사이에 구축한 관계를, 새로 개창된 송이 발전적으로 계승하겠다는 의사의 표명이었다. 각국의 입장에서 보자면 송의 진호는 강제이다. 일제히 진호를 받은 국왕이나 수장 중에는 당혹해하면서 송의 새로운 외교정책을 받아들인 사람도 있었을 것이다.

한편, 중국과 지속적인 교섭이 없었던 왜국은 건국 직후 송의 안중에 없었다. 그러나 한반도의 이권을 중시하는 왜국의 눈3)에 송이라는 신왕

---

3) 여기서 말하는 '한반도의 이권'이 구체적으로 무엇인지는 본문에 더 이상의 서

조의 대외 방침은 흥미롭게 비쳤던 것 같다. 왜국은 송에 처음으로 사신을 파견하였다.

왜국왕들에 대한 책봉

왜왕 찬이 사신을 파견한 것은 421년, 송이 건국된 이듬해이다.

유유는 사신을 파견한 왜왕 찬을 '제수除授'하였다. '제除'는 과거의 칭호를 삭제하는 것, '수授'는 새로운 칭호를 수여하는 것이다. 다만 통상적으로 '제'의 의미에는 무게를 두지 않아, 처음 칭호를 줄 때도 '제수'라는 말을 사용하였다. 찬이 왜국왕에 임명되었다고 추정할 수 있지만, 그 밖의 칭호는 알 수 없다.

찬은 어떻게 이 타이밍에 사신 파견이 가능했을까? 왜국의 정보망이 직접 중국까지 뻗어 있었기 때문이 아니다. 송 건국의 정보가 한반도에서 제공되었기 때문이다.

421년 송으로부터 책봉을 받음으로써 왜국왕은 중국과의 교섭권을 독점하였다. 배신陪臣이 된 왜국왕의 신하는 황제에게 사신 파견이 허용되지 않기 때문이다. 그 결과 교섭을 통해 수여되는 여러 가지 물품은 왜국왕이 독점한다. 〈1-3〉은 왜의 오왕이 파견한 사절을 받아들인 왕조의 기록을 바탕으로 정리한 것이다.

술이 없어 알 수 없다. 다만, 4세기 말 광개토대왕의 진출에서 시작되는 고구려의 남진으로 한반도의 남부 지방이 고구려의 영향하에 들어가자, 한반도 남부로부터 철 자원 등의 수입이 어려워진 왜가 송의 권위를 빌어 이 문제를 해결하려 했다는 것이 통설적인 견해이다.

〈1-3〉 왜 오왕의 송과 남조에 대한 사절 파견(421~479)

연도	왜왕	사료에 기재된 사절 파견의 개요	출전
421	찬	왜의 찬에게 조를 내려 제수하였다.	『송서』 이만전
425	찬	사마조달을 보내 표를 바치고 특산물을 헌상하였다.	『송서』 이만전
430	-	사절을 파견하여 특산물을 헌상하였다.	『송서』 본기
438	진	찬이 죽고 동생 진이 즉위하여 사신을 파견하였다. '사지절·도독왜백제신라임나진한모한육국제군사·안동대장군·왜국왕'이라 자칭하면서 정식으로 제수해 줄 것을 요청하므로, 진을 안동장군·왜국왕으로 삼았다. 왜수 등 13명에게도 평서·정로·관군·보국장군의 칭호를 요청하므로, 조를 내려 허가하였다.	『송서』 본기 『송서』 이만전
443	제	제가 사절을 파견하여 봉헌하므로 안동장군·왜국왕에 임명하였다.	『송서』 이만전
451	제	사지절·도독왜신라임나가라진한모한육국제군사를 더하고 안동대장군으로 올렸다.4) 23명에게 칭호를 요청하므로, 군사권과 군郡 지배권에 관련된 칭호를 주었다.	『송서』 본기 『송서』 이만전
460	-	사절을 파견하여 특산물을 헌상하였다.	『송서』 본기
462	흥	왜왕의 세자(후계자)인 흥을 안동장군·왜국왕으로 삼았다.	『송서』 본기 『송서』 이만전
477	-	사절을 파견하여 특산물을 헌상하였다.	『송서』 본기
478	무	흥이 죽고 동생 무가 즉위하여, 표를 바치며 제수를 요청하므로, 조서를 내려 무를 사지절·도독왜신라임나가라진한모한육국제군사·안동대장군·왜왕에 임명하였다.	『송서』 본기 『송서』 이만전
479	무	왜왕이 사절을 파견하므로 무의 칭호를 진동대장군으로 올렸다.	『남제서』 이만전 「직공도」

주기 : 파견의 대상 왕조는 421~472년까지는 송, 479년만 남제. 왜왕 란의 ' - '는 왕명의 기재가 없는 것임. 필자 작성

---

4) "안동대장군으로 올렸다."라는 것은 『송서』 본기의 기술에 따른 것이다. 그러나 『송서』 이만전 왜국조의 기술은 "안동장군은 본래대로 두었다."라고 되어 있다.

찬이 죽은 후, 438년에 동생 진이 송에 사신을 파견하였다. 무제는 이미 사망했고, 무제의 셋째 아들 문제(재위 424~453)의 치세가 되어 있었다. 진의 시기부터 왜국왕은 장군 칭호와 왜국왕 이외에 '사지절', '도독'의 칭호를 요청하였다.

사카모토 요시타네의 연구를 참고하여 칭호의 내용에 대해 확인해두기로 하자.

'사지절使持節'이란 황제로부터 '절節'이라는 털방울 장식이 달린 자루를 받는 것을 가리킨다. '절'을 받은 인물은 황제의 권력을 분여 받은 것이 되어, 황제에게 보고하지 않고 부하를 사형에 처할 수 있었다. '절'의 수여에는 '사지절', '지절', '가절假節'의 세 가지가 있는데, 순서대로 등급이 내려간다. 제濟가 받은 '사지절'이 가장 높은데, 군郡의 장관인 태수조차 사형에 처할 수 있었다.

'도독都督'은 군사권의 상하 관계를 나타내는 칭호이다. '도독', '감監', '독督'의 순으로 등급이 내려간다. 진이 요청한 것은 왜·백제·신라·임나·진한·모한 등 6개국의 군사권이었다. 그러나 진의 시기에는 '도독' 칭호는 허가받지 못하였다. '도독'으로 군사권을 받은 것은 세 번째 왕인 제부터이다.

제에게는 왜·신라·임나·가라·진한·모한 등 6개국에 대해 도독으로서 군사권이 허가되었다. 앞의 국왕인 진이 요청했던 백제의 군사권은 허용되지 않고, 대신에 가라加羅의 군사권이 허가된 것은 백제의 군사권이 이미 백제왕에게 주어졌기 때문이다. 어쨌든 왜국왕은 백제를 제외한 한반도 남부에서의 군사권을 황제로부터 정식으로 허가받았다. 이 이후 왜국왕의 한반도에서의 군사행동은 중국 황제의 허가를 받은 것이 된다.5)

---

5) 신라 이하 5개국은 당시 송의 피책봉국이 아니다. 중국에서는 피책봉국으로부터

왜국왕은 진의 시기부터 신하에 대한 관작 수여도 요청하였다. 진은 13명의 왜인에 대한 장군 칭호 수여를 요청하여 허가를 받았다. 왜국왕이 신하에게 수여를 요청한 것은 황제의 권위를 배경으로 권력 강화를 기도했기 때문이었다. 왜국왕의 구심력이 충분하지 못하여 황제 – 왜국왕 – 왜국왕의 신하라는 계층조직을 구축하려 한 것이다. 장군 칭호와 함께 그 칭호에 걸맞은 의복과 무기류 등이 하사되었을 것이다. 이 관계에 편입된 왜인들에게도 충분한 이점이 있었음이 분명하다.

관위를 수여하는 황제에게도 물론 이득이 있었다. 왜인들에 대한 관위 수여는 황제의 은택에 따른 것이다. 왜국 내의 명분 관계는 황제의 은택에 의해 정해지며, 황제의 덕은 주변국을 교화할 만큼 높다는 말이 된다.

앞서 언급한 것처럼 송의 초대 황제 유유는 비천한 집안에서 태어나 황제의 자리까지 올랐다. 출신에서 유래하는 권위의 취약성은 자손에게도 이어졌다. 송 황제들에게 있어 권위를 높이는 것은 중요한 과제로, 위엄과 덕망을 내외에 선전하는 행위는 환영할 일이었다.

왜국왕은 451년에도 23명의 왜인에게 장군 칭호와 군태수 칭호를 수여하도록 요청하였다. 458년에는 백제도 신하들에 대한 관작 수여를 요청하였다. 이 이전에 백제왕이 신하에 대한 수여를 요청한 사례는 발견할 수 없다. 진과 제의 성공을 보고 따라서 한 것으로 보인다.

제가 죽은 후 흥興이 즉위하여 사신을 파견하였다. 제4대 황제 효무제(재위 453~464) 치세 때인 462년의 일이다. 효무제는 왜국왕에게 내린 조서에서 "왜왕의 후계자인 흥은 역대 [왜왕의] 충성을 이어받아 중국의 바깥 울타리[藩屛]가 되어, [황제의] 덕화를 입어 국내를 평안히 하고, [지금 이처럼] 공손하게 조공하러 온"(『송서』 이만전 왜국조) 것을 높이 평

중국의 책봉을 받지 않은 지역에 대한 장군 칭호의 요청이 있을 경우, 그것을 그대로 승인하였다. 제가 승인받은 신라 이하 5개국 도독의 칭호도 군사적 지배라는 실질을 동반하지 않은 것이었다.

가하면서 흥에게 선왕의 작위와 칭호를 이어받게 해야 한다고 하였다. 흥의 시기에 왜국은 드디어 대대로 송의 울타리가 되었다고 인정받은 것이다.

송 왕조의 울타리로

왜국왕도 자신을 송의 울타리로 간주하였다. 다음은 흥의 동생으로 흥의 뒤를 이어받은 무武가 478년에 보낸 상표문이다. 표表란 신하가 군주에게 바치는 문서를 가리킨다. 지금까지 여러 차례 현대어로 번역되었지만, 매우 재미있는 사료이므로 다시 번역하기로 한다.

> [신이] 책봉 받은 나라 [왜국]은 [중국으로부터] 아주 멀리 떨어져 있으며, 중국의 바깥 울타리가 되어 있습니다. 옛날부터 조상들은 몸에 갑옷과 투구를 걸치고, 산을 넘고 물을 건너 [오랑캐와 싸우느라] 편안히 쉴 겨를도 없었습니다. 동으로는 모인毛人 55국을 정벌하였고, 서로는 중이衆夷 66국을 복속시켰으며, [바다] 건너 해북海北 95국을 평정하였습니다. [이에 폐하의] 지배는 평화롭고 평안하며, 그 영역은 수도로부터 아득한 먼 곳까지 이르게 되었습니다.
>
> [왜왕들은] 대대로 조공하여 해마다 게을리 한 적이 없습니다. 신은 비록 아주 어리석으나 황공하게도 왕위를 이어받은 이상, 휘하에 있는 자들을 이끌고 폐하께서 계시는 천하의 중심으로 찾아뵈어야 한다고 생각하고, [이에] 백제를 경유하기 위해 배도 다 준비해 두었습니다. 그러나 [고]구려 놈들은 무도하게도 [다른 나라를] 병탄하려 하고, 변경의 예속민을 약탈하며 살육을 그치려 하지 않습니다. [이에 배가] 지체되고 순풍을 놓쳐, 비록 길을 나서더라도 도착을 장담할 수 없는 상태가 되어 버렸습니다.
>
> 신의 선친인 제濟는 우리의 적인 [고구려]가 폐하께로 가는 길을 막는데 분개하였고, [고구려를 규탄하는] 정의의 목소리는 백만의 병사들을

감동시켜, 대거 쳐들어가려던 참에 갑자기 아비도 형도 죽어 버려서, 거의 다 성취한 공적도 실패로 돌아가고 말았습니다. 아비와 형의 상중에 있으므로 병사를 움직이지 못하고 진군을 멈추고 있어서 아직 승리를 얻지 못하였습니다.

지금은 [상도 끝나], 병사를 훈련하여 아비와 형이 남긴 뜻을 잇고자 하면, 의로운 병사는 용맹스레 일어나고 문관도 무관도 군공을 세우려고 번쩍이는 칼날이 눈앞에 닥쳐도 목숨을 아끼지 않을 것입니다. 만약 천지를 뒤덮는 폐하의 덕으로써 이 강적을 멸망시켜 국난을 진정시킨다면, [송 왕조에 대한 조공에 힘썼던 이전 왕들의] 공적을 쇠퇴하게 만드는 일도 없을 것입니다. 삼가 스스로 개부의동삼사開府儀同三司를 가수假授하고 다른 자들[에게도 각각 칭호]를 가수함으로써 더욱 충절을 다할 생각입니다.

(『송서』 이만전 왜국조)

무는 먼저 대대로 송에 조공한 것, 그리고 열도의 동서와 해북(한반도)에서 송에 복속하지 않는 나라들을 멸망시켜 송 황제의 지배가 미치는 영역을 확대시킨 것을 자랑한다. 무는 즉위 후부터 조공하려 했지만, 고구려의 방해를 받았다. 부형 때부터 고구려와는 대립하고 있는데, 토벌을 시도했지만 두 사람 모두 뜻을 이루지 못하고 사망하였다. 지금은 복상도 끝났으므로 송의 위엄과 덕망에 의지하여 고구려 토벌을 단행하고자 한다. 그러므로 개부의동삼사를 포함한 관작을 내려주시기 바란다고 요청하고 있다.

도래인이 쓴 왜의 상표문

이 상표문의 원문은 사자구四字句를 기본으로 하고 전고典故에 입각하여 작성한 잘 정제된 한문이다. 더욱이 황제가 있는 곳을 천하의 중심으로 간주하고, 부형이 죽었을 때는 상복을 입고 군대를 움직이지 않는다고 하는 등 중국의 유교적 관념과 세계관을 잘 이해하고 있다. 오래전부터 지적되고 있듯이 왜국은 이런 고도의 한문을 작성하는 기술을 도래인에게 의지하였다.

다음에 인용하는 것은 5세기 후반에 작성되었다고 하는 구마모토현 에다후나야마江田船山 고분에서 출토된 칼의 명문이다. 철제 칼에 은으로 상감하여 75자를 새겼다.

> 천하를 다스리시는 와카타케루대왕獲□□□鹵大王 치세에 전조인典曹人(문관)으로 대왕을 섬기던 그 이름 무리테无□로가 8월에 커다란 쇠 가마솥을 이용하여 4척 길이의 칼을 만들었다. [이 칼은] 80번 불리고, 90번 쳐서 만든 것으로, 더없이 훌륭한 칼이다. 이 칼을 차는 자는 장수하고 자손은 번성하며, □의 은혜를 얻을 것이다. 또 통솔하는 바를 잃지 않을 것이다. 칼을 제작한 자의 이름은 이타와伊太和, [명문을] 쓴 자는 장안張安이다.

'와카타케루대왕'은 『일본서기』의 일본식 시호로는 '대박뢰유무천황大泊瀨幼武天皇', 『고사기』의 일본식 시호로는 '대장곡약건명大長谷若建命'(모두 '오하쓰세노와카타케루노스메라미코토'라고 읽는다.)이라고 하는 제21대 유랴쿠雄略천황을 가리킨다. 명문에서 말하는 궁의 위치가 『일본서기』와 『고사기』에 나오는 궁의 소재지와 일치하기 때문에 와카타케루대왕이 유랴쿠천황인 점은 분명하다. 『일본서기』에는 유랴쿠천황 때 오吳, 즉 남중국에 사신을 파견한 점, 백제 편에 가담하여 고구려와 적대한 점, 동일본으로 출병하여 판도를 넓힌 점 등, 앞서 제시한 상표문과 일치하는 상황이 기록되어 있다.

명문에는 와카타케루대왕과 대왕의 전조인으로 근무하던 무리테, 대장장이 이타와의 이름이 1음 1자로 기록되어 있다. 성과 이름의 구별도 없다. 그에 비해 명문 작성자의 이름 장안張安은 성[張]과 이름[安]으로 적혀 있다. 장안은 무리테나 이타와와는 다른 배경을 가진 사람, 즉 도래인이었다.

대왕 가까이서 전조인, 즉 문관으로 대왕을 섬기던 무리테조차 명문과 같은 단순한 문장을 작성할 줄 몰랐다. 더욱 고도의 지식을 필요로 하는 무의 상표문을 왜국인이 작성 가능했을 리가 없다. 무의 상표문은 명문과 마찬가지로 도래인이 작성하였다. 유교적 관념을 바탕으로 한 상표문의 작성은 도래인이 참모가 되어 구상한 것이며, 중국이나 한반도와 관련된 정보도 도래인의 협력을 통해 수집한 것이 분명하다.

무의 상표문에서는 『진서』에 기재된 상표문과 유사한 표현을 많이 발견할 수 있다. 서진 멸망 때 한반도로 이주한 사람들이나 그들의 자손, 혹은 그들 밑에서 한자 문화를 배운 사람들이 왜국에 건너와서 작성한 것이라고 한다(다나카 후미오[田中史生]의 연구 참조). 동아시아는 이동하는 사람들에 의해 서로 연결되어 공통의 토대를 구축해 나가고 있었다.

무는 478년에도 사신을 파견하였다. 송의 마지막 황제인 순제(재위 477~479) 치세 때이다. 순제는 477년 소도성蕭道成이라는 장군에 의해 옹립된 황제이다. 왜국 사신이 도래한 이듬해 순제는 소도성에게 선양하여 송은 멸망한다. 새로 열린 왕조의 이름은 제齊, 뒤에 화북에 등장하는 제와 구별하기 위해 이 왕조를 남제(479~502)라고 부른다. 한편, 조금 뒤에 화북에 생긴 제라는 왕조는 북제(550~577)라고 한다.

왜국 사신이 순제와 만나기 직전에 소도성은 송 영역 내 16주의 도독권을 가지고 있었다. 송의 주는 『송서』권35~38의 '주군州郡'의 항목에 따르면 28개였다. 소도성은 6할에 가까운 송 영역의 군사권을 부여받은 셈이다. 선양은 코 앞에 다가와 있었다. 왕조 교체 직전의 긴박한 분위기를 수도에 들어간 왜국 사신도 피부로 절실히 느꼈을 것이다.

2. 왜국인의 이미지 – 양의 「직공도」가 말하는 것

반세기에 이르는 조공의 결과

479년 4월 소도성이 순제로부터 선양을 받아 황제로 즉위하였다. 송이 멸망하고 남제가 성립하였다. 그해 소도성은 무를 사지절 도독왜·신라·임나·가라·진한·모한육국제군사 진동대장군 왜왕에 임명하였다. 왜왕이 즉위 직후의 소도성에게 사신을 파견했거나, 아니면 왜왕이 조공하지 않았는데 소도성이 책봉하고 제수한 것 중 하나이다.

과거에는 후자의 의견이 우세하였다. 『일본서기』에 따르면 유랴쿠천황의 사망은 479년 8월인데, 소도성의 즉위 사실이 무의 생전에 왜국에 전달되고, 더욱이 사신을 준비하여 파견하기에는 시일이 너무 촉박하기 때문이다.

그러나 최근 발견된 「직공도職貢圖」에 의해 소도성과 만난 왜국 사신의 존재가 확실시되고 있다.

「직공도」는 양(502~557) 무제(재위 502~549)의 즉위 40년을 기념하여 만들어진 것이다. 당시 외국 사절의 진공進貢 모습이 그려져 있다. 양 무제는 남제를 멸망시키고 양을 건국했으며, 치세는 40년을 넘겼다. 강남 지역을 영유했던 양 이전의 송과 남제는 황실 내부의 투쟁 때문에 황제가 자주 바뀌었다. 무제의 재위는 피폐한 강남에 안정을 가져왔고, 강남의 왕조는 전성기를 맞았다. 그런 위세를 자랑하며 만들어진 것이 「직공도」였다.

「직공도」를 좀 더 상세하게 설명하자면, 총 33개국의 사신을 그린 「사자도使者圖」와 그 나라의 소재지와 풍속, 중국 왕조와의 통교 같은 정보를 기록한 「제기題記」로 구성되어 있다. 〈1-4〉는 직공도에 사신이 그려져 있는 나라들이다.

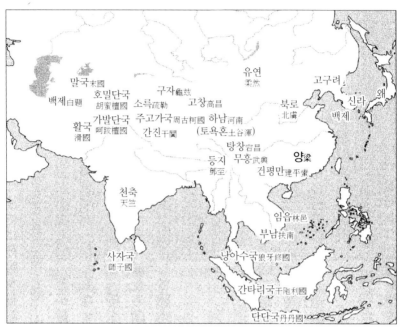

필자 작성

「직공도」의 원본은 존재하지 않고, 현재 3개의 사본이 존재한다. 시대 순으로 남당南唐 시대의 사본(10세기), 북송 시대의 사본(11세기), 명 시대 의 사본(불명)이다. 북송 때 필사된 사본에만 제기가 남아 있고, 다른 두 사본에는 제기가 없다. 본래는 사자도와 제기가 함께 작성되었지만, 남당 과 명대의 사본은 사자도만 필사하였다.

북송 시대 사본은 청말의 동란기에 자금성에서 반출할 때 일부가 파손 되어, 왜국 사자도에 딸려 있던 제기의 후반부가 없어져 버렸다.

그러나 2011년, 1739년에 「직공도」를 감상한 인물이 베껴 적은 제기의 문장이 청 말에 만들어진 책에서 발견되었다. 이 제기의 잔존 문장은 북 송 시대 사본에 없는 7개국의 제기를 보충하는 것으로, 사료적 가치가 매우 크다. 바로 거기에 왜국 사자도의 제기가 발췌 수록되어 있는데, 왜국이 479년에 사신을 파견했다고 명기되어 있다.

지금까지 왜왕의 사절 파견은 478년, 즉 송 말기에 끝났다고 생각하였다. 그러나 제기 잔존 문장이 발견됨으로써 무의 사신이 건국 직후의 남제에서 황제를 알현했을 가능성이 부상하였다. 하기는 선양을 눈앞에 두고 있던 소도성이 송 최후의 황제에게 조공 온 왜국의 사신을 그대로 체류시켰다가, 즉위 후에 다시 사신으로 환대하여 무를 책봉했다고 생각해도 하나도 이상할 것이 없다. 최근에는 직공도의 제기 잔존 문장을 바탕으로 남제 초에도 왜국의 조공이 있었다고 간주하는 설이 유력하다(게가사와 야스노리[氣賀澤保規]의 연구 참조).

어쨌든 이번 왕조 교체극에서 왜왕은 고구려왕 및 백제왕과 함께 왕조교체 때 일제히 진호되는 대상이 되었다. 반세기에 걸친 조공의 결과 왜국은 드디어 중국의 세계질서 아래 편성되어야 할 국가, 교화가 미치는 국가로 인정받았다.

「직공도」의 왜국 사자도

「직공도」라는 희대의 사료가 지닌 의의에 대해 조금 더 설명하고자 한다. 일본 학계가 우선 주목한 것은 사자도였다.

2011년 제기의 잔존 문장이 발견되기 전에 「직공도」 사본이 처음 학계에 알려진 것은 1960년이다. 중국미술 연구자인 진웨이눠金維諾에 의해 그동안 사라져 없어졌다고 생각했던 「직공도」가 실은 난징박물원에 소장되어 있다는 사실이 판명되었다. 이에 일본에서는 동양사학을 견인한 연구자 중 한 사람인 에노키 가즈오榎─雄가 뛰어난 일련의 연구를 발표하였다. 에노키의 연구는 「직공도」의 작성이 중국사에서 지니는 의의를 살피는 것이었지만, 일본사 학계에서는 「직공도」에 왜국 사자도가 그려져 있는 점이 특히 주목을 받았다. 6세기 중반 왜국인의 모습을 전하는 가능성이 있는 사료가 이것 이외에는 없었기 때문이었다. 〈1-5〉는「직공도」에서 왜국 사자도를 발췌한 것이다(축척은 서로 다름).

〈1-5〉 왜국사자(직공도)

왼쪽부터 각각 남당시대(10세기), 북송시대(11세기), 명대(작성 연대 불명)의 사본
(축척은 서로 다름)

그러나 왜국이 양에 조공했다는 기록은 양 왕조의 정사인『양서』에도, 강남에 있던 4개 왕조의 역사를 간추린『남사』에도 없다. 또 사신의 모습은 당시의 토기 인형이나 그보다 조금 늦게 아스카시대에 제작되어 주구지中宮寺에 전하는 천수국수장天寿国繡帳과 매우 다르다. 고구려 및 백제, 신라의 사자도와 비교하면, 피부를 노출하는 등 중국적인 '문명화'와는 상당히 동떨어져 있다. 오히려 사신의 모습은『삼국지』위서 동이전 왜인조에 기술되어 있는 왜인의 복색과 일치한다.

일본 학계에서는 왜국 사자도가『삼국지』왜인조의 기술을 바탕으로 상상해서 그린 것이라고 보는 설과 실제로 남조에 갔던 왜국인-단, 사신은 아니다-을 그린 것이라고 보는 설이 대치하게 되었다.

사실성을 추구한 사자도 - 노국 사자도虜國使者圖

「직공도」에 다른 외국의 사신이 예외 없이 사실적으로 묘사되어 있다면, 왜국의 사자도도 실제 왜국인의 모습을 그렸다고 봐야 할 것이다. 반대로 이미지로 상상해서 그린 사자도가 존재한다면, 왜국 사자도도 이미지에 의한 창작으로 보는 것이 온당하다.

결론부터 말하면, 사자도에는 사실성을 추구한 것과 서적 등을 통해 이미지로 그린 것이 뒤섞여 있다.

전자의 대표가 노국虜國(화북을 영유한 북위) 사자도이다.

남당 시대의 사본과 명대의 사본 첫 부분에는 소매가 넓은 옷을 입고 좌우에 일행을 거느린 사신이 그려져 있다. 북송 시대 사본은 첫 부분이 소실되어 해당 사자도가 없지만, 두 사본의 첫 부분이 동일 사자도를 모사한 것이다. 필두에 있는 것으로 봐서 양에게 있어 다른 나라 사신보다 중요한 나라의 사신이었음을 알 수 있다.

〈1-6〉 노국虜國(북위) 사자도(직공도)

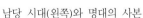

남당 시대(왼쪽)와 명대의 사본

한국사를 전공하는 후카쓰 유키노리深津行德는 명대 사본의 중앙에 있는 인물이 짐승의 꼬리가 장식되어 있는 관을 쓰고 있는 것에 주목하고, 이것과 매우 흡사한 관의 장식이 북위와 북제의 장군급 무덤의 부조에 보이는 것을 지적하였다. 그리고 그것을 바탕으로 중앙의 인물은 '노국', 즉 화북에 있던 북로北虜의 인물을 그렸다고 지적하였다. 이론의 여지가 없는 분석이라고 할 수 있다.

또 남조와 북조의 교섭사를 연구하는 호리우치 준이치堀內淳一는 채색이 남아 있는 명대 사본에서 중앙의 인물과 왼쪽 인물이 입은 주홍색 의복은 남북조가 교환하는 사신의 평상복[常服]이고, 표범 꼬리로 장식한 관은 무관의 정장이며, 오른쪽 인물이 흰색 의복을 착용하고 머리를 두건으로 묶은 것은 유학자의 복장과 일치한다고 지적하였다.

화북의 왕조가 양에 3명으로 구성된 사신을 파견한 시기는 537년뿐이다. 사신 중에 유학에 정통한 이업흥李業興이 있었다. 이업흥은 체재 중에 양 무제 및 무제의 근신들과 유학에 대해 논의를 주고받았다. 호리우치는 흰색 의복을 착용한 인물이 이업흥으로 추정된다고 지적하였다. 노국 사자도는 537년의 사신을 채색에 이르기까지 사실성을 중시하며 그렸다.

이미지로 그린 사자도 – 북천축 사자도

북위 사자도와 정반대에 위치하는 것이 북천축 사자도(〈1-7〉)이다. 천축은 과거에 인도를 가리키던 말이다. 북천축 사자도도 북송 시대 사본에는 없다.

북천축 사자도의 상반신은 나체이다. 명대 사본의 북천축 사자도는 무릎 높이의 빨간 바지(허리에 두른 천을 두 다리 사이에 통하게 한 것처럼 보이기도 한다)를 착용하였다. 남당 시대 사본의 사자도는 무릎 높이의 원피스를 입었다. 기다란 띠 모양의 천은 복부를 중심으로 전면에서 후면으로

복잡하게 돌려 좌우의 팔꿈치 언저리에
감았다.

북천축이란 천축을 동·서·남·북·중
의 다섯으로 나눈 지역 개념의 하나이
다. 구체적으로는 힌두쿠시산맥 남쪽,
현재의 인도 서북부 일대를 가리킨다.
504년 사신을 파견한 이후 북천축이 양
에 사신을 파견했다는 기록은 없다. 504
년의 사신도 북천축이라는 지역의 어디
에 있는 나라에서 파견된 사신인지 알
수 없다.

양에 조공했던 6세기 초에 북천축이
라고 칭해지는 지역을 지배하던 것은
에프탈이라는 유목계통 제국이었다. 에
프탈의 복식에 대해서는 모르는 점이
많지만, 세워진 깃과 통소매의 상의에
긴 바지를 입었다. 상의의 깃은 되접어
꺾고, 안감의 색상과 아래에 입은 의복
의 색상을 드러내는 것이 멋진 것으로
여겨졌다고 한다. 이런 옷맵시는 당시
최신 유행으로 영역 내외에 널리 유행
하였다.

〈1-8〉은 북송 시대 사본에 있는 에프
탈 사자도이다. 사신은 옷깃과 옷자락을

〈1-7〉 북천축 사자도(직공도)

남당 시대(왼쪽)과 명대의 사본

〈1-8〉 활국滑國(에프탈)
사자도(직공도)

북송 시대의 사본

다른 천으로 만든 긴 소매의 상의에 긴 바지와 가죽으로 만든 허리띠, 그
리고 장화를 착용하였다. 상의의 옷깃 언저리는 좌우로 크게 열려 있다.

북천축의 사자가 걸친 기다란 띠의 복잡한 모습은 그 배후에 인도의 영향을 받은 미술품의 존재를 느끼게 한다. 북천축 사자도는 이미지를 바탕으로 그려졌다고 판단하는 것이 온당할 것이다. 경전이나 미술품을 통해 천축을 알고 있는 사람들에게 북천축 지역 기후의 차이는 문제가 되지 않으며, 상반신을 드러내면서 기다란 띠 모양의 천을 몸에 걸치는 것이 당연한 모습이었다.

천축과의 교섭은 극히 드물었지만, 양에서는 조정과 민간 모두 불교를 신봉하고 있어서, 석가의 탄생지인 천축에 대한 관심은 특히 높았다. 희박한 관계라는 실제와 천축에 대한 동경의 반비례가 사자도에 대한 이미지화를 강화한 것으로 보인다.

군사적으로 대립하는 북위의 사신과 불교 선진국인 북천축의 사신. 전자의 사자도는 사신의 왕래를 배경으로 현실을 반영하여 그려진 데 반해, 후자의 사자도는 신앙과 함께 들어온 이미지(아마 불경·불상·불화)를 바탕으로 상상으로 그려졌다.

왜국 사자도와 이미지화

왜국 사자도로 다시 돌아가 보자.

「직공도」의 왜국 사자도는 가로로 펼친 천으로 어깨를 두른 다음 가슴에서 묶고, 허리에는 천을 두르고 묶었다. 명대 사본에는 상하 모두 푸른색 원을 빨간색 점이 둘러싼 문양을 염색한 흰 천이 사용되었지만, 북송 시대 사본에는 다갈색 천으로 어깨를 두르고 흰 천을 허리에 둘렀다. 허리띠는 허리 부분 앞쪽에서 묶었다.

목과 팔, 정강이는, 명대 사본에는 푸른색에 노란색 줄이 들어간 천으로, 북송 시대 사본에는 목 부분은 흰색, 팔과 정강이는 다갈색 천으로 덮고 있는 것처럼 보이지만, 남당 시대 사본에는 문신처럼 보이기도 한다.

머리는 두건(북송 시대 사본과 명대 사본에는 모두 흰색. 다만 명대 사본에는 푸른색과 노란색 테두리가 있다)으로 감쌌다.

왜국 사자도에 첨부된 제기題記에는 다음과 같이 기록되어 있다.

> 왜국은 대방군 동남쪽 큰 바다에 있다. [사람들은] 산이나 섬에 살고 있다. 대방군에서 바닷길로 한참을 남쪽으로 내려갔다가 다시 동쪽으로 가면 북쪽 해안에 닿는다. [그곳에서] 30여개 국을 지나 약 10,000리를 가면 [왜국에 도착한다]. 왜왕의 처소는 대략 [중국 저장성] 회계군의 동쪽에 있다. 기후는 온난하며, 진주와 청옥이 난다. 소와 말, 호랑이, 표범, 양, 까치는 없다. 남자는 모두 얼굴과 몸에 문신을 하고, 비단을 머리에 두르고 있다. 의복은 가로로 기다란 천을 재봉하지 않고 그저 묶어서 [걸친다]. (이하는 파손)　　　　　　　　　　　　　　（「북송본」 제기 왜국조）

오래전부터 지적되어 왔다시피 제기는 『삼국지』 위서 왜인조의 기술과 매우 흡사하며, 사자도는 이것을 충실하게 재현하고 있다.

「직공도」에는 사실성을 추구한 흔적이 있는 사자도가 존재하는 한편으로, 양과 교섭이 희박한 국가의 사자도에는 불교 서적이나 불교 미술 등에서 비롯된 이미지가 투영되어 있었다. 양에 대한 조공 기록이 남아 있지 않은 왜국의 사자도도 당시의 왜국인을 그린 것이 아니라 문헌에 입각하여 이미지로 그린 것이었다.

3. '천하'란? – 왜국에 중화사상이 싹텄을까?

광의의 천하와 협의의 천하

왜의 오왕의 사절 파견이 단절되는 시점으로 이야기를 되돌린다.

502년 양이 건국되었을 때 왜국은 일제히 진호되는 대상의 하나가 되었다. 역대의 바깥 울타리[藩屛]로 간주되었기 때문이다. 「직공도」에 사자도가 그려진 것을 봐도 그 점은 분명하다. 그러나 왜국에서 양에 사절이 파견되는 일은 없었다.

무를 마지막으로 왜국에서 중국으로의 사신 파견은 견수사 시기까지 약 100년간 단절된다. 5명의 왕에 의한 반세기 이상에 이르는 사신 파견이 왜 갑자기 중단되고 말았을까?

유력한 주장은 자신을 중화, 즉 세계의 중심이라고 생각하는 사상이 왜국에 싹텄기 때문이라는 설이다. 그 주장의 논거가 되어 온 것이 앞서 인용한 에다후나야마 고분에서 출토된 칼의 명문과 다음에 인용하는 사이타마현 이나리야마稻荷山 고분에서 출토된 철검의 명문이다. 후자는 철제 검의 앞면과 뒷면에 금으로 상감하여 115자를 다음과 같이 새겼다.

신해년(471) 7월에 적는다. [나는] 오와케노 오미乎獲居臣, 상조上祖(오와케노 오미 일족의 시조)의 이름은 오오히코意富比塊, 그의 자식의 이름은 다카리노 스쿠네多加利足尼, 그의 자식의 이름은 데요카리와케弖已加利獲居, 그의 자식의 이름은 다카히시와케多加披次獲居, 그의 자식의 이름은 다사키와케多沙鬼獲居. 그의 자식의 이름은 하테히半弖比, 그의 자식의 이름은 가사히요加差披餘, 그의 자식의 이름이 오와케노 오미이다. [우리 일족은] 대대로 장도인杖刀人(무관)의 우두머리로서 지금까지 [대왕을] 섬겨 왔다. 와카타케루대왕이 시키궁斯鬼宮에 계실 때 나는 대왕이 천하를 다스리시는 것을 보좌했다. 수도 없이 정련한 이 칼을 만들어, 내 봉사의 근원을 적는다.

와카타케루대왕, 즉 유랴쿠천황에 대한 봉사를 자랑하는 명문은 당시 왜국의 지배와 사회상황을 파악하는 데 흥미로운 정보를 다수 포함하고 있다. 그중에서도 왜 오왕의 대외교섭을 검토하기 위해 주목하고자 하는 것이, 와카타케루대왕이 "천하를 다스렸다(원문은 治天下)."라고 하는 문장이 철제 칼과 철제 검劍의 2개 명문에 공통된다는 점이다.

와카타케루대왕의 '치천하'란 도대체 어떤 의미일까? 우선 당시 '천하'의 의미에 대해 정리해 두기로 한다.

'천하'에 대해서는 연구자들 사이에 크게 나누어 2개의 상이한 견해가 존재한다.

하나는 민족과 지역을 초월하여 동심원 모양으로 확대되는 세계, 혹은 세계질서, 제국 개념으로 보는 견해이다(이하 '광의의 천하'라고 한다).

다른 하나는 중국을 둘러싼 4개의 대해大海에 의해 한계가 정해진 봉쇄된 공간으로 파악하여, 강력한 통치권 아래 있는 '국민국가' 개념이라고 보는 견해이다(이하 '협의의 천하'라고 한다).

통설은 전자의 '천하'로 보는 견해이다. 그럴 경우, 5세기의 일본은 자신을 중심으로 하여 동심원 모양으로 확대되는 제국 개념을 가지고 있었다는 말이 된다. 그러나 그런 한편으로 무의 상표문에는 송 황제가 있는 곳을 천하의 중심으로 여기는 인식도 반영되어 있다.

선행연구에서는 5세기의 왜국은 처음에 송을 중심으로 하는 천하를 인정했지만, 서서히 왜국을 중심으로 하는 천하관을 발달시켜 중국에 대한 조공을 그만두고 책봉 체제로부터 이탈, 중국을 중심으로 하는 천하에서도 이탈했다고 본다. 요컨대 5세기의 왜국은 자신을 중심으로 동심원 모양으로 확대되는 제국적 세계관을 가지게 되었다고 생각하고 있다.

덧붙여 말하자면, 이런 '광의의 천하'의 입장에서 내린 평가가 후술하는 견수사에 대한 평가이다. 왜국은 5세기에 제국적인 세계관의 싹을 틔워 중국의 책봉 체제로부터 이미 이탈하였다. 그런 왜국이 7세기에 수에 조공하여 신례臣禮를 취할 리가 없다는 것이다. 왜 오왕의 시대, 즉 5세기 시점에 왜국이 제국적 세계관을 가졌다고 보는 이해는 100년 이상을 지나 왜국이 수와 대등을 주장했다는 결론을 이끌어 내었다.

실제의 '천하'란?

그러나 명문에 '천하'가 사용되었다고 해서, 왜왕을 비롯한 왜국의 지배층이 '천하'와 관련된 제국 개념을 왜왕의 통치에 적용했다고까지 해석할 수 있을까?

앞서 기술한 것처럼 에다후나야마 고분에서 출토된 칼의 명문은 도래인이 작성하였다. 문관으로 와카타케루대왕을 섬긴 무리테는 명문처럼 간단한 한문조차 작성하지 못했다. 와카타케루대왕 주변의 한문에 대한 이해는 그 정도였다. 왜국의 지배층 사이에 중국의 전통적, 유교적 세계관을 이해하고, 그것을 자신에게 적용할 정도의 교양이 공유되어 있었는지 의문이다. '광의의 천하'에 의거하는 통설에 따르기 힘들다.

앞서 광의의 천하와 협의의 천하를 소개하였다. 2개의 천하는 어느 한쪽만 옳고 그런 것이 아니다. 천하라는 말에는 적어도 두 가지 의미가 있었다. 중요한 것은 전자의 용례가 후자에 비해 극히 드물다는 점이다.

중국의 천하 질서에 대해 탁월한 연구를 수행한 와타나베 신이치로渡辺信一郎는 한대와 당대의 사료를 중심으로 분석을 진행하여 중국 사서에서 '천하'는 기본적으로 호적과 지도에 의해 장악되어 정책을 공유하는 실효적 지배 영역(협의의 천하)을 의미하며, 그 영역을 넘어 중국과 이적夷狄을 포함한 광역 세계(광의의 천하)를 의미하는 경우는 예외적이라는 점을 밝혔다.

천하가 기본적으로는 실효적 지배 영역을 가리키는 점은 와타나베가 검토 대상으로 삼지 않았던 시대, 즉 명문이 작성된 5세기 전후의 사료에서도 마찬가지이다. 5세기 전후 중국에서 사용되던 천하는 '세간世間'으로 치환될 수 있는 막연한 의미에서 사용된 경우를 제외하면 협의의 의미, 즉 왕조의 실효적 지배 영역의 의미로 사용되는 경우가 대부분이었다.

3~6세기의 천하 개념

'천하'에 대한 이 주장은 통설에 변경을 요구하는 것이므로 조금 상세하게 설명하기로 한다.

천하라는 어구는 앞서 언급한 것처럼 실제는 실효적 지배 영역을 가리켰다. 그러므로 왕조의 실효적 지배 영역이 확대되거나 축소됨에 따라 천하의 범위 또한 확대되거나 축소되었다. 사료를 통해 살펴보기로 하자. 다음은 275~280년 무렵 아직 중국이 통일되지 않았던 시절에 서진의 신하가 무제(제위 265~290)에게 최후의 대립 세력인 오의 토벌을 진언한 문장의 일부이다.

> [서진이] 촉을 평정했을 때 천하는 모두 [강남의] 오도 동시에 멸망시켜야 한다고 했습니다. 그로부터 13년, 이제 적지 않은 시간이 흘렀으니 지금이 바로 [오를] 평정해야 할 때입니다. …… 한쪽 모퉁이에 내몰린 오의 군대가 천하에서 모인 진의 군대를 상대하는 것이므로 [오는] 군대를 분산시킬 수밖에 없어 방어 태세를 정비할 겨를도 없을 것입니다.
>
> (『진서』 양호전[羊祜傳], 강조점 필자)

오를 멸망시켜야 한다고 주장하는 첫 번째 '천하'에 평정 대상인 오가 포함되었을 턱이 없다. '천하'에서 모인 병력이 오를 평정하는 진의 군대를 구성하였다. 당연히 이 '천하'에 오의 실효적 지배 영역은 포함되어 있지 않다.

그렇다면 280년 오의 영역이 병합된 후에는 어떻게 되었을까?

> [서진의 무제가] 조를 내리기를 "오가 비로소 평정되어 천하는 기쁨을 함께 하고, 왕공경사王公卿士는 모두 절하면서 경하하고 있다. 동당東堂의 소회小會 때 잔치를 베풀 터인데, 평소보다 잘 차려라."라고 하였다.
>
> (「진기거주」『예문유취藝文類聚』)

이와 같이 서진의 천하에 오의 영역도 포함하게 되었다.

촉과 오를 병합한 서진의 천하는, 그러나 왕조가 남으로 천도한 동진 시대에는 대폭 축소된다.

> 황문시랑黃門侍郞이나 산기상시散騎常侍 혹은 중서랑中書郞 등을 보내 천하를 순행하면서 [세상의] 이해득실을 조사하도록 하여, 선한 [일을 한 사람이 있으면] 추천하고 [법을] 위반한 [사람이 있으면] 단죄하며 고루한 관행을 혁파하면 사람들도 감히 불법을 저지르지 않을 것입니다.
>
> (『진서』 응첨전[應詹傳])

동진 원제(재위 317~322) 때 신하가 황제에게 바친 상주문의 일부이다. 여기서는 황제가 파견한 관리가 순행하는 영역, 즉 동진의 실효적 지배가 미치는 지역이 '천하'로 표기되어 있다.

이전 왕조의 지배 영역을 천하로 간주하는 관점에서, 통일되어야 할 천하를 바탕으로 현실의 지배 영역이 표현되는 경우도 있었다. 제갈공명의 계책으로 유명한 '천하삼분지계'가 대표적인 사례이다. 천하를 셋으로 나누어 촉·위·오가 각각 통치한다는 것은 한이라는 과거의 왕조가 실효적으로 지배했던, 본래 같으면 통일되어야 할 영역을 염두에 둔 표현이었다.

물론 광의의 천하를 사용한 사례가 전혀 없지는 않다. 앞서 언급한 「직공도」는 중화와 이적으로 구성되는 광의의 천하를 묘사한 것이다.

「직공도」에는 제작자인 소역蕭繹의 서문이 남아 있다. 거기에는 중화인 양梁, 그리고 동으로는 왜국과 서로는 사산 왕조 페르시아에 이르는 이적의 영역, 이들 2개의 영역으로 구성되는 것이 무제의 '천하'로 여겨졌다.

「직공도」가 만들어진 540년경 오랫동안 화북을 지배하던 북위(386~534)가 동서로 분열하여 북으로부터의 군사적 압력은 현저하게 줄어들었다. 반면에 양은 40년에 이르는 무제의 치세하에 전성기를 누리고 있었다. 형세가 역전되면서 중화로서의 자신감이 강해졌기 때문에 광의의 천하를 묘사하는 「직공도」가 탄생한 것이다.

그러나 현재로서는 4~6세기 사료 중에서 광의의 의미로 '천하'가 사용되었다고 추정 가능한 사료는 「직공도」 서문 이외에는 찾을 수 없다.

왜국이 '천하'를 사용한 5세기 전후의 중국에서는 특정 왕조가 일원적, 실효적으로 지배하는 영역 및 과거 왕조에 의해 실효적으로 지배되었기 때문에 다시 통일되고 지배되어야 할 영역을 '천하'로 표현하는 것이 일반적이었다.

여기서 주목하고자 하는 것이, 이나리야마 고분 출토 철검의 명문이 유랴쿠천황의 치세를 "와카타케루대왕이 시키궁에 계실 때"라고 표현하고 있는 점이다. 이것은 육국사六國史6)에 산견되는 '모궁치천하천황某宮治天下天皇'(어느 궁에서 천하를 다스리신 천황)과 인식의 궤를 같이하는 것이다. 이 공통성을 중시한 일본 고대사 연구자 가마다 모토카즈鎌田元一는, 명문의 '천하'는 『일본서기』부터 시작되는 고대의 '정사'인 육국사의 '천하'가 그러하듯이, 대왕(천황)이 지배하는 국토를 의미했다고 지적하였다. 탁견이다.

앞의 와타나베도 강조하지만, 신라와 발해를 번국蕃國으로 간주하던 8세기에도 천하는 '대팔주大八洲7)'였으며, 신라와 발해까지 확대되는 일은 없었다. 왜국의 '천하'는 유랴쿠천황부터 육국사의 시대, 즉 헤이안시대 중기까지 협의의 의미로 이해해야 한다.

---

6) 六國史 : 일본의 고대, 즉 율령국가 시대에 편찬된 관찬 사서의 총칭. 『일본서기』·『속일본기』·『일본후기』·『속일본후기』·『일본몬토쿠천황실록』·『일본삼대실록』을 가리키는데, 신화시대부터 883년까지의 역사를 다루었다.

7) 大八洲 : 일본을 가리키는 다른 표현. 혼슈·시코쿠·규슈와 아와지淡路·이키壱岐·쓰시마対馬·오키隱岐·사도佐渡의 8개 섬, 즉 일본열도를 가리킨다.

요컨대 왜국이 명문에 '천하'라는 어구를 사용한 5세기경 중국에서는 특정 영역을 가리켜서 주로 '천하'라고 표현하는 것이 보통이었다. 왜국의 철검과 철제 칼의 명문에 있는 '천하'도 자신의 지배 영역을 '천하'라고 표현한 것에 불과하다.

더욱이 명문처럼 단순한 한문조차 작성하지 못하는 지배층 사람들이 중화사상과 같이 복잡하고 고차원적인 사상을 충분히 이해하고 소화하여, 그것을 자신의 지배에 적용하여 독자적인 천하관을 만들어내기는 어려웠을 것이다. 명문의 '천하'는 무武의 실효적 지배 영역을 표현했다고 판단해야 한다.

유랴쿠천황이라는 거대한 존재

그렇다면 왜 무 이후에 왜국은 조공하지 않았을까? 거듭 말하지만, 선행연구에서는 왜국이 독자의 천하관을 발전시켜 조공을 그만두었고, 책봉을 받지 않음으로써 중국의 천하로부터 이탈했다고 보았다.

그러나 실제로는 왜 왕권 내부의 혼란과 관계가 있었다(가와치 하루토[河內春人]의 연구 참조).

여기서 다시 당시 왜 왕권의 추이를 살펴보기로 하자. 〈1-9〉는 실제의 존재를 인정해도 된다고 하는 최초의 천황, 즉 제10대 스진崇神천황부터 무, 즉 제21대 유랴쿠천황까지의 궁궐과 능묘의 장소를 『일본서기』와 『고사기』에서 발췌한 것이다.

스진천황부터 3대의 왜왕이 야마토大和분지에 궁궐과 능묘를 조영한 데 비해, 제15대 오진応神천황이 치세 후반에 나니와難波로 궁궐을 이동한 후, 제16대 닌토쿠仁德천황과 제18대 한제이反正천황이 가와치河內에 궁궐을 마련했고, 제20대 안코安康천황을 제외한 오진천황부터 유랴쿠천황까지 6명의 천황이 가와치에 능묘를 조성하였다.

<1-9> 『고사기』『일본서기』에 기재되어 있는 궁궐과 능묘의 소재지
(스진천황~유랴쿠천황)

대수	천황	궁 『고사기』	궁 『일본서기』	능 『고사기』	능 『일본서기』
10	스진 崇神	야마토분지 미즈카키궁 水垣宮	야마토분지 미즈카키궁 瑞籬宮	야마토분지 마가리노오카 勾之岡	야마토분지 미치노우에릉 道上陵
11	스이닌 垂仁	야마토분지 다마가키궁 玉垣宮	야마토분지 다마키궁 珠城宮	야마토분지 미타치노 御立野	야마토분지 후시미릉 伏見陵
12	게이코 景行	야마토분지 히시로궁 日代宮	야마토분지 히시로궁 日代宮	야마토분지	야마토분지 미치노우에릉 道上陵
13?	세이무 成務	시가滋賀 다카아나호궁 高穴穗宮	—	야마토분지 다타나미 多他那美	야마토분지 다타나미릉 盾列陵
14?	주아이 仲哀	야마구치山口 도유라궁豊浦宮 후쿠오카福岡 가시이궁 訶志比宮	야마구치山口 도유라궁 豊浦宮	가와치 에가노나가에 惠賀長江	가와치 나가노릉 長野陵
15	오진 応神	야마토분지 하루궁明宮 가와치河內 오스미궁大隅宮	야마토분지 하루궁明宮	가와치 에가노모후시오카惠賀裳伏岡	—
16	닌토쿠 仁德	나니와難波 고즈궁高津宮	나니와難波 고즈궁高津宮	가와치 미미하라耳原	가와치 모즈노릉 百舌鳥野陵
17	리추 履中	야마토분지 와카자쿠라궁 若桜宮	야마토분지 와카자쿠라궁 稚桜宮	가와치	가와치 모즈노미미하라릉 百舌鳥耳原陵
18	한제이 反正	가와치 시바가키궁 柴垣宮	가와치 시바가키궁 芝籬宮	가와치 모즈노 毛受野	가와치 미미하라릉 耳原陵

대수	천황	궁 『고사기』	궁 『일본서기』	능 『고사기』	능 『일본서기』
19	인쿄 允恭	야마토분지 도쓰아스카궁 遠飛鳥宮	—	가와치 에가노나가에 恵賀長枝	가와치 나가노하라릉 長野原陵
20	안코 安康	야마토분지 아나호궁 穴穂宮	야마토분지 아나호궁 穴穂宮	야마토분지 후시미오카 伏見岡	야마토분지 후시미릉 伏見陵
21	유랴쿠 雄略	야마토분지 아사쿠라궁 朝倉宮	야마토분지 아사쿠라궁 朝倉宮	가와치 다카와시 高鸛	가외치 다카와시노하라릉 高鷲原陵

주기 : '―'는 기재가 없는 것
출전 : 吉村武彦 『シリーズ日本古代史2 大和王権』(岩波書店, 2010)을 바탕으로
　　　필자가 작성

　야마토분지에서 세력을 키운 야마토 왕권이 가와치로 진출한 것인데,
그 목적은 대외교섭에 적극적으로 관여하려는 데 있었다고 보는 것이 현
재 대표적인 학설이다.

　스진천황의 궁궐이 있던 시키磯城와 게이코景行천황의 궁궐이 있던
마키무쿠纏向는 스이닌垂仁천황의 궁궐이 『고사기』에서는 시키師木, 『일
본서기』에서는 마키무쿠라고 기록되어 있는 것에서 알 수 있듯 본래 같
은 지역을 가리켰다. 야마토분지에는 북·동·남에서 복수의 하천이 흘러
드는데, 그중 하쓰세가와初瀬川 유역이 시키이고, 시키 안에 마키무쿠가
있다.

　제10대 스진천황과 11대 스이닌천황, 12대 게이코천황의 세 천황 다음
에 처음으로 시키에 궁궐을 둔 것이 유랴쿠천황이었다. 유랴쿠천황의 궁
궐로 비정되는 것이 사쿠라이시桜井市의 와키모토脇本 유적이다. 하쓰세
가와를 거슬러 올라가면 동일본으로, 하쓰세가와에서 야마토가와를 타고
내려가면 가와치에 이르는 요충지이다. 일본열도의 동서로, 그리고 한반
도와 중국을 시야에 넣은 유랴쿠천황의 궁궐에 걸맞은 입지라고 할 수

있다.

유랴쿠천황의 치세는 고대인들에게도 획기적으로 기억되었다. 8세기 후반에 만들어진 『만요슈万葉集』와 9세기 전반의 『일본영이기日本靈異記』8)의 기술은 유랴쿠천황 시기부터 시작한다. 8~9세기 사람들에게 고대의 왕이라면 먼저 유랴쿠천황이 상기되었기 때문이다(기시 도시오[岸俊男]의 연구 참조). 중국에서 받은 관작도 권력 강화에 효과가 있었을 것이다. 왜 왕권의 지배는 왜의 오왕 시대에 충실해지다가 유랴쿠천황 시기에 전성기를 맞았다.

혼돈의 왕위 계승

동중국해를 건너 중국에 사신을 파견하는 데는 선박과 조공품 준비를 비롯하여 비용과 수고가 많이 들어간다. 설사 비용보다 더 많은 이익이 예상된다고 하더라도, 선행 조건이 갖추어지지 않으면 사신 파견은 어렵다. 그러므로 외부와의 교섭은 국내 통치가 안정된 후에야 비로소 가능하다. 그러나 유랴쿠천황의 사후 직계를 이어갈 인물이 부재했다. 왜국은 왕권이 불안정해져 대외적인 활동을 축소할 수밖에 없었다.

고대 일본에서는 즉위한 천황 모두가 똑같은 권위를 가지는 것이 아니었다. 천황 중에는 자기 아들에게 천황의 지위를 물려줄 수 있는 자와 당대로 천황의 지위에서 물러나야 하는 자가 있었다. 전자를 직계라고 하고, 후자를 방계라고 한다. 직계로 인정받을지의 여부는 모친의 혈통에 의해 정해졌다. 다음에 천황가의 계보를 제시하였다(〈1-10〉 참조).

---

8) 『日本靈異記』: 822년 편찬된 불교 설화집. 유랴쿠천황부터 사가嵯峨천황까지의 설화 116개를 연대순으로 배열하였다.

〈1-10〉 천황가계도 ①

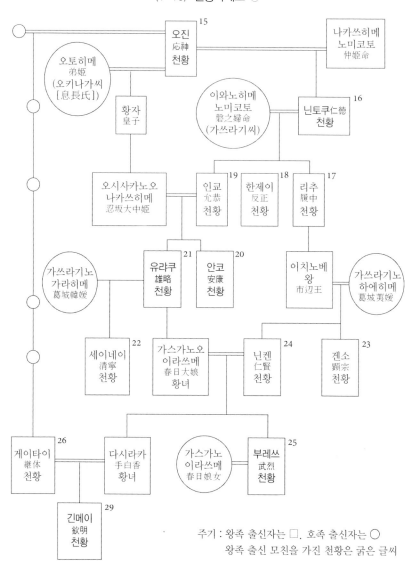

주기 : 왕족 출신자는 □, 호족 출신자는 ○
왕족 출신 모친을 가진 천황은 굵은 글씨

필자작성

이 직계의 논리를 이용하여 5세기부터 10세기까지 왜국(일본)의 왕권을 연구한 것이 가와치 쇼스케河內祥輔이다. 상당히 대담한 부분이 있고, 개별 사례에 대한 반론도 있지만, 논리의 일관성과 통시대성이라는 점에서 가와치의 설을 넘어서는 주장은 아직 등장하지 않았다. 본서에서 직계와 방계의 논의는 달리 언급하지 않는 한 가와치의 연구를 참조하면서 진행하기로 한다.

직계, 구체적으로 말하면, 왕족 출신의 여성에게서 태어난 왕자는 직계 혈통을 이어갈 자로 기대를 받아, 호족 출신의 여성에게서 태어난 왕자보다 높은 권위를 인정받았다. 유랴쿠천황의 모친 오시사카노오나카히메忍坂大中姬는 오진천황의 손녀이다.

그러나 유랴쿠천황 자신은 닌토쿠천황의 딸을 아내로 맞았지만, 그녀와의 사이에 아들을 얻지 못했다. 유랴쿠천황 사후에는 가쓰라기씨葛城氏 출신의 여성이 낳은 제22대 세이네이淸寧천황이 즉위하였다. 그러나 세이네이천황의 재위는 불과 4년, 구체적인 사적도 전하는 것이 없다. 아들도 없는 채 사망하여, 직계 계승은 암초에 걸리고 말았다.

세이네이천황의 뒤를 이었다고 『일본서기』에 나오는 것이 제17대 리추履中천황의 손자들이다. 그러나 그들은 유랴쿠천황의 피를 이어받지 않았다. 고대에는 아들을 통한 혈통의 계승이 단절되었을 때, 여계를 통해 혈통을 계승하는 경우가 있었다. 리추천황의 손자들 중에서 우선은 제23대 겐소顯宗천황이 즉위하여 유랴쿠천황의 증손녀에 해당하는 여성을 처로 삼았다. 한편 겐소천황의 형인 제24대 닌켄仁賢천황은 세이네이천황의 배다른 여동생을 아내로 맞이하여, 혼인에서는 닌켄천황이 중시되었다. 그런데 이 기간 중에 겐소천황과 닌켄천황은 즉위하지 않고 리추천황의 딸(혹은 손녀) 이이토요아오飯豊靑황녀가 다음 천황 때까지 막간의 중계자로서 정사를 돌보았다는 설도 있다. 어쨌든 그녀는 결혼하지 않았고, 다음 직계 계승자를 생산하는 역할은 리추 천황의 손자들에게 기대하였다.

닌켄천황은 유랴쿠천황의 딸인 가스가노오이라쓰메春日大娘황녀와의 사이에 제25대 부레쓰武烈천황과 다시라가手白香황녀를 두었다. 닌켄천황 자신은 유랴쿠천황의 혈통을 이어받지 않았지만, 부레쓰천황은 생모를 통해 유랴쿠천황의 혈통으로 이어진다. 여기서 부레쓰천황에게 아들 - 물론 왕녀가 엄마인 아들이 바람직하다 - 이 탄생했다면, 직계 계승은 다시 안정될 터였다.

왜 사절 파견은 단절되었을까?

그러나 부레쓰천황은 자녀 없이 사망하고 말았다. 남은 희망은 부레쓰천황의 여동생이자 닌켄천황의 딸이며 유랴쿠천황의 손녀에 해당하는 다시라가황녀이다.

다시라가황녀의 배우자로는 오진천황의 5대 손자가 낙점되었다. 제26대 게이타이継体천황(재위 ?~531?)이다. 비와호琵琶湖 주변의 호족 출신 여성들을 처로 맞이하고, 그 지역에서 기반을 구축하고 있던 게이타이천황은 요도가와淀川 하천을 따라 오사카만까지 넓은 범위에서 정치적, 경제적 지지를 받고 있었다. 즉위 전에 이미 많은 자녀가 태어나서, 다시라가황녀와의 사이에도 아들이 탄생할 수 있다고 기대를 받았을 것이다. 오토모노 가나무라大伴金村를 비롯한 신하들은 새로운 직계 계승자를 생산할 인물로 게이타이천황을 선택하였다.

그러나 게이타이천황은 즉위 초에 야마토분지 내부에 있던 호족의 확고한 지지를 받지 못했다. 게이타이천황의 궁궐이 야마토분지 안에 마련되는 것은 즉위 후 7년(또는 20년) 뒤였다(요시무라 다케히코[吉村武彦]의 연구 참조). 그때까지 게이타이천황은 구스하궁樟葉宮(가와치·요도가와) → 쓰쓰키궁筒城宮(야마시로·기즈가와) → 오토쿠니궁弟国宮(야마시로·가쓰라가와) 등 요도가와 하천 일대에 궁을 두었다. 야마토분지 내의 이와레磐余에 궁궐을 마련함에 이르러 게이타이천황은 드디어 명실공히 왜 왕권의 위정자로서의 입장을 확립하였다. 그러나 게이타이천황에 대한 불안과 불만이 모두 해소된 것은 아니었다. 고대사에서 유명한 이와이磐井의 난9)이 일어난 527년은 천황의 치세 중이었다.

이런 시기에는 중국으로의 사신 파견과 관련된 각종 비용 – 선박 건조 비용, 통역과 길 안내인 및 중개인에게 주는 물품, 헌상품, 사신의 왕래에 필요한 의류와 음식 – 을 무리하게 염출하기보다는 국내 통치의 안정을 도모하는 것이 당연하다. 직계 계승의 불안정한 상황을 배경으로 한 혼란 때문에 중국으로의 사신 파견은 중단된 것이다.

---

9) 磐井의 亂 : 527년 북규슈의 수장 磐井가 중심이 되어 일으킨 반란. 『일본서기』에 따르면, 신라에 빼앗긴 任那를 부흥시키기 위해 조정이 신라에 군대를 파견하려 했는데, 이전부터 신라와 내통하고 있던 磐井가 파견군을 방해하면서 반란을 일으켰다고 한다. 이듬해 磐井는 죽임을 당하고, 아들은 지배 영역을 조정에 바치면서 속죄했다. 이 사건의 본질은 야마토정권의 지배가 북규슈 지역으로 침투하는 것에 대한 반발이다.

제2장

견수사 파견
− '보살천자'에의 조공

1. 양의 불교 번영책 – 한반도 각국과 왜에 대한 불교 전파의 의미

송에 바친 불교 일색의 상표문

5세기 마지막 왜의 오왕인 무가 제1장에서 인용한 상표문을 송 황제에게 보내기 조금 전에 동남아시아의 어느 국가에서 전혀 색다른 상표문을 황제에게 보냈다. 고대사 연구자가 아니면 접할 기회가 없는 사료이므로, 현대어로 번역하여 여기에 인용하기로 한다.

> 삼가 들건대, 성스러운 황제께서는 삼보三寶를 믿고 중시하여, 건립한 사원과 불탑이 국내에 두루 가득합니다. 성곽은 장엄하고 청정하여 지저분하지 않고, 길은 사방으로 통하며 넓고 평탄합니다. 누대와 전각들이 늘어서 있는 모습은 산들이 이어진 것 같고, 그 장엄하고 미묘한 모습이 천상의 궁전 같습니다. …… [불교를] 배우는 자들이 모여들어 앞을 다투어 삼승三乘을 수행하고 정법을 포교하는 것이 마치 구름이 피어올라 비가 [국토를] 적시는 것과 같습니다. …… 대송大宋의 수도에 계신 성왕聖王에 견줄 사람이 없고, 빼어난 나라에 군림하고 계십니다. 대자대비한 마음으로 만물을 자식처럼 길러주시며, 평등과 인욕忍辱의 미덕을 갖추고 적과 우리 편을 아무 구별 없이 대하고 계십니다. (『송서』 이만전 가라타국조)

가라타국訶羅陁國(『송서』에는 상표문 이외의 정보가 없어 정확한 위치는 불명)이 430년에 송에 바친 상표문이다. 매우 길어 일부만 발췌하였다.

언뜻 봐서도 알 수 있듯이 이 상표문에는 불교 용어가 많이 사용되어 있다. 중국 황제는 삼보, 즉 불·법·승을 숭상하고 사원과 불탑을 건립한 성스러운 군주이며, 왕성은 천궁天宮처럼 훌륭하고 많은 승려가 모여 수행하며, 그들에 의해 불교의 가르침이 비처럼 국토를 적시고 있다고 한다. 황제를 이상적인 숭불 군주로, 중국을 이상적인 숭불 국가로 여기는 이런 상표문은 송 이전의 사료에는 전혀 보이지 않는다.

무의 상표문이 유교적인 전통과 입장, 사고방식에 입각해 있는 데 비해, 가라타국의 상표문은 불교 일색이다. 둘 다 송 황제에게 보낸 것이지만, 무의 상표문과 비교하면 가라타국의 상표문은 매우 이질적으로 느껴진다. 그러나 실제로는 두 나라의 상표문을 채록한 『송서』에는 불교적 수사를 다수 사용한 상표문이 더 많다.

송대 이후 중국에는 캄보디아나 발리섬 등의 동남아시아 국가들, 그리고 파미르고원 근처 중앙아시아 국가들이 불교적 수사로 황제와 중국을 칭송하는 상표문을 보내왔다. 불상이나 사리, 산스크리트어 경전, 불발佛髮, 불가사佛袈裟[1] 같은 불교적 문물을 헌상하는 국가도 있었다. 또 백제처럼 황제가 작성한 경전의 주석서를 하사품으로 요청하는 국가도 나타났다. 중국과 관계를 맺을 때, 다양한 방법으로 불교적 색채를 강조하는 일이 시작된 것이다.

왜의 오왕은 한반도를 통해 얻은, 대중국 교섭에 전통적으로 필요하다고 여겨지던 유교적 지식을 바탕으로 송과의 교섭을 성공시켰다. 그러나 전체적으로 보면 아시아에서는 교섭의 사상적 기반에 불교가 필요하다고 여겨지는 시대로 변화하고 있었다. 다시 한 번 되풀이하지만, 이것은 기

1) 佛髮·佛袈裟 : 부처의 머리카락과 가사.

본적으로 5세기에 들어서부터이다.

왜 이런 극적인 변화가 일어났을까? 불교적 색채를 강조하는 대중국 교섭을 추진한 것은 아시아의 어느 한 지역에 국한된 일이 아니다. 따라서 대중국 교섭에 불교적 색채를 도입하도록 변화를 부추긴 것은 아시아 국가가 아니라 중국 측의 사정 변화였다고 예상할 수 있다.

확산되는 중국 불교

불교가 중국에 전래된 것은 후한대, 즉 1세기경이었다고 한다. 민중으로부터 지배층에 이르기까지 다양한 사람들이 불교를 열광적으로 믿기 시작한 것은 4세기의 동진 및 5호 16국 시대부터이다. 그 배경에는 중국 역사상 드물게 보는 혼란한 세태가 있었다.

한족 왕조인 서진은 3세기 말부터 시작되는 내부 항쟁으로 급격하게 약화되어, 주로 유목을 생업으로 하는 이민족에게 북중국의 지배권을 빼앗겼다. 317년에는 화이허강을 건너 강남으로 수도를 옮겼다. 북중국에서는 5개의 비한족 집단이 세운 16개의 국가(5호 16국)가 잇달아 나타났다가 사라졌다. 한편 동진은 왕조 자체는 100년 가량 존속하지만, 반란이 빈발하여 황제의 권위는 약화의 일로를 달렸다.

어제의 권력자가 오늘은 그 자리에서 쫓겨나는 일도 있었다. 예컨대 선비족의 일부인 모용부가 385년에 세운 서연西燕에서는 초대 황제가 386년 1월에 부하 장군에게 살해된 후 반년도 채 되지 않는 사이에 4명이나 지도자가 바뀌었다. 386년 6월에 초대 황제의 먼 친척이 황제 자리를 이었지만, 394년 같은 모용부인 후연後燕의 공격을 받아 패배, 서연은 후연에 흡수되면서 멸망하였다.

계속되는 전란의 와중에 어떤 이는 가족을 잃고, 어떤 이는 정든 고향에서 쫓겨나 내일을 알 수 없는 나날을 보냈다. 수십 년에 한 번은 왕조가 바뀌므로(제1장 중국 왕조 교체표 〈1-1〉 참조), 평생에 몇 차례의 왕조 교체를 경험한 자도 많았을 것이다. 전란과 무관한 삶을 살 수 있었던 사람이 얼마나 있었을까? 현세에서 행복을 기대할 방도가 없었던 사람들은 내세의 행복을 설파하는 불교에서 위안을 발견하였다.

불교를 신봉하는 사람들이 급증하자, 위정자들은 불교로 향하는 사람들의 에너지에 주목하였다. 불교 신앙에 열성적인 자세를 보여, 불교로 향하는 사람들의 에너지를 원만하게 권력에 포섭하려는 자가 나타났다.

4세기 북중국에는 앞서 언급한 것처럼 민족적, 문화적 배경이 크게 다른 사람들이 거주하였다. 한족 출신이 아니었던 위정자들이 전통적, 유교적 관념을 가지더라도, 사람들은 그들을 중화의 지배자라고 적극적으로 인정하지 않았다. 그들은 다양한 배경을 가진 사람들을 결집해 나가기 위해 종래의 규범에 구애받지 않는 사상적 지주로 불교에 낙점을 찍었다.

5호 16국의 각국 군주들, 예컨대 후조後趙의 석륵石勒(재위 319~333)은 불도징佛圖澄을, 전진前秦의 부견苻堅(재위 357~385)는 도안道安을, 후진後秦의 요장姚萇(재위 386~393)은 쿠마라지바鳩摩羅什 같은 승려를 참모로 두고, 그들에게 사원을 건립하게 하고 경전의 번역을 원조하였다. 위정자의 참모가 된 승려는 불교의 교의를 가르치면서, 때로는 정책에 대해 조언하였다.

439년 북중국이 유목민족인 선비족 탁발부 출신의 북위에 의해 통일되면서 중국의 남북에 두 개의 왕조가 대치하는 남북조시대가 시작되었다. 중국 사회에 뿌리를 내리기 시작한 불교 신앙은 동진 및 5호 16국 시대에 비하면 조금 더 안정된 사회에 확산되어 나갔다. 왕후 귀족으로부터 서민에 이르기까지 모두가 앞을 다투어 사원에 재물을 헌납하였다. 남북조시대에는 풍부한 부를 축적한 사원과 서민에게 강한 영향력을 가진 승려가 여럿 등장하였다.

불교계가 영향력을 강화함에 따라 권력자들은 불교로 향한 거대한 에너지의 소용돌이 속으로 끌려들어 갔다. 남조에서는 5세기 중반을 지나 불교의 계율을 받는 황제가 출현하였다. 계율이란 행동을 삼가기 위한 규정, 행동규범을 말한다. 황제들이 받은 계율은 구체적으로는 보살계라는 것인데, 출가와 재가를 불문하고 보살로서 중생구제에 힘쓰고자 하는 자가 받는 계율이다. 보살계를 받은 자는 보살을 자처했고, 또 그렇게 불렸다.

양 무제 - 황제 보살의 등장

신앙심으로 보살계를 받은 황제로 잘 알려진 것은 제1장에서도 언급한 양의 무제(재위 502~549)이다. 무제는 많은 사원을 건립했고, 또 경전을 강설하고 주석서를 편찬하였다. 이런 무제의 신앙은 아시아 각국에도 파다하게 알려져 있었다.

529년 9월 15일 무제는 궁성의 북쪽에 인접해 건립한 동태사同泰寺로 행차하여 무차대회無遮大會를 열었다. 무차대회란 승속과 남녀, 귀천 등을 불문하고 사람들에게 식사를 베풀고 강설을 마련하는 대법회이다. 나아가 무제는 동태사에서 황제의 의복을 벗고, 법의를 입고 자신의 몸을 동태사에 노예로 시주하였다. 이것을 사신捨身2)이라 한다. 절의 노예가 된 무제는 허술한 침대에서 변변찮은 음식을 먹으면서 사원에 사역했다고 한다.

검소한 생활을 하면서 사원에 봉사한 것은 사실이겠지만, 사원에 사역했다는 것은 의례적인 것이었을 것이다. 무제는 동태사에 있는 동안 강당에 마련된 법좌에 올라 출가·재가 남녀를 불러 열반경을 강설하였다.

---

2) 捨身 : 修行이나 報恩을 위해 속계를 버리고 佛門에 들어가는 행위. 양 무제는 네 번에 걸쳐 三寶의 종이라 칭하며 사원에 자신의 몸을 위탁하는 퍼포먼스를 벌였다. 그때마다 신하들은 막대한 재물을 사원에 지불하고 황제를 다시 찾아와야 했다.

한낱 보통 노예에게 경전 강설이 허용될 턱이 없다. 자기 몸을 시주했다고 하지만, 당연하게도 무제의 입장은 격이 다르다.

무제는 사신으로 세속권력을 버렸다. 황위에서 물러난 것이나 다름없다. 그러나 무제는 사신할 때 후계자를 즉위시키지 않았다. 최종 결재를 받을 황제가 없으므로 조정의 정무는 정체된다.

이 문제는 무제 본인은 물론 누구나 예측 가능한 일이다. 무제는 그대로 사원에 머물 생각이 없었고, 동태사의 승려도, 황성에 남겨진 신하들도 그 점은 잘 알고 있었다. 무제는 대의명분을 차려서 황제 자리에 복귀해야 하였다. 신하들은 1억 전錢을 내고 '황제보살'의 몸을 사고자 한다고 신청하였다. 승려들은 허가했지만, 황제는 좀처럼 받아들이지 않는다. 신하들이 청원하기를 3번, 10월 1일 무제는 황제의 자리에 돌아왔다(환어[還御]). 15일 만이었다.

사신 → 열반경 강설 → 환어 스케줄은 미리 계획되어 있었다. 그러나 무제의 사신을 단순한 시위 행동으로 치부할 수만은 없다.

첫째, 무제의 사신은 불교를 열렬히 믿는 사람들에게 틀림없이 호의적인 평가를 받았을 것이다. 둘째, 신하들이 무제의 몸을 사기 위해 동태사에 보시한 금전은 사원의 건립자인 무제가 사용방침을 결정할 수 있었다. 셋째, 무제는 환어 후 대사大赦와 개원을 단행하였다.

중국의 남북조시대 역사를 연구하는 가와모토 요시아키川本芳昭는, 대사는 갱신된 세계를 만민과 함께 누림으로써 황제와 만민 사이의 유대의 재결합을 도모하는 것이며, 개원은 황제 지배의 갱신을 상징하는 것으로, 무제는 사신 → 환어 → 대사·개원을 통해 불교에 의한 국가의 결집을 꾀하였다고 하였다. 무제의 사신은 다양한 목적이 내포된 고도의 정치적 행위였다.

한편 북조의 경우, 5호 16국 시대의 전란을 제압한 북위 황제의 권력은 귀족층은 물론 불교 세력을 훨씬 능가하였다. 그러므로 양의 황제처럼 사원의 노예가 되어 불교계에 협조적 자세를 취할 필요가 없었다. 황제 권력 강화에 힘쓴 황제 중에는 승려의 환속과 사원의 파괴 등을 명하여 전투원과 과세대상을 확보하거나, 사원에 축적된 부를 몰수한 인물도 있었다. 폐불廢佛이라는 강경책으로 사람들의 불교 신앙을 향한 에너지를 세속권력에 포섭하려 한 것이다.

그러나 황제의 주도권이 강한 북조에서도 폐불은 오래 지속되지 못했다. 폐불에 대한 반발은 극히 커서, 가혹한 폐불을 실시한 황제 다음에는 불교를 부흥시켜 인심을 장악하려는 황제가 등장하였다. 불교는 이미 황제가 무시할 수 없는 존재가 되어 있었다.

불교를 활용한 조공

정치 권력까지 포용하여 불교가 중국 사회에 뿌리를 내리자, 아시아에는 불교를 열렬하게 믿는 황제에게 불교적 색채를 강조하는 사신을 파견하는 국가가 등장하였다. 불교를 적극적으로 비호하며 믿고 있는 황제의 눈에 그런 교섭은 매우 바람직하게 비쳤을 것이다.

교섭을 시도하는 측은 호의적인 평가를 받을 것으로 당연히 예측하였다. 그러면 그들은 호의적인 평가를 받음으로써 어떤 이익을 얻을 수 있다고 기대하였을까?

앞에서 인용한 가라타국의 상표문의 후반부에는 다음과 같이 기술되어 있다.

> 엎드려 바라옵기는 성왕聖王이시여, 부디 먼곳에서 [우리 나라를] 옹호해 주시고, 또 시장에서의 교역과 왕래를 금하지 않으시기를 원하옵니다. …… 원컨대 광저우廣州에 칙명을 내리시어 [우리의] 배가 귀국할 때, 그곳에 있는 자들이 [우리의 이익을] 수탈하지 않도록 명령해 주십시오.

또 바라옵건대 앞으로 매년 사신을 보내는 것을 허락해 주시기 바랍니다.

(『송서』 이만전 가라타국조)

가라타국은 교역의 자유와 함께 교역을 통해 얻은 이익이 수탈당하지 않도록 칙명을 내려 달라고 요청하고 있다. 가라타국이 불교적인 수사를 동원하여 황제와 중국을 칭송한 것은 대중국 교역의 편의와 이익을 기대했기 때문이었다.

가라타국 외에도 불교적인 수사를 구사하며 상표문를 바친 나라가 있다. 동남아시아의 해상 교역국과 중앙아시아의 동서 교역로에 위치한 국가들이다.

중앙아시아나 동남아시아 등 예로부터 불교를 접할 기회가 있었던 나라에서는 상아나 옥과 같이 특수한 소재로 만든 불상, 산스크리트어 경전, 불사리·불발佛髮·불가사·불발佛鉢[3] 같은 성스러운 유물을 바치는 경우도 많았다. 경전은 말할 것도 없거니와 불교적인 성스러운 유품을 중국에 바친다는 것은, 지금은 중국이 바로 이것들을 보유하기에 걸맞다고 중국 불교의 융성과 우위, 그리고 신앙의 정통성을 칭송하는 것이나 마찬가지이다. 중국에서 번역된 불교 경전이나 황제가 쓴 불교 전적의 주석을 하사품으로 요청하는 나라도 있었는데, 이들 나라의 의도는 훨씬 노골적이다. 기본적으로는 중국보다 늦게 불교를 수용한 국가들이었다.

이런 사신을 가장 많이 받아들인 것이 앞서 언급한 양 무제이다. 예를 들어 무제는 541년 3월 외국의 사신을 출석시킨 가운데 『마하반야바라밀경』 「삼혜품三慧品」을 강론하였다. 무제의 즉위는 502년이므로 즉위 후 약 40년, 제1장에서 다룬 「직공도」가 완성될 무렵의 일이다.

이때의 경전 강론에는 황태자와 왕후, 종실, 외척, 백관은 물론, 북조의

---

3) 佛鉢 : 부처에게 올리는 음식을 담는 그릇.

대사와 부사, 그리고 각국이 양에 파견한 사신 1,360명이 참석했다고 한다. 1,360이라는 숫자에는 보통은 황제를 알현할 수 없는 사절단의 하급 구성원과 이때 우연히 양을 방문했던 상인 등도 포함되었을 것이다. 1,000명을 넘는 잡다한 사람들을 통해 무제의 경전 강론은 아시아 각지에 전해졌을 것이 분명하다.

무제가 수도와 그 주변에서 개최하는 불교 행사는 그 규모 때문에 언제나 사람들의 이목을 집중시켰다. 각국의 사신과 상인은 그때마다 교역 및 교섭 상대국의 최신 정보로서 무제의 숭불을 본국에 전했을 것이며, 무제도 적극적으로 정보를 확산시켰을 것이다. 이런 분위기 속에서 불교적 색채를 강조하는 사절 파견이 되풀이되었다.

541년 무제가 경전을 강론하던 자리에 북조 이외에 어느 나라의 사신이 참석했는지 사료에는 명기되어 있지 않다. 다만, 동년 3월에 탕창왕宕昌王(간쑤성에 있던 주로 유목을 영위하던 집단의 왕) 및 고구려와 백제, 활국滑國(중앙아시아의 에프탈)의 사신은 양에 있었다. 이들 사신은 경전 강론에 틀림없이 참석했을 것이다.

이들 가운데 가장 흥미로운 행동을 한 것이 백제 사신이다. 백제 사신은 이때 열반경 등의 주석서를 하사받고, 또 모시박사毛詩博士[4]와 공장工匠, 화사畫師를 파견해 달라고 요청하여 허가를 받았다. 무제가 확실히 공장 등을 백제에 파견했음은 이후 백제왕의 분묘에 중국 남조 계통의 기술이 도입된 것으로 보아 확실해 보인다.

그런데 왜 백제는 무제에게 열반경 등의 주석서를 요청했을까? 529년 무제가 사신捨身하고 열반경을 강설한 사실을 상기해 주기 바란다. 일본 고대사 연구자 소노다 고유薗田香融는, 백제가 요구한 '열반 등의 경의經

---

4) 毛詩博士 : 『詩經』에 정통한 학자. 『시경』은 한대에 毛亨 · 毛長이 주석을 달았기 때문에 『毛詩』라고도 한다.

義'는 무제가 작성한 것으로, 백제는 무제의 숭불 동향을 적확하게 파악하고, 그의 사상적 입장을 확인한 다음 열반경 등의 주석서를 요구한 것이라고 보고 있다. 백제는 무제의 경전 강론에 참석하고 무제가 쓴 주석서를 요구함으로써 무제의 뜻에 부응하였고, 그를 통해 불교를 매개로 양과 양호한 관계를 구축하려 한 것이다.

동아시아로의 불교 전래

6세기 전반에 한반도의 북반부는 고구려가 지배하였다. 고구려의 최대 영역은, 북으로는 만주 남부, 동으로는 랴오둥반도, 남으로는 한반도 중부까지 이르렀다. 한반도 남부의 동쪽에는 신라, 서쪽에는 백제, 두 나라의 남쪽에는 가야가 있었는데, 때때로 연합하여 고구려와 대치하였다. 이들 나라 중 가장 세력이 강한 나라는 고구려이며, 그 다음에 백제, 신라, 가야가 뒤를 이었다. 고구려와 백제는 북중국과 남중국 쌍방에 사신을 파견하여 책봉을 받았지만, 신라와 가야는 그런 힘이 없었다.

남북조 모두에 사신을 파견했다고 하지만, 백제에는 한족 국가인 남조가 중요한 존재였다. 백제는 527년 양의 연호인 '대통大通'이라 이름 붙인 대통사를 수도였던 웅진에 건립하였다. 대통사의 기와에는 중국 남조 계통의 기술이 사용되었다. 대통사는 불교를 매개로 한 양국 사이의 우호 관계(엄연한 상하 관계는 있었지만)를 상징하는 기념물이었다.

백제에서 불교는 전래된 당시부터 중국과의 정치적 관계 속에서 전개되었다. 12세기에 편찬된 한반도의 관찬 사서 『삼국사기』에 따르면, 384년 동진에서 승려 마라난타가 와서 백제에 처음 불교가 전해졌다고 한다. 그해 백제가 동진에 사신을 파견했다는 기사가 있으므로, 마라난타는 백제 사신을 따라 백제에 온 것으로 보인다. 이것은 백제왕이 불교 진흥을 위해 승려의 동행을 요구했거나, 아니면 동진의 효무제(재위 373~396)가 백제에 불교를 신봉하라고 권유하면서 사신이 귀국할 때 승려를 동행시킨 것이다. 어느 쪽이든 마라난타의 행동이 공적인 행동이었음을 시사한다.

고구려에게 자주 국토가 침략당하던 백제는 동진과의 관계를 중시하였다. 이런 상황에서 백제 사신이 승려를 데리고 귀국하여 불교가 정식으로 전해진 것을 보면, 백제는 불교를 수용하는 것이 동진과의 교류를 강화하는 데 효과가 있다고 판단한 것이다.

고구려에는 이미 372년 전진(351~394)의 부견(재위 357~385)이 승려와 불상, 경전을 보냈다. 이때 고구려가 외래의 이교異敎를 국가적으로 환영하고, 국민도 크게 저항을 드러내지 않은 것은 불교를 전한 전진과 우호 관계를 맺을 필요가 있다는 사실을 널리 이해하고 있었기 때문이다. 고구려에도 불교 전래는 대중국 관계와 밀접하게 관련되어 있었다. 그 후 고구려에서는 불교를 숭상하라는 교시가 내려졌다. 전진에서 전래된 불교를 민간에 침투시키기 위해 왕권의 주도로 숭불이 전개된 것이다.

신라에서는 527년 양의 사신과 승려가 온 것을 계기로 불교가 공인되었다. 백제에서 대통사가 건립된 것과 같은 해이다. 신라의 불교 공인에 대해 앞선 연구에서는 중앙집권화를 지향하는 왕권이 내정 개혁의 일환으로 새로운 종교를 도입했다고 보던 때가 있었다.

내정 개혁에 새로운 종교가 필요하여 불교가 수용되는 것은 충분히 있을 수 있는 일이다. 그러나 한반도에서 격렬한 세력 경쟁이 지속되는 가운데 내정 개혁을 계속하기 위해서는 중국과 우호 관계를 구축하여 왕권을 강화하고 삼국 간의 경쟁을 유리하게 이끌어야 한다. 실제로 이 시기에 고구려와 백제는 남북조 모두에 사절 파견을 고심했지만, 중국과 멀리 떨어져 있고 세력도 약한 신라가 단독으로 양에 사신을 파견하는 것은 애초부터 불가능하였다.

신라의 불교 공인의 배경에는 양의 사신과 승려의 도래라는 의례상의 사건이 있었다(스에마쓰 야스카즈[末松保和] 연구 참조). 한반도의 정세를 유리하게 전개하기 위해 양과 우호 관계를 구축할 필요가 있었고, 양의 국교라고 할 수 있는 불교를 공인함으로써 신라는 양의 환심을 사려고 한 것이다.

왜국으로의 불교 전래

한반도 삼국에서 불교는 전래, 공인된 당시부터 종교로서뿐만 아니라 대중국 교섭과 밀접하게 관련된 정치과제로 받아들여졌다. 특히 6세기에는 양 무제의 주도 아래 불교 신앙이 더없이 융성하였다. 무제의 지지를 얻기 위해 백제와 신라는 왕권 주도로 숭불을 추진하고, 양을 상대로 불교를 사상적 기반으로 하는 교섭을 추진하였다. 왜국에 불교가 전래된 시기에 동아시아의 불교는 양을 중심으로 움직였다.

왜국으로의 불교 전래는 『일본서기』에 따르면 552년이라고 되어 있다. 그러나 쇼토쿠태자의 전기인 『상궁성덕법왕제설上宮聖德法王帝説』과 간고지元興寺의 유래와 재산을 목록화한 『간고지가람연기병유기자재장元興寺伽藍縁起幷流記資財帳』에는 538년으로 나온다. 그러나 『일본서기』 긴메이欽明천황 15년(554) 2월조에는 "[547년 백제에서 일본에 불법을 가르치기 위해 와 있던] 승려 담혜曇慧 등 9명이 도심道深 등 7명과 교대하였다."라고 나온다. 교대라고 되어 있으므로, 담혜 등은 그 이전에 왜국에 와 있었다는 말이다. 파견 연도의 후보가 되는 해는 백제가 왜국에 인재를 파견한 513년, 516년, 547년이다. 그러므로 적어도 547년에는 양국의 국왕이 관여하는 공적 차원에서 불교가 전래되어 있었다고 보는 설이 근자에는 유력하다.

'전래'라고 하면 백제가 불교를 '전해 왔다'는 어감이 강하다. 그러나 7세기 중반에 완성된 『수서』에는 "불법을 숭상하고 있으며, 백제에 요청하여 불경을 얻어, 그로써 처음 문자를 사용하게 되었다."(동이전 왜국조)

라고 되어 있다. 불교는 '전래'된 것이 아니라 왜국이 백제에 요청하여 '도입'하였다.

그러나 국가가 주도하여 외래의 종교를 공적으로 도입하는 것은 본래 매우 위험한 일이다. 왕권과의 관계 등 여러 가지 문제 때문에 재래 종교와 새 종교의 대립이 예상되기 때문이다. 신라에서는 왕의 측근이 불교 공인을 호소했다가 참수당하게 되었다는 유명한 설화가 있다. 왕의 측근은 "나는 불법을 위해 형벌을 받겠습니다. 만약 부처님께 신성한 위력이 있다면, 내가 죽은 후 필시 이변이 일어날 것입니다."(『삼국사기』 신라본기) 라고 말했고, 실제로 그의 목에서 하얀 피가 솟구쳤다. 신하들은 모두 놀라서 불교 공인에 찬성했다고 한다. 불교 공인을 둘러싸고 지배층 사이에 모종의 다툼이 있었던 것을 반영하는 것이라고 한다.

불교뿐 아니라 국가 차원에서 새로운 종교를 수용할 때 큰 마찰이 생긴 사례는 세계사에서 이루 다 열거할 수 없을 만큼 많다. 왜국에서도 불교를 공적으로 수용할 것인가 말 것인가, 지배층 내부에서 좀처럼 합의가 형성되지 않았던 모양이다.

그러면 왜 왜국은 공적인 차원에서 불교를 도입했을까?

이 문제를 해결하기 위해서는 불교 전래 시기에 주목할 필요가 있다. 왜국이 백제로부터 불교를 도입한 것은 540년대, 중국 남조에서는 양 무제의 치세이다. 이 무렵 백제는 앞서 기술한 것처럼 527년에 대통사를 건립했을 뿐만 아니라, 541년에는 무제가 쓴 열반경 주석서를 요청하는 등, 양과의 관계를 배려하면서 숭불을 적극적으로 추진하고 있었다. 그런 백제로부터 공적으로 전래된 불교에 단순한 종교를 뛰어넘는 역할을 기대한 것은 상상하기 어렵지 않다. 불교에 관한 이해가 동아시아에서는 지식인이나 문화인이 당연히 익혀야 할 교양이 되었고, 더욱이 중국(특히 양)과의 교섭에 불가결한 요소가 되어 있었기 때문에 왜국은 불교의 공적인 도입을 결단한 것이다.

『일본서기』에는 545년 백제가 양에서 얻은 재물을 왜국에 보냈다고 기록되어 있다. 남조와 오랫동안 대치하던 북위가 534년 동서로 분열하여 북중국의 정세는 유동적인 상태가 된 반면, 양이 무게감을 더하였다. 그런 시기에 백제와 왜국은 실제로 양을 강하게 의식하고 있었다.

다만 왜국이 공적인 차원에서 불교를 도입하기 시작한 직후인 548년 양은 갑자기 붕괴하였다. 동위(534~550. 북위가 동서로 분열한 후 동서 세력 모두 왕조 명칭을 위라고 했다. 동서의 위 왕조를 구별하기 위해 동위와 서위로 구별해서 부른다)에서 온 후경侯景이라는 맹장이 반란을 일으켰기 때문이다. 100일 이상의 농성 끝에 후경에게 수도 건강을 빼앗긴 후, 무제는 성 안에서 사망하였다. 먹을거리를 주지 않아 아사했다고 전한다. 그때 무제의 나이 86세. 반세기 동안이나 남중국을 지배하면서 보살계를 받고 사신하는 등 불교에 귀의한 무제의 최후는 너무나 비참하고 어이없었다.

후경의 난 후 양을 방문한 백제 사신은 수도 건강의 황폐한 모습에 눈물을 흘렸다고 한다. 수많은 왕조의 흥망을 지켜보았던 백제에게도 불교 선진국 양은 특별한 나라, 동경의 나라였다.

2. 왜 왕권의 안정과 대국 수의 등장 - 대중국 교섭의 재개

게이타이천황 사후의 왕권

479년 왜왕 무의 사절 파견 이후 왜국의 사신이 단절되어 있던 기간에 중국에서는 불교 신앙이 고양되고 있었고, 그에 호응하여 아시아 각국이 불교적 색채를 강조하는 사신을 중국에 파견했으며, 왜국도 중국과의 교섭 재개를 시야에 두고 불교를 공적으로 도입한 것은 앞서 설명하였다.

그러면 불교가 전래되었을 무렵 왜국의 왕권은 다시 대중국 교섭에 나설 수 있을 만큼 안정되어 있었을까?

제1장에서는 제24대 닌켄천황의 딸이자 제21대 유랴쿠천황의 손녀에 해당하는 다시라가황녀가 제26대 게이타이천황(재위 ?~531?)과 결혼한 것까지 살펴보았다. 게이타이천황 사후 천황의 지위는 게이타이천황의 아들인 제27대 안칸安閑천황(재위 534?~535)과 제28대 센카宣化천황(재위 535~539), 제29대 긴메이천황(재위 539~571)의 세 명에게 계승되었다.

이들 중 안칸천황과 센카천황은 본인으로 끝나는 방계로, 가장 어린 긴메이천황이 자기 아들에게 천황의 지위를 계승하였다. 안칸천황과 센카천황은 생모가 지방호족의 딸인 데 비해, 긴메이천황의 생모는 다시라가황녀로, 긴메이천황이 창출하는 혈통이 바로 직계에 걸맞다고 여겨졌기 때문이다.

긴메이천황은 이시히메石姫황녀(부친은 긴메이천황의 형인 센카천황, 생모는 다시라가황녀의 동생인 다치바나노나카[橘仲]황녀)를 아내로 맞아 아들을 낳았다(후의 비다쓰[敏達]천황). 긴메이천황이 직계라는 사실은 누구의 눈에도 당연한 것으로 비쳤을 것이다. 이 긴메이천황 치세에 불교가 전래되었다.

공적 차원에서의 불교 수용은 긴메이천황의 즉위로 직계 계승이 다시 안정되었기 때문이며, 중국 남조와의 교섭 재개가 전제되어 있었다.

양 무제는 왜국이 불교를 도입한 직후에 사망하고, 양 왕조도 붕괴하였다. 양을 이은 진陳(557~589)은 중국 남조 최후의 왕조이지만, 실질은 강남의 일개 지방 정권에 불과하였다. 그와 대치하는 북조는 동서로 분열된 채, 북쪽에서 거대한 힘을 자랑하는 돌궐(중앙아시아에서 북아시아에 이르는 광대한 영역을 지배한 유목국가)의 영향이 커져 나갔다. 6세기 중반은 남북조시대의 말기에 어울리는 혼돈의 시대였다.

불교가 전래된 왜국은 불교에 관한 지식을 대중국 교섭에 활용할 기회를 갖지 못한 채 수십 년의 시간이 흘렀다. 그 사이 왜국은 한반도 각국과의 교섭으로 바빴다.

왜국, 특히 규슈 북부와 한반도 남부는 쓰시마와 이키壹岐를 사이에 두고 하카타까지 70km 정도의 현해탄을 사이에 두고 있다. 유사 이전부터 두 지역이 활발하게 교류한 것은 고고학의 성과를 보면 명백하다. 활발한 인적 교류를 바탕으로 왜국은 한반도 남부의 가야지역에 긴밀한 네트워크(다만, 태평양전쟁 이전에 선양된 것 같은 영역지배는 아니다)를 가지고 있었던 것 같다.

그것을 유지하기 위해 왜왕의 의사를 전하는 사자[日本府]가 파견되었지만, 각국의 생각은 일치되지 못하고, 562년 가야지역이 신라의 지배하에 편입되었다. 그를 대신하여 왜국에 남은 것은 신라에 대한 적개심이었다.

이렇게 한동안 왜국은 한반도 남부의 정세에 집중했지만, 중국 대륙에 눈을 돌리지 않을 수 없는 사태가 발생하였다. 남북 중국을 통일한 대국 수(581~618)가 등장했기 때문이다.

600년의 견수사

600년 왜국은 처음으로 수에 사신을 파견하였다. 『일본서기』에는 기사가 없어, 출발한 해와 귀국한 해, 그리고 사신의 이름 등은 전혀 알 수 없다. 『수서』 동이전 왜국조는 다음과 같이 기술하고 있다.

> 개황開皇 20년(600), 성은 아메阿每, 자는 다리시히코多利思比孤, 오오키미阿輩雞弥라고 하는 왜왕이 조정에 사자를 파견하였다. 황제는 관리에게 명하여 그 나라의 풍속에 대해 물어보도록 하였다. 사자가 말하기를 "왜왕은 하늘을 형으로 삼고 해를 동생으로 삼아, 해가 뜨기 전에 나와서 정무를 보는데, [그 사이에는] 가부좌를 틀고 앉아 있다가, 해가 뜨면 정무를 그만두고 '내 동생에게 맡기겠다.'라고 합니다."라고 하였다. 그 말을 들은 고조(문제)는 "매우 도리[義理]에 어긋난다."라고 하였다. 이에 훈계하여 왜왕의 행위를 고치도록 하였다.

당시 황제는 초대 문제이다(재위 581~604). 수가 왜국 사신에게 왜의 풍속에 대해 물었다고 되어 있지만, 그런 질문은 수와 왜국 사이에만 이루어진 것이 아니다. 중국 사서는 사신을 파견한 각국의 정보를 상세하게 기재하고 있는데, 관계 관청이 사신에게 풍속을 물어 기록으로 남겼기 때문이다.

100년 이상의 공백기를 지나 중국을 방문한 왜국의 사절단에게는 통역의 언어능력에 문제가 있었을 수도 있다. 하늘은 왜왕의 형이고, 해는 동생이며, 해가 뜬 후에는 동생인 해에게 통치를 맡긴다고 한다. 야간 집무에는 등불이 필요하므로 불필요한 비용을 지출하는 셈이다. 국왕의 통치를 뒷받침하는 가신과 통치를 받는 국민의 부담도 커진다. 위정자는 그런 부담을 생각해서 야간의 정무는 피해야 한다. 그런데 왜왕은 밤에 정무를 보고 해가 뜨면 중단한다고 한다. 제1차 견수사로부터 약 반세기 후의 왜국에서는 일출 후에 정무가 시작되고 있는 것을 감안하면 통역이 오역했을 가능성도 있다. 어쨌든 수 문제는 "도리에 어긋난다."라고 평하면서 왜왕에게 훈계를 전하라고 하였다.

문제는 하늘 및 해와의 형제 관계를 "도리에 어긋난다."라고 단정했다고 설명하는 경우가 과거에 있었다. 중국의 전통적, 유교적 이해에서 보자면 '천天'은 천제天帝를 가리킨다. 천제의 동생이라면, 천제의 명(천명[天命])을 받아 중국을 지배하는 황제보다 상위에 있다.

그러나 중국은 각국의 신앙에 관심을 갖기는 하지만, 시비를 따져서 사신을 훈계하는 일은 없다. 중국은 각국에 '천'을 받드는 신앙이 있다는 사실을 파악하고 있었다. 북방 유목민족의 신들이 중국의 역사서에는 때때로 '천'으로 기록되어 있다. 수 황실의 연원도 중국의 북방에 있어, 수의 지배층 사람들은 유목민족의 '천'에 대한 신앙을 잘 이해하고 있었다. 문제는 천과 해 - 왜국이 독자적으로 신앙하는 신들 - 의 신앙이 있다는 사실은 인정하면서, 정무의 형태를 문제로 삼은 것이다.

그런데 왜왕이 정무를 볼 때 '가부跏趺'를 트는 점은 조금 마음에 걸린다. '가부'란 결가부좌의 약칭으로, 발바닥을 보여주듯이 앉는, 불교에서 명상할 때 앉는 방법이다. '가부'가 오역이 아니라면, 왜왕은 명상하면서 정무를 봤다는 말이다.

그러나 가령 '가부'가 불교적 문맥에서 사용되었다고 하더라도, 후술하는 607년의 제2차 견수사와 비교하면 600년의 제1차 견수사에는 불교 색채가 희박하다. 앞서 기술했듯이 왜국은 대중국 교섭을 위해 불교를 수용하였다. 그렇다면 왜국의 제1차 견수사에 왜 불교적 색채가 강조되지 않았을까?

수의 전신은 북주(557~581)라는 북중국의 왕조이다. 북주는 대대적으로 폐불을 단행한 적도 있으며, 불교적 색채를 강조하는 사신을 받아들인 일이 없다. 북주로부터 선양을 받은 수는 불교 부흥에 힘을 쏟았다. 그러나 수가 불교 색채를 강조하는 사신을 적극적으로 환영하는 태도를 명확하게 드러낸 것은 건국 후 시일이 한참 지난 601년의 일이다. 수가 남조의 양과 같이 불교적 색채를 강조하는 사신을 호의적으로 받아들일지 어떨지 왜국은 판단이 서지 않았다. 그래서 제1차 견수사 때는 불교 색채가 강조되지 않았을 것으로 보인다.

훈계를 받기는 했지만 왜국은 그 후에도 사신을 파견했고, 수도 왜국의 사신을 받아들였다. 600년 최초의 견수사에 의해 왜국은 수와 교섭을 시작했고, 그런 점에서 이번 견수사는 성공했다고 평가해도 된다.

그것은 그렇다고 하더라도 왜국은 왜 600년에 교섭 개시를 결정했을까?

수의 건국과 아시아의 정세

여기서 다시 중국의 정세를 살펴보기로 하자. 581년 문제가 수를 건국하자, 그 소식은 아시아 각지로 널리 전해졌다. 수가 건국된 해에 사신을 파견했다는 기록이 있는 것은 돌궐과 말갈(북동아시아의 유목국가), 백랑국 白狼國(소재지 불명), 백제, 고구려이다.

583년에는 왜국과 백제 사이에 4차례나 사신이 왕복하였다. 왜국과 백제는 우호 관계였지만, 1년에 4차례나 되는 빈번한 사신 왕래는 수에 관한 정보를 왜국이 적극적으로 수용하려 했고, 백제도 그에 화답한 것을 보여주는 것으로 보인다. 그러나 왜국이 수에 사신 파견을 검토한 흔적은 없다.

앞서 언급한 것처럼 수가 건국될 당시에는 진이라는 남조 마지막 왕조가 명맥을 유지하고 있었다. 진의 영역은 협소하여, 화북을 통일한 수의 국력에 견줄 바가 아니었다. 만반의 태세를 갖춘 문제가 아들 진왕 광廣(후의 양제)을 총수로 군대를 파견한 것은 588년 10월이다. 병력은 51만 8,000명. 이듬해 589년 1월 진은 멸망하였다.

싱거운 남조의 최후에 동아시아 각국은 다양한 반응을 보였다. 백제는 일찌감치 수에 사신을 파견하여 통일을 축하했고, 임읍(베트남 남부)은 소식을 듣고 최초의 사신을 수에 파견하였다. 고구려는 군대를 훈련하고 군량미를 비축하면서 방어를 굳건히 했다고 한다. 수가 북방으로 군대를 보낼 것으로 예상했기 때문일 것이다. 그러나 약 300년 만에 중국이 통일되었음에도 불구하고, 그에 대해 왜국이 어떤 행동을 취한 흔적은 없다.

진 멸망의 영향은 중앙아시아의 돌궐에도 파급되었다. 6세기 중반부터 돌궐은 중국을 포함한 주변 각국에 강한 영향력을 행사했는데, 수도 건국 당시는 돌궐에 세력이 밀렸다. 그러나 583년에는 돌궐을 동서로 분열시키는 데 성공하고, 585년에는 동돌궐을 신하로 복속시켰다.

진을 멸망시켜 중국을 통일하고 돌궐의 분열 정책에도 성공한 수의 눈은 동아시아로 향하였다. 표적은 고구려였다.

진 멸망 후 고구려가 방어를 강화한 것은 앞서 언급하였다. 597년 수는 말갈과 거란이 수와 통교하는 것을 고구려가 방해한다고 질책하였다. 이듬해에는 고구려왕이 말갈의 기병을 이끌고 랴오닝성 서부에 침공하였다. 격퇴는 했지만, 문제는 격노하여 수륙 양면에서 고구려를 공격하기로 하였다. 그러나 수의 군대는 군량미가 부족하고 환자도 많았으며, 고구려왕이 먼저 사죄했기 때문에 본격적인 전투가 벌어지기 전에 수의 군대는 철수하였다.

전면적인 무력 충돌은 피했지만, 한반도 각국과 왜국은 분명히 수의 군사적 압력을 강하게 느꼈을 것이다. 돌궐에 병력을 집중시킬 필요가 사라진 수가 한반도 제압에 전력을 기울이면 어떻게 될까? 동아시아 각국의 긴장은 갑자기 고조되었다. 한반도와 경제적, 정치적으로 깊이 연결되어 있는 왜국도 강 건너 불 보듯이 침묵만 계속할 수는 없게 되었다. 제1차 견수사는 이런 군사적 압력, 구체적으로는 수의 고구려 원정에 촉발되어 파견되었다.

왜국 사람이 중국의 수도에 가는 것은 백수십 년만이었다. 지난번에 방문한 수도는 중국 남조의 건강이었다. 남조의 선진문화가 집중된 미려한 수도였지만, 그 규모는 수의 수도인 대흥성(당대의 장안성, 현재의 시안)과 비교하면 너무나 작다.

궁성이 눈부시게 휘황찬란할 뿐 아니라, 문제의 장려 덕분에 성안에는 사원이 여럿 건립되어 있었다. 동서에는 큰 시장이 열려, 수 국내는 물론 아시아 각지에서 찾아온 사신과 상인들로 붐볐다. 견수사 일행은 대흥성에 들어가 압도적인 국력의 차이를 똑똑히 보고 실감하게 되었다.

이때의 충격이 귀국 후 전해져, 각종 제도의 정비가 급속하게 추진되었다. 견수사 파견 당시의 왜국은 제33대 스이코推古천황(재위 592~628) 아래 쇼토쿠태자(우마야도[厩戸]황자)가 섭정을 맡고, 소가씨蘇我氏가 그것을 보좌하는 체제였다. 다만, 견수사 파견의 주체는 『수서』에 왜왕의 성명이 '아메다리시히코'라고 되어 있으므로 남성이었음을 알 수 있다.[5] 섭정인 쇼토쿠태자가 사절 파견을 주도했을 것이다.

이 체제하에서 제정된 것이 관위冠位 12계제[6](603)와 17조 헌법(604)이다. 17조 헌법은 관료로서의 마음가짐에 대해 말하고 있을 뿐, 정무의 형태를 구체적으로 정한 것이 아니다. 제도로서는 아직 원시적인 상태이지만, 훗날의 율령제로 이어지는 변혁이 잇달아 실시되었다.

603년에 스이코천황이 옮겨 간 오하리다궁小墾田宮에는 의례 공간이 마련되었고, 예제도 정비되었다. 예컨대 중국 남조까지 소급될 수 있는 포복례匍匐禮(궁궐 문을 출입할 때 두 팔을 땅에 짚고 기어서 가는 것)가 도입되었다(에노모토 준이치[榎本淳一] 연구 참조). 대흥성에서 각종 의례를 경험한 것에 따른 변혁이었다.

3. 607년, '일출처천자'의 진짜 의미

607년의 견수사

제1차 견수사로부터 7년 후인 607년, 사신 오노노 우마코小野馬子를 통해 '일출처천자日出處天子'라고 적힌 저명한 서장이 수 황제에게 보내졌다.

> 대업大業 3년 왜국왕 다리시히코가 사신을 보내 조공하였다. 사신이 말하기를 "[왜왕은] 해서海西에 보살천자(수 황제)가 있어서 다시 불법을

---

5) '아메'는 天을 의미한다. '다리시'의 의미에 대해서는 설이 갈리고 있지만, 히코는 彦이므로 남성이다.

6) 冠位 12階制 : 백제의 관위제도를 참고하여 만든 일본 최초의 관위제도. 德·仁·禮·信·義·智 등 6개의 유교 덕목을 각각 대소로 나누어 12개의 관위를 마련하였다. 冠의 색깔과 장식으로 등급을 표시하여 신분을 가시적으로 나타내었다. 씨족 집단이 아니라 개인의 공적에 따라 부여되어, 훗날 율령제의 位階制로 발전하였다.

일으키고 있다고 들었습니다. 그래서 [사신을] 파견하여 [보살천자를] 뵙고 배례하고, 아울러 사문(출가하여 수행에 전념하는 자) 수십 명을 보내 불교를 배우게 하고자 한다[고 말했습니다.”] 그 나라의 서장에는 “해 뜨는 곳의 천자가 해 지는 곳의 천자에게 치서致書합니다. 무양하게 잘 지내시는지요.”라고 되어 있었다. 황제(양제)는 이 서장을 보고 불쾌해져 홍려경(홍려시의 장관, 홍려시는 현재의 외교부에 해당)에게 “오랑캐의 서장에 무례한 내용이 있으면, 앞으로는 상주하지 않아도 된다.”라고 하였다.

(『수서』 동이전 왜국조)

607년 수에 간 사신에 대한 중국의 기록은 이것이 전부이다.

사료는 세 부분으로 나눌 수 있다. 첫째가 사신의 발언, 둘째가 왜국의 서장, 셋째가 양제의 반응이다. 그중 첫째 부분이 사료의 절반 가까이를 차지하고 있다. 하지만 지금까지는 관심이 둘째 부분의 서장에만 집중되었다. 그러므로 우선은 왜국의 서장을 검토하고, 그런 다음에 사신의 발언을 살펴보기로 하자.

과거에는 ‘일출처日出處’는 아침 해가 떠오르는 나라, 즉 떠오르는 해와 같은 기세가 있는 나라, ‘일몰처日沒處’는 석양이 지는 나라, 즉 사양 길로 접어든 나라로 이해하였다. 태평양전쟁 전부터 전후까지 많은 지지를 받은 해석이다. 그러나 얼마 전에 도노 하루유키東野治之에 의해 ‘일출처’, ‘일몰처’의 출전이 『대지도론大智度論』이라는 경론(부처의 가르침을 기록한 ‘경’에 주석을 가한 것이 ‘론’)이며, 단순히 동서를 의미하는 표현에 지나지 않는다는 사실이 증명되었다.

‘일출처’와 ‘일몰처’가 단순히 동서를 의미한다고 치고, ‘천자’는 어떨까? 인용한 『수서』에는 왜국의 서장 이외의 부분에서도 ‘천자’를 발견할 수 있다. 왜국의 사신은 수의 황제를 ‘보살천자’라고 칭송하고 있다. 서장과 사신의 발언은 7년 전의 실패를 거울삼아, 동일 방침에 따라 꼼꼼하게 준비한 것임이 분명하다. 왜국의 서장에 있는 ‘천자’는 사신의 발언에 있는 '보살천자'를 바탕으로 해석해야 한다. 이에 대해서는 뒤에 상술하기로 한다.

사신私信 형식의 문서

서장에서 '일출처', '일몰처', '천자'와 함께 논란이 된 것은 '치서致書'라는 문언이다.

각국이 중국에 보낸 문서는 통상 表표라는 형식으로 작성된다. 표란 신하가 군주인 황제에게 보내는 문서 형식인데, 기본적으로는 '신모언臣某言'이라는 문언으로 시작한다. 그러나 왜국이 양제에게 보낸 서장은 '치서'라는 형식이다. '치서' 형식의 국가 간 교섭문서로는 584년 동돌궐의 카간可汗이 수에 보낸 국서가 알려져 있다.

> 용의 해 9월 10일 하늘에서 태어나 천하를 지배하는 대돌궐의 현성賢聖한 천자 일 퀼 샤드 바가 이쉬바라伊利俱盧設莫何始波羅 카간이 대수 황제에게 치서합니다.
> (『수서』 북적전 돌궐조)

이 서두의 문장 다음에 황제는 처의 아버지이므로 카간에게는 장인, 황제에게 카간은 아들이라고 이어진다. 그리고 카간은 양국의 우호 관계가 영원토록 끊이지 않도록 하겠다고 천신에게 맹세한다. 돌궐이 소유하는 양과 말은 모두 황제의 것이고, 수가 소유하는 형형색색의 비단은 모두 돌궐의 것으로, 수와 돌궐은 강역은 달라도 마음은 하나인 나라라고 한다.

서장을 보낸 것은 584년, 왜의 '일출처천자'의 20여 년 전이다. 양국은 명확한 상하 관계가 아니었다. 그러므로 서장에는 황제를 카간의 장인이라고 말하고는 있지만, 수의 우위를 인정하는 표현은 없다.

7세기 이전 중국과의 국가 간 교섭문서 중에서 '치서' 형식을 채용한 것은 현존 사료상으로는 돌궐의 서장과 왜국의 서장밖에 없다. 그래서 왜국은 돌궐의 서장을 본보기로 '치서' 형식을 채용함으로써 돌궐과 마찬가지로 수와 대등을 주장했다고 보는 연구가 있다. 그러나 양국의 서장에는 간과할 수 없는 차이가 있다.

첫째, 돌궐의 서장에는 군주 칭호 앞에 칭송하는 표현이 붙어 있다. 그러나 왜국의 서장에는 이런 미칭美稱이 붙어 있지 않다. 군주의 칭호에 장황하게 미칭을 붙이는 것은 한족의 전통에는 없으며, 유목민족에 특유한 것이다.

둘째, 미칭의 내용이다. 돌궐의 카간은 하늘에서 태어나 대돌궐의 '천하'를 지배하는 '현성천자'를 자칭한다. 그리고 본문에서는 '천신'을 증인으로 수와의 우호를 맹세하고 있다. 서장의 '천하', '천자', '천신'은 돌궐의 신앙을 전제로 한 것으로, 왜국의 서장에 있는 '천자'와 돌궐의 서장에 있는 '천자'를 같은 시각에서 분석해서는 안 된다.

셋째, 돌궐의 서장에는 발신자와 수신자의 국명, 그리고 양국 내에서 사용되는 실제의 군주 칭호가 기재되어 있다. 반면에 왜국의 서장에는 발신자와 수신자의 국명과 군주 칭호가 없다. 왜국의 서장은 국가 간에 교환되는 문서로서는 너무나 파격적이다.

왜국이 돌궐의 서장을 선례로 삼았다면, 왜 이렇게 많은 차이가 발생했는지 이해할 수 없다. 애당초 중앙아시아와 북아시아의 패자였던 돌궐과 아직 중앙집권화도 시작되지 않아 국가로서 미성숙한 왜국의 국력 차이는 확연하다. 돌궐을 염두에 두고 대등을 주장할 만큼 왜국의 수뇌가 자신을 객관화하지 못했을 리가 없다. 왜국이 '치서' 형식을 채용한 것은 돌궐의 서장과는 무관한 것이었다.

'치서' 형식은 남북조시대 이래 중국에서는 사신私信에 많이 사용된 문서 형식이었다. 국명과 군주 칭호조차 쓰지 않은 '일출처천자'의 서장은 국가가 국가에 보낸 문서가 아니라 사적인 서장이었을 가능성이 있다.

공적인 서장이 따로 있었나?

이 가설이 성립된다면, 견수사는 천자에게 보내는 사적인 서장 외에 왜국왕의 공적인 서장도 틀림없이 휴대했을 것이다. 그러면 주변국의 왕이 신하의 입장에서 적은 서장 외에 별도의 서장 한 통을 중국 황제에게 보낸 적은 있었을까?

5세기에 신하의 입장에서 쓴 '표'와 별도로, '서書'로 분류되는 서장을 황제에게 보낸 경우가 3개의 사례이기는 하지만 사서에서 확인된다.

450년 백제가 송에 사신을 파견했을 때, '표'에서는 역림易林(점의 결과를 판별하기 위한 서적)과 식점式占(점치는 도구), 요노腰弩[7]를 요구하고, '서'로 방물方物(특산품)을 헌상하였다.

484년 부남(캄보디아)은 남제에 불교 용어를 구사한 '표'와 '서'를 보냈다. '표'는 인접한 임읍(베트남 남부)의 악행을 열거하면서 남제의 군사적 개입을 청구하는 데 비해, '서'는 남제를 칭송하는 미사여구를 나열하고 있다. 백제와 부남의 경우 '표'는 구체적인 요구를 수반하는 데 비해, '서'는 의례적인 인사 같은 측면이 강하다.

시대는 조금 거슬러 올라가지만, 436년 칭하이성에 있던 토욕혼이라는 티베트계통의 국가는 북위를 이반하려 했다가 훈계를 받고 다시 북위에 신종하면서 '표'와 '서'를 보냈다. 매우 짧은 사료여서 '표'와 '서'의 내용까지는 전하지 않는다.

백제와 부남, 토욕혼이 '표'와 함께 바쳤고, 사료에 '서'로 표기되어 있는 문서는 어떤 형식이었을까? 유감스럽게도 문서의 서두는 남아 있지 않다. 어쨌든 주변국의 왕이 신하의 입장에서 쓴 상표문 외에 모종의 서장을 보내는 사례가 있었다.

---

7) 腰弩 : 휴대용 쇠뇌. 쇠뇌는 쇠로 된 발사 장치를 달아 돌이나 화살을 연달아 쏘게 한 활을 가리킨다.

왜국의 '서'는 국명과 국왕 칭호를 적지 않았기 때문에 공적인 국가 간 교섭문서의 역할을 하기에 부족하다. '일출처천자' 서장 외에 신하의 입장에서 쓴 상표문을 보냈을 가능성을 배제할 수 없다. 양제가 각국의 서장에 무례한 내용이 있으면 앞으로는 상주하지 않아도 된다고 한 것은 다름이 아니라 교섭에 필수 불가결한 상표문이 별도로 있기 때문에 무례한 '서'의 상주는 불필요하다고 판단했기 때문이 아닐까?

왜국의 서장의 가능성에 대해 살펴보았지만, 왜국의 서장의 구성은 대등 외교설의 결정적인 증거가 되기 어렵다.

그럼 왜국의 서장이 아니라 사신의 발언은 어떨까?

사신의 말에 따르면, 사신을 파견한 목적은 두 가지이다.

첫째, '다시 불법을 일으킨' '보살천자'를 '조배朝拜'하는 것.

둘째, 승려를 보내 수의 불교를 배우도록 하는 것.

사신의 발언에 담긴 의도를 파악하는 데 가장 중요한 것이 '다시 불법을 일으켰다重興佛法'는 표현이다. 실은 이 표현은 601년 시작된 사리탑 건립사업을 중심으로 수 문제가 거듭 사용한 표현이다.

수 왕조 강화를 위해 '다시 불법을 일으키다'

사리탑 건립사업이란 무엇인가? 수는 북중국에서 세력을 자랑하던 북주를 이어 국가를 수립하였다. 불과 8세의 어린 나이로 즉위한 북주 정제(재위 580~581)의 후견인이 된 양견楊堅은 재빨리 정권을 장악하고, 581년 정제에게 선양을 압박하였다. 이 사람이 수 문제이다. 퇴위 다음 달 정제는 살해되었다.

황제 자리를 찬탈한 문제가 처음부터 뭇사람의 지지를 받은 것은 아니다. 선양에 반감을 품은 사람이 많아, 건국 초기에는 각지에서 반란이 일어났다. 문제는 빨리 사람들을 새로운 왕조 아래 결집할 필요가 있었다.

문제가 주목한 것이 북주가 탄압하던 불교였다. 문제는 즉위하자마자 금지되어 있던 승려의 출가를 허가하여, 1,000여 명이 출가하였다. 폐기되었던 사원과 불상이 수리되고, 칙명에 따라 경전 수집이 이루어졌다. 새로운 수도인 대흥성에는 그 이름을 딴 사원이 건립되었고, 동명의 사원이 문제와 연고가 있는 45주州에 건립되었다. 말 그대로 다시 불법을 일으키고 있었다.

나아가 문제는 601년의 자기 생일날부터 시작하여 602년과 604년, 4년의 세월을 들여 전국에 사리탑(사리는 부처의 유골. 사리탑은 그것을 수납하기 위한 탑)을 건립하였다. 인수仁壽 연간(601~604)에 추진된 이 사업을 인수사리탑 건립사업이라 부른다. 탑의 기단 아래 수납하는 사리는 문제가 즉위 전에 정체불명의 승려에게 받았다는 수상쩍은 사연이 있는 물건이었다. 이 사리를 같은 날 같은 시각에 땅속에 안치하고, 그 위에 탑을 건립하였다. 첫해는 30주에서 탑이 건립되었다.

문제는 사업 개시를 명한 조서에서 "짐은 삼보에 귀의하여 다시 성교聖敎를 일으킬 것"(『광홍명집(廣弘明集)』 권17)이라고 표명했고, 탑을 건립하는 주州에서는 정무를 중지하고 의식에 전념하도록 명하였다. 삼보란 불(부처), 부처의 가르침인 법, 그 가르침을 널리 퍼뜨리는 승을 가리킨다.

4년에 이르는 사업으로 건립된 사리탑은 100기를 넘었다. 건립 장소는 전략적으로 중요한 지점이 선택되었다. 사리탑 건립사업이 수의 지배에 커다란 정치적 의의를 지닌 것은 의심의 여지가 없다.

사리탑 건립에 앞서 거행되는 의식에는 수도 대흥성에서 파견된 승려가 문제의 참회문을 송독하는 자리가 마련되었다. 참회문은 '보살계 불제자 황제모菩薩戒佛弟子皇帝某'라는 문제의 자칭으로 시작된다. 문제는 보살계를 받은 불제자의 입장에서 일체중생을 대신하여 모든 죄를 참회하고, 탑 건립의 공덕이 모든 중생에게 미치게 하겠다고 서원하였다.

요컨대 문제는 북제가 행한 폐불 이후 '다시 불법을 일으킨' '보살계 불제자 황제'의 입장에서 중생구제를 위해 수 왕조 전국에 사리탑을 건립했다는 것이다. 덧붙이자면, 문제의 '보살계 불제자 황제'라는 칭호는 양 무제와 무제 이후에 보살계를 받은 황제들이 사용했던 '보살계 제자 황제'가 선례이다.

문제의 참회 후 사람들은 "지금부터는 선행을 쌓고 악행을 끊어, 그 공덕에 의해 몇 번 다시 태어나도 언제나 대수大隋의 신하가 되기를 바란다."라고 미래영겁을 통해 수 황제에게 신종할 것을 맹세하였다. 사리탑 건립사업이란 보살인 문제 아래 수 왕조 내부를 결집하는 사업이었다.

각국으로 확산되는 사리탑 건립사업

사리탑 건립사업은 국외에도 큰 영향을 주었다.

사업이 시작된 601년 고구려와 백제, 신라의 사신이 본국도 사리를 공양하고자 한다고 하면서 사리 하사를 요청하였다. 수가 삼국에 압력을 넣었다는 주장도 있는데, 충분히 그럴 가능성이 있다. 사리탑 건립사업에 참여함으로써 한반도 삼국은 '보살계 불제자 황제'를 중심으로 하는 세계 질서에 들어가게 되었다.

한반도 삼국이 수에서 가져온 사리를 어떻게 공양했는지 전하는 사료는 없다. 하사받은 사리를 삼국이 방치했다고 생각하기 어려우므로, 사리를 공양하는 탑이 한반도에도 건립되었을 것이다. 사리를 봉안하는 방법도 동시에 한반도에 전해진 것 같다. 한국에서는 근자에 몇몇 사리함이 발견되고 있는데, 601년 이후 봉안된 사리함은 인수 사리탑 건립사업의 수납 방법(석제 용기 안에 금속제 용기를 넣고, 그 안에 다시 유리제 용기를 넣고 사리를 넣는다)과 매우 흡사하다.

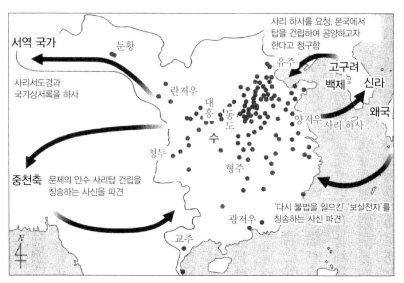

〈2-1〉 수의 사리탑 건립지와 국외로의 영향

서역 국가
사리서도경과
국가상서록을 하사

중천축 문제의 인수 사리탑 건립을
칭송하는 사신을 파견

사리 하사를 요청. 본국에서
탑을 건립하여 공양하고자
한다고 청구함

고구려
백제 신라
왜국
사리 하사

'다시 불법을 일으킨' '보살천자'를
칭송하는 사신 파견

둔황
란저우
대흥·동도
수
청두
형주
광저우
교주

출전 : 『週刊 日本の歷史 03』(朝日新聞出版, 2013)을 바탕으로 필자가 작성

사업 개시 이듬해인 602년에는 석가의 탄생지인 인도의 마가다국에서 사신이 수에 왔다. 마가다국에서 지진이 일어났을 때 출현한 비문에 문제의 사리탑 건립이 적혀 있었기 때문이라고 한다. 말할 필요도 없이 문제를 칭송하기 위해 지어낸 이야기이며, 사신이 마가다국에서 파견된 것인지도 의심스럽다. 그러나 수에게 사신의 진위는 중요하지 않다. 인도에서 문제의 불교 신앙을 칭송하는 기적이 일어났다는 이야기는 권위 구축을 지향하는 수에 더없이 안성맞춤이었기 때문이다.

마가다국의 사신은 귀국할 때 「사리서도경舍利瑞圖經」과 「국가상서록國家祥瑞錄」이라는 서적을 하사해 달라고 요청하였다. 문제는 두 서적을 산스크리트어로 번역하여 마가다국 사신에게 하사했을 뿐만 아니라 서역 국가들에도 나눠주었다. 두 서적은 현존하지 않지만, 전자는 사리탑 건립에 얽힌 기적을, 후자는 수의 건국에 얽힌 기적(불교적 기적을 포함)을 모은 서적이었던 것 같다.

문제는 수가 건국 당시부터 불교에 의해 정통성이 보증된 왕조이며, 더욱이 그 정통성은 사리탑 건립으로 다시 확인되었음을 두 서적을 통해 대외적으로 선전하려 한 것이다. 이런 적극적인 선전이 의미하는 바를 서역 각국은 쉽사리 이해했을 것이다.

다시 말해, 사리탑 건립이 한창일 때 여러 나라는 사리 하사를 요청하거나(고구려·백제·신라), 사리탑 건립을 칭송하는 기적을 위장하여 문제의 환심을 샀고(마가다국), 더욱이 수는 그런 사신을 적극적으로 받아들이는 자세를 취하였다. 불교가 적극적인 대중국 교섭의 관건이 되는 시대가 다시 아시아에 찾아온 것이다.

일본에도 그 정보는 와 있었다. 사리탑 건립사업이 시작된 이듬해인 602년 백제와 고구려의 승려가 일본에 왔다. 마침 왜국 최초의 본격적인 가람인 호코지法興寺(아스카데라[飛鳥寺]) 건립이 종반에 접어들었던 때였다. 호코지 건립에 백제는 기술자를, 고구려는 본존상에 칠할 황금을 제공하였다.

불교를 매개로 우호적인 교섭이 전개되는 가운데, 불과 얼마 전 수에서 사신이 귀국한 백제와 고구려가 '다시 성교를 일으킨' '보살계 불제자 황제'의 사리탑 건립, 그리고 사리가 한반도에 하사된 사실을 왜국에 전하지 않았을 리가 없다.

중화사상의 '천자'가 아니다

설명이 조금 길어졌지만, 인수 사리탑 건립사업과 사리탑 건립을 둘러싼 국제적 상황에 대해 살펴보았다. 607년 '일출처천자'의 문구가 적힌 서장을 가지고 수에 입국한 왜국 사신의 발언으로 돌아가자.

지금까지 살펴본 것처럼, 607년 왜국이 수에 사신을 파견하여 '다시 불법을 일으킨' '보살천자'를 '조배'하려 한다고 사신이 발언한 것은, 인수 연간에 '다시 성교를 일으킨' '보살계 불제자 황제'가 수 왕조 전역에 사리탑을 건립한 것을 염두에 두고 있다.

600년의 견수사 때 "도리에 어긋난다."라고 훈계를 받은 왜국은 이번에는 좋은 평가를 받고 싶었다. 그러기 위해서는 수가 전국 규모로 전개하고, 대외적으로도 크게 선전하던 인수 사리탑 건립사업이야말로 교섭 때 처음 꺼내는 말로서는 안성맞춤이다. 왜국은 불교를 부흥시킨 보살천자와 황제를 칭송하면서 호감을 얻으려 한 것이다.

607년에 견수사가 수도에 도착했을 때 문제는 이미 사망했고, 아들 양제(재위 604~618)가 즉위해 있었다. 그러나 문제의 숭불을 옆에서 지켜보던 양제가 '다시 불법을 일으킨' '보살천자'를 칭송하는 왜국의 의도를 이해하지 못했을 리 없다. 양제도 황태자 시절에 보살계를 받았다.

그러면 왜국의 서장이 왜왕과 수 황제를 함께 '천자'라고 한 의도는 무엇이었을까?

통설은 '천자'가 중화사상에서의 의미로 사용되었다고 생각하였다. 그러나 앞서 설명한 것처럼 왜국의 서장에 있는 '천자'는 사신의 발언에 있던 '보살천자'를 바탕으로 생각할 필요가 있다. 그러므로 여기서는 인간계의 왕을 의미하는 불교 용어로서의 '천자'에 대해 살펴보고자 한다.

불법의 국가 가호를 설하는 『금광명경』에는 '천자'의 의미가 다음과 같이 정의되어 있다.

> 집업集業[8] 때문에 사람들 사이에 태어나 왕으로서 국토를 영유하므로 인왕人王이라 칭하는 것이다. 어미의 태내에 있을 때 제천諸天[9]이 수호

---

8) 集業 : 業의 인연으로 윤회하는 것.
9) 諸天 : 윤회 가운데 한 갈래. 통상 불교의 신이라 이해된다. 인간보다 훨씬 뛰어난 존재로서 수명이 장구하며, 신체도 깨끗하고 빛나서 자유자재로 변화하며 하늘을 날 수 있다고 한다.

하거나, 혹은 제천이 먼저 수호한 연후에 태내에 들어간다. 사람들 사이에 태어나 인왕이 되었지만, 천天이 수호하므로 천자天子라고도 한다. 삼십삼천三十三天이 각자 자신의 덕을 이 왕에게 나누어주므로 천자라고 칭하는 것이다. [천자는] 신통력을 얻으므로 자재自在하게 되어, 악법에서 멀리 벗어나 그것을 막아 일으키지 않고, 선법善法(불법을 가리킴)에 안주하여 그것을 더욱 포교하여 많은 중생으로 하여금 천상에 다시 태어나게 한다.

(북량담무참[北涼曇無讖] 역『금광명경』)

요컨대 '천자'란 신들의 수호를 받아 신통력을 얻어 불법을 보급하고 중생을 잘 교화하는 국왕을 가리킨다. 중국 불교사 연구자인 야마자키 히로시山崎宏가 지적한 바와 같이, 597년 문제에게 헌상된『역대삼보기』라는 서적은 이『금광명경』에 의거하여 문제를 '천자'라고 칭송하였다. 문제도『금광명경』에서 말하는 의미에서의 '천자'를 인정하였다.

중화사상에서 천자는 복수가 존재할 수 없다. 따라서 서장의 천자를 중화사상으로 이해하는 것은 원칙적으로 불가능하다. 왜왕과 수 황제 두 사람을 천자라고 부르고 있기 때문이다. 황제를 '보살천자'라고 찬양하는 사신의 발언을 고려하면, 왜국의 서장에 있는 '천자'는 제천의 수호를 받고 삼십삼천으로부터 덕을 나누어 받은 국왕으로 이해해야 한다.

제2장 서두에서 소개한 가라타국의 상표문처럼 불교적 수사를 다수 사용하는 상표문 중에는 중국 황제를 불교적 문맥에서 칭송하면서, 자신의 숭불도 동시에 자부하는 상표문이 있었다. 그러나 이들 상표문은 사자국獅子國(스리랑카)이나 중천축(인도), 부남(캄보디아) 같은 불교 선진국이 보낸 것이다. 반면에 이쪽 왜국은 본격적인 사원이 이제 겨우 건립되었을 뿐이다. 설령 왜국의 서장의 '천자'가 불교적 문맥에서 사용되었고, 또 그와는 별도로 신하의 입장에서 쓴 상표문을 보냈다고 치더라도, 불교 후진국의 왕인 왜왕이 '천자'를 자칭하는 것은 불손하다.

조공국의 문서나 태도가 무례하다고 하면서 국왕을 훈계하는 일은 기나긴 중국사에서 그다지 특수한 일이 아니다. 양제는 608년 배세청裵世淸에게 칙서를 주어 왜국에 파견하여 왜왕을 선유宣諭하였다.

수에 파견된 유학생들

607년의 견수사에 대해 또 한 가지 지적하고 싶은 점이 있다. 왜국의 사신은 견수사 파견 목적이 '보살천자'를 '조배'하고, 나아가 사문沙門 수십 명을 파견하여 수의 불교를 배우게 하는 데 있다고 발언하였다. 사문이란 출가하여 불도 수행에 전념하는 사람, 즉 승려이다. 607년에 파견된 승려들이 추방되었다는 기록이 없으므로 그들은 무사히 수에 남아 면학에 힘썼을 것이다.

동아시아 각국이 국가 간 교섭을 통해 중국에 유학승을 파견한 것은, 현존 사료로 보자면, 596년 신라의 승려 담육曇育이 처음이다.『삼국사기』에 따르면 담육이라는 승려가 수에 간 그달에 신라에서 조공사가 파견되었다. 담육은 조공사와 함께 신라를 출발한 것으로 보인다.

담육 이전 585년과 589년에는 신라 승려 지명智明과 원광圓光이 중국 남조의 진에 갔다. 581년 수가 건국된 이후에도 신라는 남조의 불교를 정통으로 여기고 그것을 수용하려 힘썼다. 그러나 589년 수가 진을 멸망시키자 신라는 594년 수에 사신을 파견하였다. 사절 파견의 목적은 사서에 남아 있지 않지만, 타이밍으로 봐서, 같은 해에 이웃 나라 백제가 진 평정을 경하했듯이, 수의 진 평정을 축하하고 중국 통일을 기리기 위한 조공사로 추측해도 무방하다. 수는 신라왕을 상개부上開府 낙랑군공 신라왕에 봉하였다. 담육이 조공사와 함께 수에 간 것은 2년 후의 일이다.

진의 멸망으로 동아시아 불교는 수에 집약되었다. 신라는 수가 바로 불교 신앙의 중심이라는 입장을 국가 간 교섭에서 명확히 하였다. 신라 최초의 견수 유학승 담육의 파견은 진의 멸망으로 전환한 신라의 대외교섭 방침과 밀접한 관련이 있었다.

604년 양제의 즉위 후에는 국내의 저명한 승려를 외국인 유학승의 교수에 임명한 기사가 산견된다. 특히 한반도는 유학승을 적극적으로 파견하였는데, 양제가 선발한 고승들은 주로 삼한 출신 승려를 교수의 대상으로 삼았다.

- 정업淨業 : 608년 소환되어 홍려관에 들어가 번승蕃僧을 교수하였다.
(『속고승전』 권12)

- 정장靜藏 : 613년 소환되어 홍려시에 들어가 동번東蕃에게 교수하였다. 이에 고구려와 백제, 신라의 승려 등 동방의 만족蠻族들이 처음으로 정도正道를 체계적으로 공부하게 되었다. (『속고승전』 권13)

- 영윤靈潤 : 614년에 소환되어 홍려시에 들어가 삼한의 승려에게 교수하였다.
(『속고승전』 권15)

- 신형神逈 : (614년) 이어서 또 조詔가 있어, 홍려시에 들어가 사람들에게 『대지도론』을 교수하고, 삼한 및 여러 지역의 사람들을 깨우쳤다.
(『속고승전』 권13)

외국인 유학승을 가르치라고 명령을 받은 승려는 모두 홍려시鴻臚寺에 들어가고 있다. 홍려시는 외국 사신의 대응을 담당한 관청('시[寺]'는 관청이라는 의미)이다. 한반도의 유학승도, 그리고 제2차 견수사와 함께 607년에 파견된 왜국의 유학승도 모두 수도에 모여 불교를 배웠을 것이다.

수의 중국 재통일과 통합은 쉽게 이루어진 것이 아니다. 중화를 표방하는 수에 있어 300년에 걸친 분열로 저하한 권위의 향상은 급선무였다. 권위를 확고히 하기 위해 문제와 양제는 불교가 지닌 영향력에 주목하였다. 아시아 각국에서 온 유학생을 받아들이는 것은 수의 불교를 아시아

의 표준으로 만들기 위한 수단이며, 고승에게 유학생을 가르치게 한 것
도 권위 향상을 도모하는 정책의 일환이었다.

607년의 유학승 파견에 대해서는 왜국 측의 내적인 요구가 크게 다루
어져 왔다. 중국과의 교류사 분야를 개척한 모리 가쓰미森克己는 유학생
파견이 일본의 문화 수준을 높이고 국내 개혁을 추진하는 데 그 목적이
있었다고 한다. 그러나 유학은 받아들이는 측의 승인이 있어야 가능하다.
수가 유학승을 받아들이는 이익을 발견했기 때문에 비로소 왜국은 수십
명이나 되는 유학승을 파견할 수 있었다. 정치적 이유에서 수가 유학생
수용을 승인했고, 왜국은 정식 교섭 루트를 통해 유학승을 파견할 수 있
었던 점을 다시 주의해야 한다.

4. 대수 외교의 진실 - 왜 대등·책봉을 요구하지 않았을까?

대등을 요구할 상황이었나?

왜의 오왕이 파견한 사신과 마찬가지로 견수사도 중국 황제의 우위를
인정하면서 중국이 주재하는 세계질서에 들어가기 위한 사신이었다. 요
컨대 견수사도 조공사이다. 다만, 왜의 오왕이 중국 남조에 책봉을 요구
한 데 비해, 견수사는 수에 책봉을 요구하지 않았다.

책봉을 받음으로써 각국의 왕은 국내외에서의 지위를 황제의 권위에
의해 보증받았다. 왜의 오왕 때 왜왕은 신하들에 대한 관작을 요구함으
로써 국왕과 신하의 신분 질서를 명확히 하려고 한 적도 있었다. 그러면
왜국은 왜 수에 책봉을 요구하지 않았을까?

책봉을 키워드로 삼아 동아시아를 하나의 세계로 이해하려 한 니시지
마 사다오西島定生는 위의 물음에 다음과 같이 답한다. 첫째, 천하의 지
배자인 왜왕은 수 황제와 대등해야 했다. 둘째, 백제와 신라는 왜국의 신

속국臣屬國인데, 책봉을 받아 그들과 동렬로 취급받는 것은 피해야 했다.

그러나 정말 이 두 가지 이유 때문이었을까? 첫 번째 이유인 왜국이 수와 대등을 주장했다는 주장은 607년에 보낸 왜국의 서장 분석에 의거한 것이다. 그러나 앞서 기술한 것처럼 『수서』의 분석을 통해서는 607년에 왜국이 수와 대등을 주장했다고 생각할 수 없다.

그 점은 당시의 국력을 봐도 그렇게 이야기할 수 있다. 〈2-2〉는 607년경 아시아의 여러 세력을 표시한 지도이다. 수의 판도가 다른 것을 압도하고 있다.

〈2-2〉 7세기 초 아시아 지도(607년경)

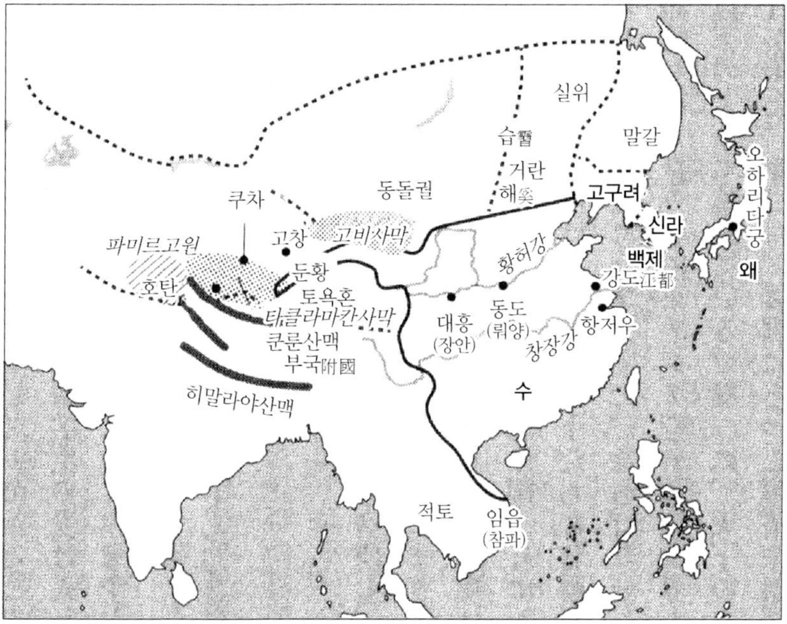

출전: 氣賀澤保規 편저 『遣隋使からみた風景』(八木書店, 2012)를 바탕으로 필자가 작성

또 7세기 초 아시아의 여러 세력이 주변국에 출병한 병력을 중국 정사와 각국에 남아 있는 사료를 통해 작성한 것이 〈2-3〉이다(주변국의 침입에 맞서기 위해 동원된 수는 취급하지 않았다). 수 건국 직후의 경우, 돌궐의 동원 병력이 단연 선두이다. 하지만 583년 돌궐이 동서로 분열한 이후에는 수가 다른 나라를 압도한다. 7세기 초에 수는 자타가 모두 인정하는 아시아의 초강대국이었다.

중앙아시아의 유목국가는 기병 수만 명, 오아시스국가는 수천에서 수백 명 정도의 정예부대를 동원 가능하였다. 고구려와 신라, 백제의 동원 병력은 각국 간의 전투 기사를 통해 판단하건대 수만 명 정도로 추정된다.

〈2-3〉 아시아 각국의 주변국으로의 파병 수(6세기말~7세기 초)

연도	파병국(파병 대상국)	동원 병사 수
582	돌궐(수)	40만
583	돌궐 달두가한(돌궐 사발략가한)	10만여 기
588	수(남조의 진)	51만 8,000
598	고구려·말갈(수)	1만여
598	수(고구려)	수군·육군 합하여 30만
599	수(돌궐 달두가한)	둔병 2만, 보병·기병 1만
599	돌궐 달두가한(수)	기병 10만
600	왜국(신라)	1만여
602	백제(신라)	보병·기병 4만
603	고구려(신라)	1만
604	수(임읍)	보병·기병 1만여, 죄인 수천
612	수(고구려)	113만 3,800(200만이라 일컬음), 병참을 운반하는 사람들은 병사의 2배
615	돌궐 시필가한(수)	기병 수십 만
616	백제(신라)	8,000

필자 작성

한편, 왜국의 동원 병력은 임나에 침공한 신라를 치기 위해 600년에 10,000여 명의 군대가 파견되었다고 『일본서기』에 나온다. 다만, 이때 군대를 파견하지 않았다고 보는 설이 있다. 가령 10,000에 가까운 병사를 파견할 수 있는 상황이었다고 하더라도, 당시 수가 동원 가능했던 병력과는 전혀 비교가 되지 않는다.

정치적으로도, 군사나 문화 활동을 뒷받침하는 경제면에서도, 불교를 비롯한 문화면에서도 왜국은 수에 대항할 수 있는 수준이 아니었다. 600년의 제1차 견수사를 통해 자국의 정치 체제가 미숙하다는 점을 통감한 왜국은 앞서 언급한 관위 12계제와 17조 헌법의 제정 등 국내 제도 정비를 서둘렀다. 다름이 아니라 수의 압도적 우위를 인정하고 있었기 때문에 그렇게 한 것이다. 수와 대등한 관계를 목표로 삼았기 때문에 책봉을 요구하지 않았다고 말할 수는 없다.

책봉은 이미 불필요한 시대였다

니시지마가 든 두 번째 이유, 즉 책봉을 받음으로써 백제 및 신라와 동렬로 취급되는 것을 피하려 했다는 점은 어떨까?

수는 중국의 북조를 계승한 국가이다. 수가 한반도 삼국에 수여한 관작은 절節, 도독, 장군, 왕으로 구성되는 중국 남조 계통의 관작이 아니다. 군공郡公과 왕으로 구성되는 중국 북조 계통의 관작이다. 군공 칭호는 한과 위魏 이래 중국이 한반도를 지배하기 위해 설치한 요동군(고구려)과 낙랑군(신라), 대방군(백제)의 명칭을 답습하고 있다. 다만, 왜국은 한과 위를 비롯한 중국의 군현제라고 불리는 지방 통치제도에 편입된 적이 없다.

중국 남조에서는 왕조가 교체되었을 때, 전 왕조가 책봉한 군주를 조공의 유무에 관계없이 새 왕조가 책봉하는 것이 통례였다. 또 각국의 왕이 바뀌었을 때는 새로운 국왕을 새로 책봉하였다. 수는 건국한 해에 고구려 왕과 백제왕을 책봉하였다. 그러나 그것은 양국이 조공했기 때문이지, 남조처럼 새로운 왕조가 일제히 책봉한 것이 아니다. 신라왕은 594년 처음으로 조공하고 책봉을 받았다. 국왕 교체의 경우로 말하자면, 수 때도 건국한 해인 581년 고구려왕 고탕高湯[10]을 상개부의동삼사 대장군 요동군공 고려왕으로 임명했고, 고탕의 아들인 고원高元[11]이 즉위한 590년에는 고원을 상개부의동삼사 요동군공, 이듬해에는 고려왕으로 임명하였다.

그러나 600년경부터 수는 동아시아에 대한 책봉에 열의가 없어져 가는 것처럼 보인다.

598년 2월 요서에 침입한 고구려를 치기 위해 수는 고구려에 대군을 보냈다. 제1차 고구려 출병이다. 6월에는 고원의 관작이 삭제되었다. 수의 군대가 만주 남부를 흐르는 랴오허강에 이르렀을 때, 고원이 "요동 분토糞土의 신 원"으로 자칭하며 사죄하자 문제는 군대를 철수하였다. 문제는 고구려왕을 본래처럼 처우했다고 되어 있지만, 다시 책봉했는지는 명기되어 있지 않고, 다음에 양제가 출병했을 때는 고구려왕의 관작을 삭제했다는 기사가 없다.

백제의 경우, 599년 백제왕 여선餘宣[12]이 즉위했을 때나 600년 여선이 사망하고 아들 여장餘璋[13]이 즉위했을 때도 수가 새로운 백제왕을 책봉했다는 기록이 없다. 왜국이 백제와의 동렬을 꺼리기 이전에 600년경에는 수의 백제에 대한 책봉조차 없었다. 참고로 신라에서는 579년에 즉위한 진평왕의 재위(~632)가 계속되고 있어서 책봉을 갱신할 필요가 없다.

604년에 즉위한 양제 대에 한반도 각국에 대한 책봉이 실행되었다는

---

10) 高湯 : 고구려의 평원왕을 가리킨다.
11) 高元 : 고구려의 영양왕을 가리킨다.
12) 餘宣 : 백제의 법왕을 가리킨다.
13) 餘璋 : 백제의 무왕을 가리킨다.

사료는 없다. 수가 이미 동아시아에 책봉을 하지 않는 가운데 왜국이 수에 책봉을 요구하지 않은 것은 오히려 당연하다.

더욱이 신하의 관작을 요구함으로써 중국 황제의 권위를 배경으로 호족에 대한 우위를 유지하려 했던 왜의 오왕 시대와 견수사 시대는 왜 왕권의 성숙도가 크게 달랐다. 천황을 중심으로 하는 지배체제를 지향하기 시작한 이 시대에 소가씨의 보좌를 받아 왜 왕권의 지배는 서서히 강화되었다. 앞서 언급한 관위 12계제는 기내畿内[14) 호족을 대상으로 한 것이었는데, 신하들의 서열화가 가시화한 것은 관위를 수여하는 천황의 현격한 지위를 상징하였다. 지배를 안정시키는 수단으로 책봉이 반드시 필요한 것은 아니었다.

요컨대 국내 지배의 관점에서나 한반도 각국과의 경합이라는 관점에서 왜 왕권에게 책봉은 불가결한 것이 아니게끔 변화되어 있었던 것이다.

일본을 방문한 배세청의 보고

앞서 설명한 것처럼 왜국의 서장에 불쾌감을 느낀 양제는 608년 훈계를 위해 배세청이라는 인물을 왜국에 파견하였다. 600년에 이어 두 번째 훈계이다. 배세청은 명문가 출신으로, 양제에게 등용되어 서역 상인과 사신의 초청에 힘쓴 배세구裵世矩와 동족이다.

『수서』 동이전 왜국조에 따르면 왜왕은 배세청에게 다음과 같이 말했다고 한다.

---

14) 율령제에서 규정된 특별한 지방 행정 구역. 야마토정권을 구성하던 중앙 호족의 출신지에 기원을 두고 있으며, 율령제에서는 야마시로山城·야마토大和·셋쓰摂津·가와치河内·이즈미和泉의 5개 국國이 포함된다. 율령국가의 중앙 관료는 거의 기내 출신자로 국한되었고, 기내의 공민은 세제상 우대받는 등 특수한 위치를 점하였다.

나는 해서海西에 대수라는 예의가 갖추어진 나라가 있다는 소식을 듣고 조공한 것입니다. 나는 이인夷人으로 바다 한 모퉁이에 살아 예의를 모릅니다. 그래서 국내에 머무르면서 찾아뵙는 것은 삼가고 있었습니다. 지금 길을 청소하고 숙소를 장식하여 대사가 오시는 것을 기다려 대수의 덕화를 듣고자 바라고 있습니다.

　이것을 믿는다면, 황제를 해서의 보살천자라고 칭송했지만 서장 때문에 양제를 불쾌하게 만든 왜국이 이번에는 수를 예의의 나라라고 유교적인 사고로 칭송하여, 양제를 불쾌하게 만든 것에 대해 사죄의 뜻을 표한 것이 된다.

　『수서』의 이 기술은 귀국 후 배세청의 보고에 따른 것으로, 사실대로 전하는 것이 아니라는 설이 있다. 하기는 귀국한 사신이 자기 편의대로 사실을 왜곡하여 황제에게 보고하는 사례가 없지 않다. 그러나 수를 대국으로 우러러보는 왜국의 태도는 사신 파견 전후를 통해 일치하고 있으며, 배세청의 보고에 설사 과장이 있었다고 해도 왜국이 사의를 표한 것까지 의심할 필요는 없을 것이다. 한편 이 왜왕이 누구인지에 대한 구체적인 기술은 없다.

『일본서기』의 한계

　지금까지 견수사 관련 기사에 대해 『수서』의 기술을 중심으로 살펴보고, 『일본서기』는 분석 대상으로 삼지 않았다.

　제1차 견수사는 『일본서기』에 기록되어 있지 않고, 제2차 견수사의 경우도 『일본서기』는 출발했다고만 기술하고 있기 때문이다.

　『일본서기』가 견수사에 대해 상세하게 기술하기 시작하는 것은 오노노 우마코 일행이 수의 사신 배세청을 대동하고 귀국한 이후부터이다. 그러나 오노노 우마코의 귀국과 배세청의 방일도 『일본서기』의 기술이 얼마나 사실을 전하고 있는지 잘 알 수 없다. 『일본서기』의 대외관계 기사에는 7세기 후반부터 8세기 초 『일본서기』 편찬 당시의 대외 인식이 크게 반영되어 있어서 사실로 판단하기 어렵기 때문이다.

일례로 『일본서기』에는 양제가 왜왕에게 보낸 "황제가 왜황倭皇에게 묻는다."로 시작하는 서장이 실려 있다. 그러나 바로 앞 가사에는 양제의 서장을 백제에 빼앗겼다고 기록하고 있다. 도대체 양제의 서장은 백제에 빼앗겼는가? 빼앗기지 않았는가? 『일본서기』 편찬자의 의도는 잘 알 수 없지만, 사실史實을 있는 그대로 기록하고 있지 않은 것은 분명하다.

"황제가 왜황에게 묻는다."로 시작하는 양제의 서장도 양제가 왜왕에게 '황皇'이라는 글자를 사용했을 턱이 없다. 설령 그런 서장이 존재했다손 치더라도, 내용은 『일본서기』 편찬자가 개찬한 부분이 있다는 것이 통설이다. 607년 견수사 기재와 관련하여 『일본서기』에서 사실을 추출하는 것은 불가능하다. 『수서』와 『일본서기』를 비교할 때, 사료 가치가 높은 것은 『수서』이다.

607년 견수사 이후

선유宣諭를 끝마친 배세청을 수에 보내기 위해 왜국이 사신을 파견한 점은 『수서』와 『일본서기』가 일치한다. 608년의 일이다. 『일본서기』에는 이때 야마토노아야노 후쿠인倭漢福因과 나라노오사 에묘奈良訳語恵明, 다카무코노 겐리高向玄理, 이마키노아야히토 오쿠니新漢人大国의 4명을 유학생으로, 이마키노아야히토 니치몬新漢人日文과 미나미부치노 쇼안南淵請安, 시가노 에온志賀慧隠, 이마키노아야히토 고사이新漢人広済의 4명을 학문승으로 파견했다고 나온다. 그들이 귀국하는 것은 왕조가 당으로 바뀐 618년 이후이다.

왜국은 610년에도 견수사를 파견하였다. 그해 1월에는 배세구가 기획한 국제적인 이벤트가 동도 뤄양에서 개최되었다. 서커스와 기예, 씨름판이 벌어지고 관현악단의 연주도 있었으며, 시장에서는 서역 상인들이 물건을 판매하였다(게가사와 야스노리의의 연구 참조).

〈2-4〉 견수사 일람

차수	연도	주요 내용
1	600년 도착 귀국은 불명	최초의 견수사. 『수서』에만 기록됨. 문제로부터 훈계를 받음.
2	607년 출발 608년 4월 귀국	오노노 이모코를 사절로 파견. 통역은 구라쓰쿠리노 후쿠리鞍作福利. 『수서』와 『일본서기』 모두에 사료가 있음. '일출처천자'로 시작하는 서장을 지참했고, 또 유학승을 파견. 선유하러 배세청이 방일.
3	608년 출발 609년 9월 귀국	배세청을 호송하는 사절. 『수서』와 『일본서기』 모두에 사료가 있음. 오노노 이모코를 대사, 기시노 오나리吉士雄成를 소사小使로 파견. 통역은 구라쓰쿠리노 후쿠리. 유학생과 유학승을 파견.
4	610년 도착 귀국은 불명	사절을 보내 '방물方物'을 헌상. 『수서』에만 기록.
5	614년 출발 615년 9월 귀국	이누카미노 미타스키, 야타베노 미야쓰코矢田部造 등을 파견. 『일본서기』에만 기재가 있음. 수 말기의 동란이 본격화하여 입국하지 못했을 수도 있음.

필자 작성

『수서』는 1월 27일 왜국의 사신이 있었다고 기록하고 있다. 사신이 수에 도착한 날짜인지, 양제에게 알현이 허락된 날짜인지 알 수 없지만, 후자라면 왜국 사신도 수가 주최한 일대 이벤트에 참가할 기회가 있었을 것이다. 전자라고 해도 흥분이 채 가시지 않은 뤄양에서 수의 번영을 체감할 기회는 충분히 있었을 것이다.

그러나 수는 612년 재개된 고구려 원정에 실패하여, 단숨에 멸망의 길로 향하였다. 613년 장군 양현감楊玄感이 반란을 일으킨 것을 시작으로 수 각지에서 반란이 빈발하였다. 『일본서기』에 따르면 614년에도 왜국은 견수사를 파견했지만, 『수서』에는 왜국 견수사의 도착 기사가 없다. 입국 했는지도 알 수 없다고 한다.

연이은 반란을 피해 강남에 있던 양제가 신하에게 살해된 것은 618년이다. 그 전년에는 이연李淵이 타이위안太原에서 거병하여, 양제의 손자를 공제(재위 617~618)로 즉위시켰다. 양제의 사망 소식을 접한 이연은 공제에게 양위를 압박하여 즉위하였다. 이에 당(618~907)이 건국되어, 견수사 시대는 끝났다.

제3장

15차례의 견당사
-천황 재위시마다 1회 조공의 실태

1. 태종의 환영에서 백강 전투로 - 630~663

당의 건국과 견수 유학생의 귀국

제2장 끝부분에서 소개한 바와 같이 608년 수(581~618)의 사절 배세청과 함께 4명의 유학승과 4명의 유학생이 수로 건너갔다. 언제 도항했는지 알 수 없지만, 수로 건너간 유학생 중에 구스시노 에니치藥師惠日와 스구리노 도리카이勝鳥養도 있었다. 야마토노아야노 후쿠인福因과 나라노오사 에묘惠明, 그리고 에니치惠日, 모두 불교식 이름이다. 이것이 본명인지, 아니면 다카무코노 겐리처럼 '당명唐名'(왜에서는 다카무코노 구로마로[高向黑麻呂])인지 알 수 없다. 어쨌든 이런 이름은 이들 유학생이 불교적 배경을 가졌음을 보여준다.

수의 수도 대흥성에 도착한 유학생과 학문승은 각국의 사신이나 상인들로 북적거리는 모습에 압도당하면서, 수의 문화를 배우는 사명이 얼마나 중대한지 통감했을 것이다. 그들은 10년이 넘는 유학 생활을 어떻게 보냈을까? 더러 왜국 사람들끼리 모여 모국어로 이야기를 나누면서 정보를 교환하거나 했을까? 그러나 유감스럽게도 그들의 평온한 나날은 오래가지 못했다.

수는 고구려 원정에 집념을 불태웠다가, 그 화염에 의해 자신의 운명도 불태워 버렸다. 중국 각지에서 반란이 일어나, 618년 수는 맥없이 멸망하고 말았다. 40년도 채 되지 않는 단명한 왕조였다. 이 전란의 와중에 왜국의 유학생과 학문승들은 대흥성에 있었다.

618년 대흥성에서 이름을 바꾼 장안성에서 이연이 즉위하였다. 당의 건국이다. 당(618~907)은 본의 아니게 체류하고 있던 왜국의 학문승과 유학생의 존재를 알고, 왜국을 향해 최초의 행동을 개시하였다.

623년 신라 사신이 불상 1구와 금제 탑 등을 왜국에 가져왔다. 이 신라 사신을 따라 왜국에서 수에 건너가 있던 학문승 에사이恵斉와 에코恵光, 유학생 구스시노 에니치와 아마토노아야노 후쿠인이 처음 귀국하였다. 그들은 "당에 머무르면서 공부하던 사람들 모두 학업을 성취했습니다. 부디 소환해 주십시오. 또 대당국은 법식이 갖춰진 훌륭한 나라입니다. 늘 사신을 파견해야 합니다."(『일본서기』 스이코천황 31년 7월조)라고 주청하였다.

에니치 등이 당으로의 사신 파견을 진언한 것은 왜국과의 교섭을 개시하고자 하는 당의 의향에 따른 것이다. 장안에 있던 외국 유학생과 학문승의 안전을 확보하고 그들을 귀국시켜 당의 뜻을 전달하게 하는 것은 당이 수를 계승한 정통 왕조라는 주장이며, 수 시대의 양국 관계를 계승하겠다는 의사 표시이기도 했을 것이다. 왜국이 무언가 행동을 취해줄 것으로 기대한 것이다.

그러나 그 전년 622년 왜국에서는 수와의 교섭을 담당해 왔던 쇼토쿠 태자가 사망하였다. 당시는 제33대 스이코천황(재위 592~628)의 치세였지만, 『수서』에는 왜국의 군주가 여왕이었다고 기록되어 있지 않다. 왜국은 군주가 여성임을 수에 전하지 않았다. 제2장에서 설명한 것처럼 수와의 교섭은 섭정인 쇼투쿠태자가 전면에 나섰을 것으로 생각된다.

그것은 아마 유교를 정치사상으로 삼는 사회에서 여성의 국가 통치가 인정되지 않았던 것과 관계가 있는 것 같다. 후술하는 당의 측천무후(재위 690~705)가 전근대 역사가들로부터 악의적인 평가를 받은 것도 여성 군주를 인정하지 않는 전통적, 유교적인 가치관에서 비롯되었다. 신라에 서는 선덕여왕(재위 632~647)이 여성으로는 통치가 안정되지 않을 것이라 고 하면서 당으로부터 퇴위를 권유받은 일도 있다. 그밖에도 남성을 능 가하는 권력을 장악한 여성이 혹평을 받은 사례는 모두 열거할 수 없을 정도로 많다. 왜국은 유교적 사회에서는 여왕의 존재가 인정되지 않는다 는 것을 알고 수에 여왕의 존재를 전하지 않았던 것 같다.

쇼토쿠태자의 사망에 따른 왕권의 동요

사망한 쇼토쿠태자 대신에 섭정이 될 인물, 직계를 계승할 남자가 결 정되어 있었다면, 그 사람이 스이코천황을 대신하여 대중국 교섭의 키를 잡을 수도 있었을 것이다. 그러나 쇼토쿠태자 사후 누가 직계를 계승할 것인지 신하들 사이에 합의가 좀처럼 형성되지 않았다. 왜국의 왕권은 크게 동요하여, 당에 사신을 파견할 수 있는 상황이 아니었다.

여기서 쇼토쿠태자가 등장하기 이전 직계에 대해 정리해 두자(〈3-1〉 참조).

고대의 직계 논리에 따르면, 제26대 게이타이천황(재위 ?~531?) - 제29 대 긴메이천황(재위 539~571) - 제30대 비다쓰천황(재위 572~585)으로 계승 되는 직계 혈통은 비다쓰천황과 이복 여동생 누카타베額田部황녀 사이에 탄생한 다케다竹田황자에게 계승될 것이었다.

비다쓰천황이 사망했을 때 아직 성인이 되지 않은 다케다황자 대신에 누카타베황녀의 친오빠인 제31대 요메이用明천황(재위 585~587), 이어 두 사람의 이복동생 제32대 스슌崇俊천황(재위 587~592)이 막간의 중계역으 로 즉위하였다. 그러나 그 사이에 다케다황자가 사망하였다. 막간의 중계 역이었던 스슌천황이 살해되고 비다쓰천황의 부인이었던 누카타베황녀 가 제33대 스이코천황으로 즉위한 것이 592년이다.

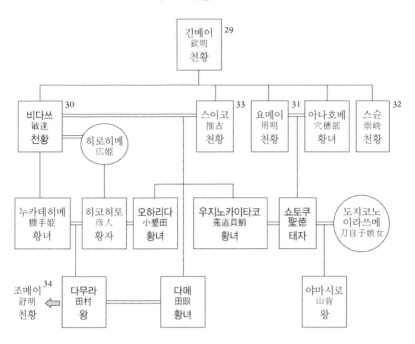

〈3-1〉 천황가계도 ②

주기 : 왕족 출신자는 □, 호족 출신자는 ○
부모가 왕족인 자는 굵은 글씨

스이코천황의 계승자로 선택된 사람은 스이코천황의 친오빠인 요메이
천황을 부친으로, 이복 여동생을 모친으로 하는 쇼토쿠태자였다. 쇼토쿠
태자는 섭정으로서 실적을 쌓음으로써 방계(1대 한정)가 아니라 직계에
어울리는 권위의 획득이 기대되었다. 여계로 비다쓰천황의 혈통과 연결
하기 위해 스이코천황의 딸을 부인으로 맞이하기도 하였다. 이 시대에는
생전 양위가 없다. 쇼토쿠태자는 스이코천황이 사망하면 즉위할 터였다.
그러나 30년이나 왕위 계승자의 지위에 머물러 있던 쇼토쿠태자는 622년
고모인 스이코천황보다 먼저 사망하였다. 비다쓰천황의 아들은 히코히토
彦人황자도 있었지만, 그는 생모가 가쓰라기씨 출신의 여성이어서 스이

코천황과 혈통적으로 관계가 없다. 또 스이코천황 즉위 시에는 이미 사망했을 가능성이 크다. 그러므로 이 시점에 직계의 후보자로 선택되는 일은 없었다. 히코히토황자의 자손에 대해서는 뒤에 언급할 것이다.

쇼토쿠태자와 스이코천황의 딸 사이에 아들이 있었다면, 그가 왕위 계승자가 되었을 것이다. 그러나 두 사람 사이에는 자식이 없었다. 그 결과 스이코천황 사후에 왕위 계승자 문제를 둘러싸고 호족들 사이에 다툼이 일어났다.

왕위 계승자의 지위를 오랫동안 유지했던 쇼토쿠태자의 권위는 무시할 수 없어, 맏아들인 야마시로왕山背王이 왕위 계승자 후보가 되었다. 대립 후보는 비다쓰천황의 아들과 딸을 부모로 둔 다무라왕田村王이었다. 야마시로왕의 생모는 소가씨 출신의 여성으로, 다무라왕에 비해 혈통에 구비된 권위는 약하였다. 결국 야마시로왕을 미는 사카이베노 마리세境部摩理勢가 살해되고, 다무라왕이 제34대 조메이舒明천황(재위 629~641)으로 즉위하였다.

제1차 견당사가 파견된 것은 조메이천황의 즉위 이듬해인 630년이었다. 사신은 614년 견수사로 도항 경험이 있는 이누카미노 미타스키犬上御田鍬와 견수 유학생으로 장기 체류 경험이 있는 구스시노 에니치이었다. 두 사람이 사신으로 기용된 것은 사신과 유학생으로서의 중국 체류 경험을 평가받았기 때문이며, 특히 에니치의 기용은 623년 에니치 등을 통해 조공을 촉구한 당에 대해 뒤늦게나마 화답한다는 것을 보여주기 위해서이기도 하였다.

제1차 견당사 파견과 고표인高表仁의 일본 내방

건국 당시 당은 수 말기에 나타난 군웅 중 하나에 불과하였다. 북쪽에는 수의 혼란에 편승하여 다시 힘을 키워, 강대한 군사력을 자랑하는 동

110

돌궐이 기다리고 있었다. 게다가 동돌궐은 죽은 양제의 손자¹⁾를 받아들이고 있는 상태였다. 이 무렵의 당은 동돌궐의 신속국이었다는 주장도 있다. 당이 국내의 군웅을 멸망시킨 데 이어 동돌궐을 멸망시켜 북으로부터의 위협을 제거한 것은 건국 후 10년 이상이 지난 630년, 제2대 황제 태종(재위 626~649)의 치세 때였다. 이해 1월 돌궐에 망명했던 양제의 손자가 붙잡혔다. 그를 추대하여 수의 부흥이라는 대의를 내세우며 당과 적대하던 돌궐의 힐리頡利 카간은 3월에 생포되어 수도 장안으로 호송되었다.

돌궐의 권위는 약화되고, 태종은 서역의 국가들로부터 '천가한天可罕'으로 불리게 되었다. 유목 부족의 군장인 '가한可罕' 위에 군림하는 최고의 군장이라는 칭호이다. 아시아에서 당의 우세는 결정되었다고 해도 무방하다.

일본이 제1차 견당사를 파견한 것은 이 630년의 8월이다. 5개월 전인 3월에는 고구려와 백제의 사신이 잇달아 왜국을 방문했는데, 아시아의 최신 정보가 전달되었을 것으로 보고 있다. 623년 당의 메시지를 무시했던 왜국도 조메이천황의 즉위로 왕권이 안정되고, 당면했던 왕위 계승문제도 해결되어 사신을 파견하였다.

최초의 견당사는 태종의 환대를 받았으며, 632년 10월 태종의 사신을 데리고 귀국하였다. 그러나 귀국 후 사신 고표인과 왜국왕(10세기 중엽에 편찬된 『당회요』에는 왕, 같은 10세기 중엽에 편찬된 『구당서』에는 '왕자') 사이에 '쟁례爭禮'가 일어났다. 중국 사료에는 고표인은 '수원지재綏遠之才(먼 곳에 있는 이민족을 안심시키는 재능)'가 없었기 때문에 왕과 '예'를 다투게 되어, 당의 '조명朝命'을 전하지 못하고 귀국했다고 되어 있다.

----

1) 楊政道 : 양제의 아들 齊王 楊暕의 아들로, 할머니인 양제의 부인 蕭皇后와 함께 處羅可汗에게 망명하여 隋王이 되었다. 동돌궐은 양정도의 망명 정권을 앞세워 북중국에 간섭하려 하였다. 정관 4년(630) 李靖이 돌궐의 頡利可汗을 격파할 때 당에 들어왔다.

'쟁례'란 무엇인가?

'쟁례'란 무엇이었나? 많은 지지를 받고 있는 해석은 왜국이 회견의례에서 대등을 주장하여 당의 책봉을 거부했다고 해석하는 것이다. 책봉 거부가 사실이었다면, 사안은 극히 중차대하다. 그래서 예전에는 당이 왜국의 이반을 묵인한 이유는 무엇인가라는 시각에서 '쟁례'가 다루어졌다.

그러나 최근에 에노모토 준이치가 타국의 사례를 이용하여, 의례에서 '쟁례'란 각국 왕들과의 사이에서 일어나는 의례상의 다툼이라고 밝혔다.

에노모토가 소개한 것은 고구려의 사례이다. 당대의 역사서인 『신당서』에 따르면 당대 전반에 고구려에 파견된 이의염李義琰과 이의침李義琛이라는 두 사람의 사신이 있었다. 의염은 고구려왕이 앉은 채 황제의 사신과 면회하는 것을 나무랐지만, 의침은 앉아 있는 고구려왕에게 엎드려 절을 하였다. 이에 당시 사람들은 두 사람의 우열을 논했다고 한다.

요컨대 '쟁례'란 의례의 장에서 당의 사신과 각국의 왕이 상하 문제를 놓고 다투는 것이다. 의례를 통해 황제가 상대국의 왕보다 상위에 있는 것을 인정하게 만드는 것은 두말할 필요도 없이 바람직하다. 그러나 사신의 최대 임무는 조명을 전달하는 데 있다. 그러므로 '쟁례'로 인해 조명을 전달하지 못한 고표인의 대응은 귀국 후 비난을 받았다.

일본이 당의 책봉을 거부했다는 주장은 당이 일본을 책봉하지 않으면 안 되었다는 전제가 있어야 성립한다. 건국한 지 얼마 되지 않은 초대 황제 고조(재위 618~626)와 태종 때에 당은 복수의 국가의 군장을 군왕郡王이나 덕화왕德化王(지명 이외의 지칭에 왕의 칭호를 붙인 것. 당 왕조의 덕화를 입고 있다는 것을 형용하는 것)에 봉하고 카간 칭호나 장군 칭호를 수여하였다. 당 왕조의 관심은 북아시아와 중앙아시아에 있었고, 군왕 칭호와 카간 칭호의 수여도 이들 지역에 집중되었다.

동아시아에서는 624년 1월에 드디어 고구려와 백제, 신라의 왕이 각각

왕에 책봉되었다. 고구려·백제·신라의 조공은 책봉 이전부터 시작되었다. 고구려는 619년, 백제와 신라는 621년이다. 그럼에도 불구하고 624년에 드디어, 그것도 삼국의 왕이 동시에 책봉을 받았다. 당의 외교정책이 전환되었기 때문이다.

대동아시아 정책의 전환

일본과 당의 교섭 문제와는 조금 동떨어지지만, 당시 중국의 대외정책에 대해 살펴보기로 하자. 당의 외교정책 전환과 관련된 인물이 배세구이다(호리 도시카즈[堀敏一]의 연구 참조). 그는 수 양제를 섬겨 서역 정책에 공을 세운 인물이다. 수의 각지에서 반란이 일어나 양제가 살해되자 다른 사람을 섬기고, 그 사람이 살해되자 또 다른 사람을 섬기는 식으로 주군을 바꾸다가, 621년부터 당에서 벼슬하였다. 변고로 인해 몇 사람이나 주군을 바꾸는 것은 절조가 없는 것처럼 보이지만, 배세구가 그만큼 유능한 인물이었기 때문이다.

당이 배세구를 중용하기 시작하는 것이 622년이다. 이 해에 당은 수가 포로로 잡은 고구려 병사를 송환했고, 고구려에서도 포로가 송환되었다. 624년에는 고구려의 조공사가 당에 가서 역법[曆]의 하사를 요청하였다. 중국이 정한 역법의 채용은 중국이 지배하는 시공간에 들어간다는 의미로, 신종을 신청하는 것과 같은 의미였다. 고조는 고구려의 조공에 부응하여 고구려뿐만 아니라 백제와 신라에도 책봉사를 파견하였다. 덧붙여 말하면 이때 고구려에는 도사道士가 파견되었다. 당에서는 도교의 교조로 여기는 노자를 황실의 조상으로 받들었다. 도교의 적극적인 포교는 종교를 통한 권위 향상을 목적으로 삼았다. 이에 대해서는 후술하기로 한다.

수의 마지막 고구려 출병으로부터 10년, 당면했던 동돌궐 문제를 해결한 당은 수 멸망의 원인이 되었던 고구려와 마주하였다. 수의 대외정책에 깊이 관여하여 당시의 사정을 잘 알고 있는 배세구가 당의 동아시아 교섭에 참여하는 것은 오히려 당연하다고 할 수 있다. 배세구는 대외정책의 참모로서 양제에게 고구려 토벌의 명목을 제공했던 인물로, 『고려풍속』이라는 저서도 있었다. 고구려 원정의 의의와 그 실패가 초래한 결과를 배세구는 누구보다 잘 숙지하고 있었다.

당은 고구려의 포로를 송환하고, 이어 삼국의 왕을 동시에 책봉하였다. 삼국과 당 사이에 안정된 관계를 유지하기 위해 명분상의 군신관계를 구축하는 것이 책봉의 목적이었을 것이다.

다시 왜국으로 이야기를 되돌리자.

배세구가 참여한 당의 대동아시아 정책에서 왜국에 대한 책봉은 필요했을까, 없었을까?

수 왕조 때 배세구는 한 왕조 때 군현제가 실시되는 등 과거에 중국 영토였다는 점을 이유로 고구려 토벌을 진언하였다. 건국 초기에 당은 수의 동아시아 정책을 발전적으로 계승하려 하였다. 그러므로 군현제에 편입된 적도 없고, 수의 책봉을 받은 적도 없는 왜국을 책봉할 필요는 없다.

623년 수에 파견되었던 유학생과 유학승이 신라를 거쳐 귀국했을 때, 당이 유학생 등을 통해 수 왕조 때와 동일한 관계 구축을 제안한 것 같다는 점은 앞에서 살펴보았다. 당이 수보다 각국의 책봉에 열성적이었던 것은 결코 아니며, 왜국에 조공사 파견은 요구해도 책봉을 받아들이도록 적극적으로 압력을 가할 필요성이 당에는 없었다.

이상을 종합하건대, 왜국왕과 고표인의 '쟁례'는 고구려 등과의 '쟁례'와 마찬가지로 의례의 장에서 상하 다툼이 있었던 것에 지나지 않는다. 당이 왜국을 책봉하려고 했고, 왜국이 그것을 거부했다는 '사건'이 아니다. 그것은 어디까지나 가설이며, 사료에 그런 사건이 명기되어 있는 것이 아니다.

을사의 변과 국내의 동요

632년에 제1차 견당사가 귀국한 이후, 왜국은 한동안 사신을 파견하지 않았다.

한반도에서는 고구려의 연개소문이 642년에 친당파인 영류왕(재위 618~642)을 살해하고 보장왕(재위 642~668)을 옹립한 후 백제와 함께 신라에 침입하였다. 태종은 644년 고구려 정벌을 단행했지만, 요동까지 갔다가 겨울을 앞두고 철수하였다. 토벌은 647년, 648년에도 단행되었다.

제1차 견당사를 파견한 조메이천황은 641년 사망하였다. 조메이천황의 아들에는 비다쓰천황의 증손녀인 다카라왕녀宝王女와의 사이에 나카노오에中大兄황자와 오아마大海人황자가 있었다. 나카노오에황자는 조메이천황의 손녀인 야마토히메왕倭姫王과 결혼도 하였다. 당연히 나카노오에황자가 유력한 후보가 되겠지만, 조메이천황 즉위 전에 대항마였던 야마시로왕이 살아 있었다. 직전까지 재위하던 천황의 아들이라는 점에서 우위에 서기는 했지만, 나카노오에의 권위는 야마시로왕을 압도하지 못하였다. 조메이천황의 부인이자 나카노오에황자와 오아마황자의 모친인 다카라왕녀가 제35대 고교쿠皇極천황(재위 642~645)으로 즉위하여, 직계 문제의 해결은 뒤로 미루어졌다.

3년 반에 이르는 고교쿠천황의 치세 중에 왕위 계승자는 결정되지 않았다. 직계 계승자로서 여제를 보좌할 인물이 없었던 스이코천황 후반기 쇼토쿠태자 사후와 동일한 상황이었다. 이 기간에 견당사 파견은 중지되었다.

643년 야마시로왕을 필두로 하는 쇼토쿠태자의 자손이 모두 살해되어, 왕위 계승문제는 억지 논법으로 해결되었다. 『일본서기』에 따르면 살해는 소가노 이루카蘇我入鹿의 독단으로 이루어졌지만, 헤이안시대 전기에 편찬된 『쇼토쿠태자전보궐기聖徳太子伝補闕記』(쇼토쿠태자 일족과 관계가

깊었던 씨족의 기록을 참고로 찬술된 것)에 따르면, 살해는 소가노 에미시蘇
我蝦夷와 이루카 부자, 고교쿠천황의 동생인 가루왕輕王과 그밖에 고세
巨勢, 오토모大伴, 나카토미中臣 같은 대호족 출신 인물도 참가하여 이루
어진 것으로 되어 있다.

〈3-2〉 천황가계도 ③

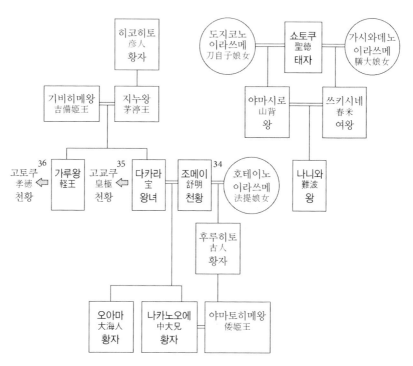

주기 : 왕족 출신자는 □, 호족 출신자는 ○
부모가 왕족인 자는 굵은 글씨

645년에는 을사乙巳의 변이 일어나 소가씨 종가가 멸망하였다. 이를
기회로 고교쿠천황이 퇴위하고, 야마시로왕 등의 배제에 관여했을 가능
성이 있는 가루왕이 제36대 고토쿠孝德천황(재위 645~654)으로 즉위하였

다. 그 사이 조메이천황과 소가씨 출신 여성 사이에 태어난 후루히토古人 황자(야마토히메왕의 부친)도 살해되었다.

고토쿠천황 때 왜국의 정치 체제가 근본적으로 개혁되었다. 소위 다이카 개신大化改新이다. 공지공민제公地公民制와 관료제의 채용, 국國－평評－50호戸의 행정단위 설정, 호적 작성과 징세 시스템의 운용 개시로 이루어진 일련의 개혁이다. 과거에는 허구라고 치부된 적도 있었지만, 근자에는 고토쿠천황이 수도로 삼았던 나니와궁의 발굴이 진척되어, 조정朝庭(의례공간), 조정을 에워싼 조당원朝堂院(정무를 보는 곳), 관아(창고와 건물군) 같은, 후의 율령제 시행 시기와 공통되는 시설과 공간이 마련된 것을 알게 되었다.

이들 개혁이 일단락된 650년 아키국安芸国(히로시마현)에 선박 건조 명령이 내려졌다. 견당사가 사용하기 위한 배이다.

제2차·제3차 견당사－긴박해지는 한반도

당시 한반도 정세는 급속하게 긴장하기 시작하였다. 650년에 신라왕은 당의 안녕을 축수하는 시를 수놓은 비단을 헌상하면서, 고구려와 백제가 신라를 침공하여 영토를 점거하고 있다고 호소하였다. 당이 영토 반환 명령을 내려 달라는 말이다. 당은 신라의 요청을 받아들여, 651년 신라에 대한 침공을 그만두지 않으면 군사행동을 일으킬 것이라고 고구려와 백제에 통고하였다. 652년 1월에는 한반도 삼국이 모두 당에 조공 사절을 보냈다.

한편, 이 651년에는 백제와 신라가 왜국에 사신을 파견하였다. 신라 사신에 대해 『일본서기』에는 신라 사신이 당의 조복朝服을 입었다고 되어 있다. 신라는 당의 조복을 입어 당을 아군으로 끌어들였다고 과시한 것이지만, 왜국의 입장에서는 새로운 한반도 정세를 받아들이라는 압력을 받은 셈이다. 왜국은 신라 사절의 상경을 허가하지 않고 돌려보냈다. 당이 신라 편에 가담하여 백제에 압력을 가한 것은 한반도와 역사적으로 밀접한 관계를 맺어 왔던 왜국에게 충격이었다. 상황을 파악할 시기를 기다리던 왜국은 652년 4월에 다시 백제와 신라의 사신을 통해 정보를 수집하고, 이듬해 653년 제2차 견당사를 출발시켰다. 배는 2척, 각각 대사(기시노 나가니[吉士長丹]와 다카다노 네마로[高田根麻呂])와 부사(기시노 고마[吉士駒]와 가니모리노 오마로[掃守小麻呂])가 승선하였다.

제2차 견당사 때 왜국은 유학생과 학문승을 당에 보냈다. 이후 9세기에 이르기까지 많은 유학생과 유학승이 당에서 여러 가지 학문을 배우게 된다. 이미 625년 고구려는 사신을 파견하여 도교와 불교를 배우고자 한다고 요청하여 허가를 받았다.

태종 때(재위 626~649)에는 고구려와 백제, 신라, 고창高昌(투르판), 토번(티베트)의 왕족이 국자학(귀족 자제와 성적 우수자를 위한 중앙 교육기관)에서 배웠다. 당이 수의 방침을 계승하여 유학생과 유학승의 수용 태세를 갖추었기 때문에 동아시아의 유학생과 유학승이 당에 모여든 것이다. 당은 문화적인 구심력을 적극적으로 높이려 했으며, 왜국이 유학생과 유학승을 파견한 것도 그러한 당의 자세에 합치되는 것이었다.

제2차 견당사는 654년 7월 귀국하였다. 그러나 그들이 귀국하기 전인 654년 2월에 제3차 견당사가 파견되었다. 압사押使(사절단의 우두머리, 대사보다 위)는 유학생으로 수에 파견되었다가 640년에 귀국한 다카무코노 겐리였다. 대사는 가와베노 마로河辺麻呂, 부사는 유학생으로 당에 갔다가 623년 신라 사신과 귀국하여 견당사 파견을 진언했고, 제1차 견당사 때 사절로 당에 간 구스시노 에니치였다. 제2차 견당사의 대사와 부사에는 유학 경험자가 없었다. 제3차 견당사는 풍부한 지식과 경험을 필요로 하는 중요한 임무가 부여되었음이 분명하다. 일행은 신라를 거쳐 당에 들어갔다.

왜국의 제3차 견당사는 당이 제안하는 동아시아 질서를 지지하고 신라와 우호 관계를 진전시키겠다는 의사를 보여주는 것을 목적으로 하였다 (스즈키 야스타미[鈴木靖民]의 연구 참조). 사절의 인선은 동아시아의 새로운 정세에 대응하겠다는 왜국의 의도를 당과 신라에 정확하게 전하기 위해서였다.

다카무코노 겐리 일행은 당의 황제 고종(재위 649~683)을 알현한 후, 지리 정보 등에 답하고 호박琥珀과 마노瑪瑙를 헌상하였다. 사신들은 무사히 임무를 완수하고 안도했을 것이다. 그러나 고종으로부터 "왕의 나라(왜국)는 신라와 가깝다. 신라는 늘 고구려와 백제에 침략을 받고 있다. 위급할 때 왕은 신라에 원군을 보내도록 하라."(『당회요』)라는 명령을 받았다. 당이 주재하는 질서를 받아들이고 신라와 우호를 추진하겠다는 왜국의 의도는 분명히 전해졌겠지만, 그러나저러나 예사롭지 않은 명령이 내려져 버렸다.

다카무코노 겐리는 당에서 사망하였다. 사망 원인은 사료에 기록이 없다. 대사 가와베노 마로 등이 귀국한 것은 655년 8월이었다.

백제 침공에 휘말린 제4차 견당사

659년 7월 사카이베노 이와시키坂合部石布를 대사, 쓰모리노 기사津守吉祥롤 부사로 하여 제4차 견당사가 출발하였다. 고교쿠천황이 제37대 사이메이齊明천황(재위 655~661)으로 다시 즉위한 후 5년째였다. 고교쿠천황으로 재위하고 있던 을사의 변 이전과는 달리, 사이메이천황으로 재위하던 때는 다이카 개신 이래 10년간 정치를 보좌하고 주도하던 장남 나카노오에가 정무의 경험을 쌓았다. 나카노오에의 직계로서의 입장은 확고하게 되어 있었다. 나카노오에라는 직계 계승자, 즉 대중국 교섭의 전면에 나설 수 있는 인물을 얻은 사이메이천황은 견당사를 파견하였다. 각국의 왕이 왕위가 교체될 때마다 사신을 파견하는 것은 조공국으로서 매우 바람직한 태도였다.

이 제4차 견당사는 에미시蝦夷(북방에 있던 사람들) 남녀 2명을 데리고 당에 갔다. 에미시가 당에 간 것은 이것이 처음이다. 왜국의 입장에서 보자면 자신의 세력 확대를 보여주는 것이고, 당의 입장에서 보자면 왜국보다 더 먼 곳에 있는 나라의 백성이 황제의 덕을 경모하여 처음 조공했다는 말이 된다. 왜국은 새로 에미시를 조공하게 함으로써 당 황제의 환심을 삼과 동시에 당의 질서 아래서 대국의 지위 획득을 노렸다.

제4차 견당사에서 흥미로운 점은 하급관리로서 견당사에 참가했던 이키노 하카토코伊吉博德가 남긴 기록이 『일본서기』에 불완전하게나마 인용되어 남아 있는 점이다.

이키노 하카토코의 기록에 따르면, 일행은 659년 7월 3일 나니와를 출발, 8월 11일 쓰쿠시에서 출항하여, 9월 13일 백제에 도착하였다. 백제를 출발한 일행은 9월 16일에는 월주越州 회계현(저장성 사오싱시)에 도착하였다. 백제에서 중국까지는 불과 3일이었다. 당으로 가는 여정은 한반도를 경유하기만 하면 단기간에 가능하였다. 단, 대사가 타고 있던 배 한 척은 백제에서 출발한 다음 날 역풍을 만나 표류하다가, 표착한 섬에서 대사 등이 살해되었다.

일행은 윤10월 15일 수도 장안에 도착했지만, 황제는 뤄양에 있었다. 다시 이동하여 29일 뤄양에 들어가, 이튿날 드디어 고종을 알현하였다. 접견하던 날 고종은 사신에게 국왕의 안부를 묻고, 에미시의 조공을 기뻐하였다. 사신들은 11월 1일 삭단동지朔旦冬至[2]를 축하하는 행사에도 참가하였다. "(행사에 참가한) 여러 번蕃의 사신 중 왜국의 객인客人이 가장 우수하였다."(『일본서기』 사이메이천황 5년 7월 무인조)라고 이키노 하카

---

2) 朔旦冬至 : 삭단, 즉 음력 11월 1일이 동지에 해당하는 것. 중국에서는 11월 1일과 동지를 각각 신년의 시작으로 생각했는데, 두 날이 겹쳤을 때 길일로 여겼다.

토코는 술회하였다.

우호적인 분위기 속에서 귀국할 것처럼 보였던 제4차 견당사는 그 후 예기치 못한 상황에 봉착하였다. 659년 12월 3일, 사절단의 일원이었던 간치코韓智興의 시종이 내용은 분명하지 않지만 갑자기 간치코를 비방하였다. 그 결과 사절 전원이 유죄에 처해지게 되었고, 간치코가 제일 먼저 수도에서 3,000리 떨어진 곳에 유배되었다.[3] 이키노 하카토코가 사절단의 억울함을 주장하여 일행의 혐의는 풀렸지만, 고종이 "우리 당 조정은 내년에 해동 정벌을 단행할 예정이다. 그러므로 너희들 왜국 객인의 귀국은 허가하지 않는다."(『일본서기』 사이메이천황 5년 7월 무인조)라고 하여, 일행은 장안에 유폐되었다.

고종이 말한 해동 정벌이란 백제에 대한 출병이다. 655년 백제와 고구려는 또다시 신라에 침입, 당군은 655년, 658년, 659년의 3차례 고구려군과 교전하였다. 그러나 전선은 교착상태에 빠졌고, 당은 고구려와 손을 잡은 백제를 먼저 치기로 하였다.

659년 당의 명장 소정방蘇定方이 돌아왔다. 타림분지에서 일어난 서돌궐의 반란을 진압한 후의 개선 귀국이었다. 그해 말 고종은 소정방에게 백제 토벌 명령을 내렸다. 660년 3월 군사를 일으켜 수륙 양군으로 백제를 공격한 소정방은 8월에는 백제의 의자왕(재위 641~660)을 포로로 잡았다. 이에 백제는 일단 멸망하였다.

백제 부흥 운동과 제4차 견당사의 귀국

백제 의자왕이 연행되었다는 정보는 백제 부흥 운동의 개시와 함께 다

---

3) 唐律의 流刑에는 2,000리, 2,500리, 3,000리의 세 종류가 있다. 세 가지 유형 중에 가장 무거운 3,000리의 형에 처해졌다는 의미이다.

음 달 9월에는 왜국에 전해졌다. 10월에는 백제의 장군인 귀실복신鬼室福信이 당군의 포로를 헌상하고, 왜국에 인질로 머무르고 있던 백제 왕족 부여풍扶餘豐의 귀국과 파병을 요청하였다. 661년 1월 왜국 조정은 나니와를 나와, 3월에는 나노쓰那津(후쿠오카현)에 도착, 5월에는 백제 부흥 운동 기간의 행궁이 되는 아사쿠라궁朝倉宮(아사쿠라시)으로 옮겼다.

그런데 유폐되어 있던 제4차 견당사 사절은 어떻게 되었을까? 이키노 하카토코 등 견당사 일행은 외출도 마음대로 하지 못하는 상태로 장안에서 해를 넘겼다. 당이 백제를 멸망시킨 다음 달, 660년 9월 12일에 이키노 하카토코 등은 귀국 허가를 받고, 19일에 장안을 출발, 10월 16일 뤄양으로 돌아왔다.

11월 1일 고종이 뤄양에서 백제의 포로를 접견하였다. 견당사 일행은 백제 의자왕을 석방하는 장면을 보게 되었다. 작년 같은 날에는 삭단동지를 축하하는 떠들썩한 의식에 참석했는데, 그날은 마음이 졸아드는 하루였을 것이다. 11월 19일에는 1년이 넘는 유폐 생활에 대한 위로가 있었고, 24일 뤄양을 출발하였다. 하루라도 빠른 귀국을 위한 배려라고 하면 듣기에는 좋을지 몰라도, 한겨울 엄동설한의 이동은 긴 유폐 생활을 겪은 몸에는 힘들었을 것이다. 한 달만 있으면 설날이다. 화려한 설날 행사에 참석시킨 후 귀국시키는 방법도 있었을 텐데, 일행은 쓸쓸하게도 길에서 설날을 지냈다.

갈 때는 장안과 월주 사이를 1개월 정도에 이동한 일행은 귀로에는 2개월이 걸려 661년 1월 25일 월주에 도착하였다. 거기서 순풍을 기다렸다가 4월 1일 출항하였다. 갈 때는 백제를 경유했지만, 지금은 그 백제가 존재하지 않는다. 사신들은 한반도에 기항하지 않았다. 만감이 교차하는 가운데 배 위에서 멀리 백제의 옛 땅을 바라보았을 것이다. 5월 23일 아사쿠사궁에서 귀국 보고가 이루어져, 유폐 기간까지 포함해서 1년 9개월에 이르는 길었던 제4차 견당사는 드디어 끝이 났다.

파란만장했던 제4차 견당사가 귀국한 2개월 후, 고령의 사이메이천황이 사망하였다. 황태자였던 나카노오에황자 등은 아스카로 돌아와, 661년 11월에는 사이메이천황의 모가리殯(매장하기 전에 유해를 특별히 마련한 시설, 즉 빈궁에 안치하는 것)가 거행되었다. 그 사이에도 나카노오에황자는 한반도 정세에 깊이 몰입하였다. 사이메이천황이 사망한 지 얼마 되지 않은 9월에는 이미 백제 왕자 부여풍에게 직관織冠4)을 수여하고, 5,000명의 군사와 함께 귀국하게 하였다.

백강 전투로

소정방이 이끄는 당의 본대는 661년 5월부터 662년 3월까지 고구려 공략에 집중하고 있었다. 신라도 662년 1월 고구려 토벌 중인 당에 원군과 군량미를 보냈다. 왜국은 당과 신라가 고구려에 집중하고 있는 지금이 바로 백제 부흥의 기회라고 판단하였다. 662년에는 아즈미노 히라오阿曇比羅夫에게 명하여 170척의 배와 함께 군대를 보내는 동시에 물자를 통한 원조를 되풀이하였고, 이듬해 3월에는 신라 토벌을 위해 2만 7,000명의 원군을 보냈다.

그러나 661년 왜국의 원군과 함께 귀국한 왕자 부여풍은 663년 6월 왕으로 맞아주었던 귀실복신을 살해해 버렸다. 모반을 의심했기 때문이었다. 내분의 와중에 파견된 왜국의 원군은 그해 8월 백제의 옛 땅에 남아 있던 당의 장군 유인궤劉仁軌와 유인원劉仁願이 이끄는 수군에 대패를 당하였다. 백강 전투이다. 당군에는 백제 왕족 부여융扶餘隆(의자왕의 아들로, 660년 부친과 함께 당군의 포로가 되었다)도 참가하였다.

....

4) 織冠:大化 3년(647)에 제정된 冠位十三階制의 최상위 관위로, 大織과 小織이 있었다. 부여풍이 둘 중 무엇을 받았는지는 알 수 없다.

의자왕 치세에 태자였던 부여융의 권위는 옛 백제지역에서 부여풍을 압도했을 것이 분명하다. 왜국에 오랫동안 체류했던 부여풍과 달리, 부여융은 부근의 지세도 잘 알고 있었을 것이다. 지세에 대한 충분한 지식도 없고, 대규모 해전을 경험한 적도 없는 왜국 군대가 역전의 병사로 구성된 나당 연합군에게 승리할 가망이 있을 턱이 없다. 왜국의 선박은 당의 선박에 좌우에서 협공을 당하여 뱃머리를 돌리지도 못했다. 병사들은 물고기의 밥이 되어 사라지고, 왜국의 배를 삼키는 불길로 바다는 빨갛게 물들었다. 그해 9월 패배한 군대는 이주를 희망하는 백제 유민들을 데리고 귀국하였다.

663년 왜국은 왜 당과 대립하면서까지 백제를 구원했을까?

왜국은 고구려와 백제, 신라가 평화적으로 공존한다는 당의 방침을 이전부터 받아들였다. 그런 당이 660년 신라와 공동으로 백제를 멸망시켰다. 동아시아 질서는 맹주인 당이 붕괴시킨 것이다. 당은 668년 고구려를 멸망시키자, 신라의 영역까지 포함하여 한반도를 3분하여, 2개의 도독부(웅진도독부와 계림주도독부)와 1개의 도호부(안동도호부)를 설치하였다. 그러나 663년 시점에 왜국이 그런 전개를 예상할 수는 없다.

백제와 오랫동안 우호 관계를 구축해 왔던 왜국이 신라의 말만 듣고 백제를 멸망시켜 버린 당에 강한 반감을 느낀 것은 무리가 아니다.

고대부터 중세까지 일본의 대외관계사를 연구하는 모리 기미유키森公章는, 왜국에는 신라와 싸운다는 의식은 있어도 당과 직접 대치한다는 상황은 염두에 없었다고 보고 있다. 제4차 견당사가 당에 억류되어 있었으므로, 당의 존재가 염두에 없었는지 조금 의문이기는 하다. 그러나 고구려가 수차례 수나 당과 싸웠지만, 그때마다 격퇴한 후 사죄하고는 용서를 받곤 했던 것은 왜국의 염두에 있었을 것이다. 고구려의 선례로 보자면, 군사적으로 당과 대립해도 유리한 조건으로 전투를 끝내고, 그런 후에 사죄만 하면 당의 용서를 받을 수 있을 줄로 생각하였다.

2. 당의 접근과 국호 '일본'의 변경 요청

전후 처리 - 당 사신의 일본 방문

백강에서 당의 수군을 이끌었던 유인원은 664년 4월 부하인 곽무종郭務悰을 왜국에 파견하였다. 왜국이 과잉반응을 하지 않도록 곽무종 등 사절의 본대는 쓰시마에 머물렀다.

무로마치시대의 『선린국보기善隣国宝記』가 인용하는 『해외국기海外国記』(8세기 서적으로 보인다)의 일문逸文에 따르면, 왜국이 곧바로 입당 경험이 있는 승려 지벤智弁 등을 파견하여 방문한 목적을 묻자, 곽무종은 유인원의 서장을 건넸다. 왜국은 어떻게 대응할지 망설였지만, 곽무종은 황제의 사신이 아니고 칙서를 지참하지 않았으므로 수도로 상경하는 것을 불허한다는 결론을 내렸다.

9월이 되어 드디어 제4차 견당사 부사였던 쓰모리노 기사, 이키노 하카토코, 승려 지벤이 파견되어, 곽무종에게 이 결론을 전달하였다. 다음 달 10월에 나카노오에의 측근인 후지와라노 가마타리藤原鎌足와 승려 지쇼智祥가 귀국을 종용하러 파견되어, 곽무종 일행은 12월에 귀국하였다.

유감스럽게도 유인원의 서장이 어떤 내용이었는지 전하지 않는다. 당군과 싸워 대패한 왜국이 백제 유민을 받아들이고 있어서, 당은 당연하게도 왜국의 동향을 경계하였다. 다만, 서장에 왜국을 위협하는 내용만 있던 것이 아니었던 점은 확실하다. 왜국이 곽무종 등의 상경을 거부한 것을 보면, 서장에는 일본이 나름대로 당의 양보를 끌어낼 수 있다고 판단할 수 있는 내용이 포함되어 있었을 것이 분명하다. 제4차 견당사로 당에 갔고, 나당 연합군의 백제 공격 때는 당에 유폐되었던 인물을 파견한 것은 당의 뜻을 존중하면서 왜국의 의사를 전달하기에 최적의 인선이었다.

여기서 주목할 것이 있다. 왜국이 4월, 9월, 10월 등 계속해서 승려를 당 사신의 접대 사절로 기용한 점이다. 제2장에서 설명한 바와 같이 황제가 불교 신앙을 중시하게 된 이후, 중국과의 교섭에 다양한 수단으로 불교적 색채를 도입하는 국가가 늘어났다. 7세기 초 왜국도 수의 황제를 '보살천자'라고 칭송하며 수의 세계질서에 참가하려 한 적이 있었다. 승려의 파견은 백강 전투로 악화한 양국의 관계를 불교라는 공통의 종교를 매개로 개선하려는 시도였다.

곽무종에 대한 대응도, 승려의 접대 사절 기용도 위태로운 균형 속에서 가능한 한 부드럽게 상경 거부라는 결단을 전달하기 위한 다양한 방안 중 하나였다.

고구려 평정과 왜국으로의 접근

665년 8월 백제의 수도가 있었던 웅진에서 새로 웅진 도독에 임명된 부여융과 신라왕 사이에 상호 불가침의 맹약이 체결되었다. 9월에는 유덕고劉德高가 당의 칙사로 쓰시마에 도착하였다. 664년에는 칙사가 아니었기 때문에 상경 허가를 받지 못했던 곽무종도 함께였다. 상경한 유덕고 등은 12월에 귀국하였다. 나카노오에황자는 유덕고 등을 보내기 위해 모리노 오이와守大石과 사카이베노 이와쓰미坂合部石積 등을 제5차 견당사(송당객사[送唐客使])로 파견하였다(스즈키 야스타미의 연구 참조).

당으로부터의 사신 파견은 그 후에도 계속되었다. 667년 11월 유인원은 사마법총司馬法聰을 파견하여 제5차 견당사였던 사카이베노 이와쓰미 등을 돌려보냈다(모리노 오이와의 소식은 알 수 없음). 계속되고 있는 고구려 토벌의 전황을 전달하면서 왜국의 개입을 미리 제지하기 위한 사신이었을 것이다. 방일한 사마법총을 배웅하기 위해 나카노오에황자는 그달에 이키노 하카토코와 가사노 모로이와笠諸石를 한반도까지 보냈다.

668년에는 명장 이세적李世勣이 대고구려 전쟁의 총관에 임명되었다. 동 9월에는 고구려가 평정되었다. 그 정보를 얻은 왜국은 669년 가와치노 구지라河内鯨를 제6차 견당사로 파견하였다. 대사와 부사가 누구였는지, 사절의 구성은 알 수 없다. 나카노오에황자는 668년 1월 제38대 덴지天智천황(재위 668~671)으로 즉위해 있었다. 그러므로 이것이 천황으로서 파견한 최초의 견당사이다. 『책부원귀冊府元龜』라는 송대의 유서類書에는 670년 왜국의 사신이 고구려 평정을 축하했다고 기록되어 있다. 왜국은 당이 재편한 새로운 동아시아 정세를 받아들이겠다고 표명한 것이다.

671년 11월 승려 도쿠道久와 쓰쿠시노 사치야마筑紫薩野馬 등이 쓰시마에서 도착했다는 보고가 들어왔다. 도쿠 등에 따르면, 곽무종이 600명이나 되는 사람들을 이끌고 1,400명의 백제인 망명자를 데려다주기 위해 방문하여 히치시마比知島에 정박하고 있다고 한다. 곽무종의 방문은 이것으로 3번째이다. 670년 3월부터 한반도에 도독부와 도호부를 두려는 당과 당군을 축출하려는 신라 사이에 군사적 충돌이 벌어져, 신라도 왜국에 접근을 시도하고 있었다. 당은 신라와 왜국의 연결을 막고, 당과의 관계를 중시하도록 만들려고 하였다.

곽무종에게는 예기치 않은 일이었지만, 병상에 있던 덴지천황은 사신이 방문한 다음 달 사망하였다. 곽무종은 그 사실을 알고 아미타불상을 보냈다. 유학승 도쿠를 쓰시마에 미리 보낸 것도 그렇지만, 우호 관계를 추진하려는 자리에 또 불교가 등장하는 데 주목해 두자.

그에 대해 왜국은 곽무종에게 무기와 대량의 피륙 등을 보냈다. 백강 전투를 감행했고, 전후에는 그 처리에 쫓기던 덴지천황이 죽기 직전에 직접 당의 사신에 대한 대처 방침을 결정해 두었을 것이다. 덴지천황 사후 조정은 천황의 장자 오토모大友황자를 중심으로 운영되었으므로, 실제 대응은 오토모황자에 의해 이루어졌을 것이다. 한반도에 보내는 병사도 모집된 것 같다.

임신의 난 후의 국가 건설-견당사 중지

672년 6월 곽무종이 귀국한 후 덴지천황의 동생인 오아마황자가 조카인 오토모황자에 반란을 일으켜 승리하였다. 임신壬申의 난이다. 오아마황자가 673년 2월 제40대 덴무天武천황(재위 673~686)으로 즉위하였다. 덴무천황은 형인 덴지천황의 딸이자 부인인 우노鸕野황녀, 장남인 다케치高市황자와 함께 통치제도 개혁을 서두르는 한편, 왜국 최초의 도성인 후지와라쿄藤原京 건설을 시작하였다. 중국의 통치 시스템을 모델로 도성 안에 정치 기능을 집약시키고 영令(성문법)에 의해 전국을 지배한다는, 나라시대로 이어지는 행로가 이 덴무천황에 의해 명시되었다.

덴무천황은 즉위 때부터 연신 개혁을 추진했지만, 도성 건설과 영의 정비가 완성되는 것을 보지 못한 채 686년 사망하였다. 덴무천황의 후계자로는 우노황녀와의 사이에 태어난 구사카베草璧황자가 촉망을 받았지만, 구사카베황자는 덴무천황이 죽은 3년 후, 즉위하기 전에 사망하고 말았다.

덴무천황은 우노황녀 이외에도 3명의 질녀(모두 덴지천황의 딸)를 아내로 맞아 아들을 낳았다. 천황의 딸을 모친으로 둔 자가 직계 혈통의 계승자로 어울린다는 전통적인 왕권의 논리에서 보자면, 우노황녀 이외의 부인들이 낳은 아들들도 직계를 이을 자격을 충분히 갖추고 있었다. 하지만 덴무천황은 반란에서부터 즉위까지 행로를 함께했고, 통치를 보좌한 우노황녀를 특별한 존재로 여겼다. 덴무천황이 우노황녀의 질병 쾌유를 위해 야쿠시지藥師寺를 건립했고, 더욱이 야쿠시지의 부지를 덴무천황의 부모인 조메이천황과 사이메이(고교쿠)천황이 건립한 다이칸다이지大官大寺와 대칭되는 위치에 설정함으로써 덴무천황은 그런 인식을 밝히기도 하였다.

덴무천황만 우노황녀와의 혼인을 특별히 생각하고 있었던 것은 아니다. 신하들도 덴무천황을 오랫동안 보좌한 우노황녀를 존중하였다. 우노황녀도 오랜 노력이 결집되고 있는 새로운 도성의 옥좌에 자신의 피를 계승하지 않는 자를 앉힐 생각이 없었다. 우노황녀는 구사카베황자가 남긴 유일한 아들 – 덴무천황과 우노황녀에게는 손자 – 가루珂瑠황자의 성장을 기다리기 위해, 690년 즉위하였다. 제42대 지토持統천황(재위 690~697)이다.

덴무천황의 유지를 이어받은 지토천황은 689년 아스카키요미하라라령飛鳥浄御原令을 시행하고, 694년 후지와라궁藤原宮으로 거처를 옮겼다. 강력한 리더십을 발휘한 덴무천황과 지토천황은 재위 중에 견당사를 파견하지 않았다. 신라와의 교섭은 이전 시기보다 활발하여 거의 1년에 1번은 쌍방의 사신이 왕래하고 있어서, 밖으로의 관심이 전혀 없었던 것은 아니다. 백강의 패전을 경험한 왜국은 새로운 도성 건설과 율령제 정비가 완료되어 새로운 국가로 다시 태어날 때까지 당과의 교섭을 중지했다고 보고 있다.

신라와의 관계

앞서 언급한 바와 같이 660년 8월 백제를 멸망시킨 나당 연합군은 668년 9월 고구려를 멸망시켰다. 당은 양국의 옛 땅에 웅진도독부와 안동도호부를 두고, 신라의 영토에 계림주도독부를 두었다. 신라는 670년 3월부터 백제와 고구려 유민을 이끌고 한반도에 통일 국가 건설을 목표로 움직이기 시작하였다. 한편 왜국과의 관계 악화를 피하고 싶은 신라는 대일 교섭을 긴밀히 하고자 하였다. 덴무천황은 신라가 한반도에서 당의 주도권을 배제하는 것을 지지하여, 덴무천황 때는 줄곧 양국 사이에 활발하게 사신 교환이 이루어졌다.

그로부터 10여 년이 지난 689년 양국 관계에 금이 가기 시작하였다. 지토천황은 신라가 파견한 덴무천황 조문사의 지위가 낮은 것을 비판하며, 보내온 물품을 돌려보내 버렸다. 지토천황이 돌려보낸 조문품에는 『일본서기』에 따르면 금동아미타불상 및 협시脇侍인 금동관세음보살상과 금동대세지보살상大勢至菩薩像 등 3구의 불상이 포함되어 있었다. 덴무천황을 조문하기에 어울리는 물품이다. 지토천황의 행동은 본질적으로는 신라가 옛 백제를 완전히 병합한 것에 대한 견책을 의미하는 것이었다.

하지만 왜국도 신라와의 관계 악화를 강하게 바라고 있었던 것은 아니다. 지토천황은 신라의 비례非禮를 비판하면서도, 신라 사절을 따라 귀국한 견신라 유학승 묘소明聰와 간치観智에게 신라에서 신세를 진 스승과 학우들에게 보내라고 대량의 풀솜[眞綿]을 하사하였다. 국가 간 교섭의 공식 무대에서 긴박한 협상을 진행하면서, 양국 승려들 사이에 구축된 사제 관계와 학우 관계를 보완적인 협상 통로로 이용함으로써 왜국은 양국 관계가 지나치게 긴장된 국면에 접어들지 않도록 배려하였다(나카바야시 다카유키[中林隆之]의 연구 참조).

국내의 제도 정비를 끝마친 지토천황은 697년 가루황자를 황태자로 세우고, 8월에 양위하였다. 제42대 몬무文武천황(재위 697~707)이다. 덧붙이자면 천황의 생전 양위는 고교쿠천황이 최초이고, 지토천황이 두 번째인데, 모두 여성 천황이었다.

701년 1월, 32년 만에 제7차 견당사가 임명되었다. 701년 다이호大宝율령의 완성과 반포를 기다렸기 때문이다. 출발은 이듬해 6월, 집절사執節使(사절단의 우두머리)는 아와타노 마히토粟田真人, 대사는 다카하시노 가사마高橋笠間, 부사는 사카이베노 오키다坂合部大分였다. 그러나 다카하시노 가사마가 어떤 사정 때문인지 대사를 그만두어, 부사였던 사카이베노 오키다가 대사로, 대위大位(2명의 판관 중 상위에 있는 자)였던 고세노 오지巨勢祖父가 부사로 당에 갔다.

다이호율령 제정 후의 견'당'사

율령이란 형법인 율과 율 이외의 기본법인 영을 가리킨다. 701년 다이호 원년에 제정되었기 때문에 연호를 따서 다이호율령이라고 한다. 당의 율령을 모방하면서 왜국의 국정에 알맞게 개정되었다. 덴지천황 때의 오미령近江令, 덴무천황과 지토천황의 아스카키요미하라령에 이어, 다이호율령에 이르러 드디어 율과 영이 갖추어지게 되었다.

다이호율령의 시행으로 왜국은 당을 모델로 한 중앙집권체제 구축에 매진하였다. 그러면 신생 왜국은 당과 어떤 관계를 새롭게 맺으려고 하였을까?

아와타노 마히토를 필두로 702년에 출발한 사절은 엄밀하게 말하면 견당사가 아니다. 당시 중국의 왕조 명칭이 당에서 주周로 바뀌어 있었기 때문이다. 왕조 교체와 전례가 없는 여성 황제, 즉 측천무후(재위 690~705)의 등장에 사신들은 경악하였다. 사료를 인용해 보자.

> 처음 당에 도착했을 때 어떤 사람이 와서 "어느 [나라의] 사신인가?"라고 물었습니다. [신은] "일본국의 사신이다."라고 대답했습니다. 우리가 "이곳은 어느 주州인가?"라고 물으니, "이곳은 대주大周의 초주楚州 염성현鹽城縣 관내이다."라고 대답했습니다. [우리가] "과거 이곳은 대당이었는데, 지금 대주라고 말씀하셨다. 도대체 국호는 왜 바뀐 것인가?"라고 다시 물으니, "영순永淳 2년 천황태제天皇太帝가 붕어하고, 황태후가 등극하셨다. 칭호는 신성황제라고 하며, 국호는 대주가 되었다."라고 답했습니다. 문답이 끝나고 당인이 저희 사신에게 "해동에는 대왜국이 있는데, 그 나라는 군자국君子國으로 인민은 풍락豐樂하며 예禮와 의義가 잘 행해지고 있다고 들었다. 지금 사신을 보니, 차린 모습이 매우 정갈하여 참으로 일찍이 들었던 그대이다."라고 말하고 떠났습니다.
>
> (『속일본기』 게이운[慶雲] 원년 7월 갑신조)

당나라 사람이 말하는 '군자국'이란 한 왕조 때 성립한 『산해경山海經』이라는 책에 등장하는 국가이다. 의관이 잘 갖추어져 있고, 겸양을 좋아하는 사람들이 살고 있다고 한다. '인민풍락人民豐樂'의 4글자가 세트로 등장하는 것은 불교 경전뿐이다.5) 불법에 의해 국토가 안온해지면 사람들에게 풍요롭고 즐거운 나날이 찾아온다는 의미이다. '예'와 '의'는 유교에서 중시하는 것이므로, 당나라 사람의 찬사는 배경을 달리하는 3개의 수사로 구성되어 있는 셈이다.

아와타노 마히토와 측천무후

『속일본기』가 당나라 사람의 발언을 정확하게 전하는지 확인할 방법은 없다. 다만, 『구당서』 동이전 일본조에는 "아와타노 마히토는 경사經史에 통달해 있고 문장도 능하며 행동거지는 온아하다."라는 기록이 남아 있어서, 아와타노 마히토가 높은 평가를 받은 것은 분명하다.

아와타노 마히토는 653년 제2차 견당사 때 승려로 당에 갔는데, 귀국 후에 재능을 높게 평가받아 환속하였다. 일본 고대에는 한문으로 된 불교 전적을 자유자재로 읽을 수 있도록 수행을 쌓은 승려는 고도의 교육을 받은 최고 엘리트였다. 율령제 시대 초기에는 환속하여 학식을 가지고 조정에서 벼슬한 인물이 산견된다. 아와타노 마히토도 그런 사람 중 하나였다.

아와타노 마히토가 사절단의 우두머리로 선발된 데는 또 다른 이유가 있었다. 당대에는 불교 지식이 귀족들의 일반 상식이 되어 있어서, 입당 후 당의 귀족들과 교류하는 데 불교에 대한 기초 지식은 불가결하였다. 고도의 교육을 받았고 불교적인 지식도 있으며 입당 경험까지 있는 아와타노 마히토를 대사로 임명한 것은 최선의 인선이었다.

5) 이 부분의 서술에는 약간 오해가 있다. 『시경』 「大雅」 「旱麓」의 "瞻彼旱麓, 榛楛濟濟"에 대한 鄭玄의 箋에도 "喻周邦之民獨豐樂者, 被其君德教."란 내용이 등장하며, 晋 法显의 『佛國記』에도 "在道一月五日, 得到于闐, 其國豐樂, 人民殷盛."이라 적혀 있다.

꼼꼼하게 준비한 제7차 견당사는 '주' 황제를 알현하였다. 이름은 무조武照, 측천무후, 또는 무측천으로 알려진 중국 역사상 유일의 여성 황제이다.

부친의 가문은 그다지 좋지 않지만, 모친은 수 황실과 연결되는 여성이다. 무조는 태종의 후궁이 되었지만, 태종의 아들 고종의 눈에 들어, 고종의 후궁에서 황후가 되었다. 덧붙여 말하자면, 부친이 죽은 후 부친의 처를 자식이 취하는 것은 북방 유목민족들 사이에 자주 보이는 습속이다.

고종이 죽자 측천무후가 낳은 중종(제1차 재위는 684)이 즉위하였다. 그러나 중종이 자신의 뜻에 따르지 않는 것으로 보이자 곧바로 폐위하고, 예종(제1차 재위 684~690)을 즉위시켰다. 예종도 측천무후의 아들이다. 예종의 재위 중에도 실권은 측천무후의 수중에 있었다. 통치의 실적을 쌓은 측천무후는 690년 드디어 예종을 퇴위시키고 자신이 즉위하였다.

측천무후의 정치가로서의 자질은 남편이나 자식들보다 훨씬 뛰어났다. 출신에 구애받지 않고 재능 있는 신하를 등용하여 국내 통치는 안정되었다. 모든 수단을 구사하여 왕권을 강화하고, 강력한 리더십을 발휘하여 구심력의 저하를 막으려 하였다. 그러나 희대의 여걸도 영원히 옥좌에 앉아 있을 수는 없다. 측천무후는 698년 중종, 즉 자기 아들 이현李顯을 태자로 세웠다.

측천무후도 정말이지 하잘것없는 결정을 내렸다. 중종은 측천무후가 낳은 아들 중 가장 범용한 인물이었다. 어쨌든 이현이 복위하여 중종이 되는 것은 705년이다. 제7차 견당사는 측천무후의 치세 말기에 당에 도착하였다.

일본 – 국호 변경 요청과 허가

제7차 견당사의 발자취를 살펴보자. 먼저 견당사는 측천무후에게 국호를 '일본'으로 변경하겠다고 요청하여 허가를 받았다.

과거에는 태양이 떠오르는 곳을 의미하는 '일본'을 국호로 채용한 것은 당에 대한 대등 내지 우월을 주장하기 위해서였다는 설명이 일반적이었다.

이런 통설을 뒤엎는 사료가 근래에 중국에서 발견되었다. 백제 예군禰軍[6]의 묘지명이다. 묘지명이란 죽은 인물의 공적을 적은 문장을 새긴 것으로 무덤 안에 안치하였다. 예군은 백제가 나당 연합군에 멸망할 때 당측에 가세하여 싸운 백제인인데, 678년에 사망하였다.

그런데 이 예군의 묘지명에는 '일본日本'이 백제를 지칭하여 사용되고 있다. 묘지명은 당에서 제작되었으므로, '일본'이라는 단어의 용법은 당시 중국의 일반 상식을 반영한 것이다. 7세기 동아시아에서 '일본'은 중국에서 봐서 극동을 가리키는 일반적인 표현에 불과하였다. 이런 일본을 국호로 사용하는 것은 중국을 중심으로 하는 세계관을 받아들이는 것이다. 요컨대 '일본'이란 당(주)을 중심으로 하는 국제질서에 극동에서 참가하는 하나의 국가라는 입장을 명시하는 국호였던 것이다(도노 하루유키 연구 참조).

'일본'은 국호 변경을 요청했고, 측천무후는 그것을 승인하였다. 조공국인 이상 국호를 마음대로 변경할 수 없다. 그러므로 황제의 재가를 요청한 것이다. 이에 중화인 당(주)에 조공하는 '일본'이라는 구도가 결정되었다. 결코 당에 대한 대등이나 우월을 주장하기 위함이 아니었다.

도성을 완성하고 율령제를 정비한 일본이 지향한 것은 당이 주재하는 세계질서에 참가하는 것이었다. 한반도에서의 전투를 황후의 자리에서 지켜봤던 측천무후는 일본의 조공 사절에 매우 기뻐하였다.

일본의 견당사가 환대를 받았음을 보여주는 유물이 여럿 남아 있다. 그중 하나가 호류지法隆寺에 소장된 「사기사자수문금四騎獅子狩文錦」(가로 134.5cm, 세로 250cm)이다. 연주중각원환문連珠重角圓環文의 안쪽 문양

----

6) 禰軍(623~678) : 백제 웅진 출신으로 萊州 刺史였던 禰思善의 아들이다. 右領軍衛中郎將과 右威衛將軍上柱国을 역임하고 雍州 乾封縣县의 高陽里에 안장되었다.

중앙에 과수果樹(생명의 나무)를 배치하고, 양쪽에 천마를 타고 뒤돌아보면서 등 뒤의 사자에 활을 당기는 기마병을 상하에 2명씩 그려 넣었다. 천마의 엉덩이에는 원 안에 '길吉', '산山' 두 글자를 수놓았다. 특수한 기법으로 봐서, 사산 왕조 페르시아의 궁정 공방에 있던 장인이 참가한 수도 장안의 궁정 공방에서 필시 7세기 후반 고종이나 측천무후 치세에 제작되었을 것이라고 한다(나가사와 가즈토시[長澤和俊]·요코하리 가즈코[橫張和子] 연구 참조).

측천무후의 즉위를 정당화한 『보우경寶雨經』이라는 경전도 하사받았다. 정창원正倉院7)에 소장되어 있는 나라시대의 사경 중에 745년 5월 1일의 후기가 적혀 있는 『보우경』이 있다. 이 경전이 측천무후 즉위의 정당성을 불교적으로 뒷받침한다는 목적에서 제작되었음을 생각하면, 측천무후 퇴위(705) 이전에 일본에 들어왔다고 봐야 할 것이다. 이 『보우경』과 함께 측천무후의 즉위를 불교적으로 정당화하는 역할을 한 『대운경신황수기의소大雲經神皇授記義疏』도 이때 일본에 들어왔다.

그밖에 나라국립박물관 소장 「자수석가여래설법도刺繡釋迦如來說法圖」[가주지수불勸修寺繡仏]도 있다. 「석가여래설법도」(세로 207cm, 가로 157cm)는 연노랑색 비단 바탕에 비단실을 사용하여 쇄수鎖繡와 옥수玉繡8)의 두 가지 자수 기법으로 부처와 보살 등 56명의 군상을 수놓은 것이다.

주목할 것은 화면 중앙 하단부에 위치한 부처와 마주 보는 뒷모습의 여성이다. 여성을 둘러싼 10명의 승려는 측천무후를 가까이서 모시던 10

---

7) 正倉院 : 나라시대에 東大寺의 정창으로 만들어진 다락마루 방식의 창고. 쇼무 천황 사망 후 도다이지에 헌납된 쇼무천황의 애장품을 중심으로 국제적 색채가 풍부한 물품들이 수납되어 있다.

8) 鎖繡·玉繡 : 모두 자수 기법의 하나. 쇄수는 고리와 고리를 이어 사슬 모양으로 수놓는 기법으로, 현재의 체인스티치를 가리킴. 옥수는 실로 작은 구슬을 만들어 그것을 이어나가는 기법.

명의 승려를 표현하며, 중앙의 여성은 측천무후를 묘사한 것으로 보인다(오니시 마키코[大西磨希子]의 연구 참조). 당(주)의 부와 문화를 상징하는, 자수로 만든 거대한 불상이다.

유학승으로 입당 경험이 있는 아와타노 마히토는 『보우경』, 『대운경신황수기의소』, 그리고 「석가여래설법도」를 하사한 의미를 정확하게 이해할 수 있었을 것이다.

확고한 조공 – 견당사와 연기年期

제7차 견당사 이후 견당사는 평균 20년 전후의 간격으로 파견되었다. 도노 하루유키는 840년 당의 승려 유견維蠲이 엔랴쿠지延暦寺의 승려 엔사이円載에게 보낸 답신에 있는 "약이십년일래조공約二十年一來朝貢"이라는 구절을 '20년에 1번의 조공을 약속하였다.'라는 의미로 해석하고, 일본은 20년에 1번의 조공을 약속했다고 하였다.

조공은 본래 매년 하는 것이 바람직하다. 그러나 위치의 원근에 따라 3년, 5년, 7년에 1번의 조공도 허용되었다. 그것을 연기제年期制라고 한다. 중국은 고래로 조공국에 연기제를 실시했으므로 연기제가 일본에 적용되었다고 해도 이상한 일이 아니다. 다만, 20년에 1번이라는 연기는 일본 이외에 사례가 없다. 또 도노가 주목한 유견이 보낸 서장의 문장도 '약約'을 '대략'의 의미로 해석하면 '약 20년에 1번 조공을 해왔다'라고 해석할 수도 있다(사카우에 야스토시[坂上康俊] 연구 참조).

표 〈3-3〉에서 알 수 있듯이, 초창기부터 견당사는 특수한 사례(백강 전투의 전후 처리나 당의 사절을 배웅하는 사신, 후지와라노 기요카와[藤原清河]를 마중하는 사신 등)를 제외하면, 한 천황의 치세에 한 번 파견되는 경향이 강하다. 이 점을 중시하면 야마오 유키히사山尾幸久가 주장하는 바와 같이, 견당사에는 '외교권'을 장악하는 천황이 치세 중 단 한 번 추진하는 사업의 측면이 있었다고 인정해도 좋지 않을까 생각한다. 사신 임명이 천황의 즉위로부터 머지않은 시점이거나 왕위 계승자가 결정된 시점인 경우가 많은 것도 주목할 만하다.

〈3-3〉 견당사 일람(630~894)

천황 (재위)	차수	출발	사절	선박 수	비고
조메이 (629~ 641)	1	- 630년 출발 - 632년 8월 귀국	이누카미노 미타스키·구스시노 에니치	불명	당 사신 고표인 방일
고토쿠 (645~ 654)	2	- 653년 출발 - 654년 7월 대사 귀국	기시노 나가니(대사)·다카다노 네마로(대사)·기시노 고마(부사)·가니모리노 오마로(부사)	1	견당 유학승·유학생 파견
	3	- 654년 출발 - 655년 대사 귀국	다카무코노 겐리(압사)·가와베노 마로(대사)·구스시노 에니치(부사)	2	다카무코노 겐리가 당에서 사망
사이메이 (655~ 661)	4	- 659년 8월 출발 - 661년 5월 귀국	사카이베노 이와시키(대사)·쓰모리노 기사(부사)	2	에미시를 대동. 백제와의 전쟁에 대비하여 당에 억류됨.「이키노 무라지 하카토코서伊吉連博德書」 있음
덴지 (668~ 671)	5	- 665년 12월 출발 - 667년 11월 귀국	모리노 오이와·사카이베노 이와쓰미·기시노 기미吉士岐弥·기시노 하리마吉士針間(송당객사)	불명	665년 7월 방일한 당 사신 유덕고를 호송
		- 667년 11월 출발 - 668년 귀국	이키노 하카토코·가사노 모로이와(송당객사)	불명	11월 백제진장鎭將 유인원이 보낸 사마법총을 백제에 호송
	6	- 669년 출발	가와치노 구지라	불명	
		- 670년 당 입국		불명	고구려 평정을 축하

천황 (재위)	차수	출발	사절	선박 수	비고
몬무 (697~ 707)	7	- 701년 1월 임명 - 702년 6월 출발 - 704년 7월 집절사 귀국	아와타노 마히토(집절사)· 사카이베노 오키다(부사→ 대사)·고세노 오지(대위[大 位]→부사) ※ 처음에 대사는 다카하시 노 가사마	불명	'일본' 국호로 파견된 최 초의 견당사
겐쇼 (715~ 724)	8	- 716년 8월 임명 - 717년 출발 - 718년 10월 압사 귀국	다지히노 아가타모리(압사) ·오토모노 야마모리(대사)· 후지와라노 우마카이(부사) ※ 처음에 대사는 아베노 야 스마로	4	공자묘·사원·도관에 참배하고 귀국. 아베노 나카마로·기비노 마키 비·겐보가 입당
쇼무 (724~ 749)	9	- 732년 8월 임명 - 733년 출발 - 734년 11월 대사 귀국	다지히노 히로나리(대사)· 나카토미노 나시로(부사)	4	'일본국왕 스메라미코 토日本國王主明樂美御 德'에게 칙서를 내림. 당 나라 사람 원진경·황보 동조·도선, 바라문승 보 제선나, 임읍승 불철, 페 르시아인 이밀예가 방 일. 요에이·후쇼 등 입 당. 기비노 마키비·겐 보가 귀국
		(746년 임명)	이소노카미노 오토마로石 上乙麻呂(대사)		정창원문서의 경사등조 도충장経師等調度充 帳, 가이후소懷風藻의 이소노카미노 아손 오 토마로전에만 남아 있 음. 중지
고켄 (749~ 758)	10	- 750년 9월 임명 - 752년 출발 - 753년 12월 부사 귀국	후지와라노 기요카와(대사)· 기비노 마키비(부사)·오토 모노 고마로(부사)	4	신라 사절과 조하의 석 차를 다툼. 감진 방일. 후 지와라노 기요카와와 아베노 나카마로는 귀 로에 난파

천황 (재위)	차수	출발	사절	선박 수	비고
준닌 (758~ 764)	11	- 759년 1월 임명 - 759년 2월 출발 - 761년 8월 귀국	고원도	1	후지와라노 기요카와를 데리러 가는 사절. 발해 를 경유하여 입당. 기요 카와의 귀국은 허가되 지 않음. 심유악의 호송 을 받으며 귀국. 당은 소 뿔을 보내라고 요구
		(761년 10월 임명)	나카노 이와토모仲石伴(대 사)·후지와라노 다마로藤 原田麻呂(부사) ※ 처음에 부사는 이소노카 미노 야카쓰구石上宅嗣		소뿔을 보내고 당 사신 심유악을 호송하는 사 절. 이듬해 나니와에서 배가 파손되어 중지
		(762년 4월 임명)	나카토미노 다카누시中臣 鷹主(송당객사)·고마노 히 로야마高麗廣山(부사)		당 사신 심유악을 호송 하는 사절. 그해에 중지
고닌 (770~ 781)	12	- 775년 6월 임명 - 777년 6월 출발 - 778년 10월 제3선 귀국	오노노 이와네(지절부사)· 오미와노 스에타리(부사) ※ 애초의 사신 사에키노 이 마에미시(대사)·오토모노 마시타테(부사)·후지와라 노 다카토리(부사)는 도항하 지 않음	4	대사 사에키노 이마에 미시는 병을 핑계로 가 지 않음. 돌아오는 길에 부사 오노노 이와네와 당 사신 조보영이 사망
	13	- 778년 12월 임명 - 779년 출발 - 781년 6월 귀국	후세노 기요나오布勢清直 (송당객사)	2	당 사신 손흥진을 호송

천황 (재위)	차수	출발	사절	선박 수	비고
간무 (781~ 806)	14	- 801년 8월 임명 - 803년 4월 출발 - 804년 7월 재출발 - 805년 6월 대사 귀국	후지와라노 가도노마로(대 사)·이시카와노 미치마스 (부사)	4	805년의 원일조하에 참 석하고, 덕종의 사망과 조우. 사이초·구카이· 다치바나노 하야나리橘 逸勢·료센霊仙 입당
닌묘 (833~ 850)	15	- 834년 1월 임명 - 836년 7월 출발 - 837년 7월 재출발 - 838년 6월 제3차 출발 - 839년 8월 대사 귀국	후지와라노 쓰네쓰구(지절 대사)·오노노 다카무라(부 사) ※ 오노노 다카무라는 승선 을 거부하여 유배	4	836·837년 연속으로 도 항에 실패. 엔닌·엔사 이 등 입당. 귀로는 신라 선박을 빌려 타고 귀국
우다 (887~ 897)		(894년 8월 임명)	스가와라노 미치자네(대사) ·기노 하세오(부사)		중지

주기 : 1) '출발'에서 이탤릭체 괄호 표기는 파견되지 않은 것. 2) 결국 출발하지 않은 사절
및 당까지 가지 못한 사절의 경우 표에는 기재했지만, 견당사 차수에는 넣지 않았다.
3) 동일 견당사라도 귀국 연도는 배마다 다른 경우가 있다. 그런 경우에는 가장 빠른
연도를 귀국 연도로 삼았다.

    견당사가 천황의 대물림과 관련하여 파견되었다고 한다면, 그것은 확실
히 조공국에 어울리는 태도이다. 20년에 1번의 연기제라는 도노의 견해가
오랫동안 통설의 지위를 유지해 왔지만, 연기제의 존재를 확실하게 뒷받
침하는 사료가 없는 이상, 현시점에서는 야마오의 주장이 가능성이 높다.
    하지만 20년에 1번 사절단의 파견을 약속했건, 천황이 바뀔 때마다 파

견했건. 일본이 견당사를 파견하여 대등이나 우월을 주장한 것이 아니라, 양국이 모두 일본을 조공국으로 인정하고 있었음을 보여준다. 도노가 주장하는 바와 같이 일본의 견당사가 조공이었음은 이미 의문의 여지가 없다는 점을 강조해 두고자 한다.

견당사 선단 - 항로와 4척 구성

제7차 견당사부터는 이키와 쓰시마에서 한반도로 가서, 한반도의 서해안을 따라 북상하는 종래의 항로(북로)가 아니라, 고토五島 열도에서 동중국해를 건너는 항로(남로)가 이용되기 시작하였다. 이 무렵 신라와의 관계가 악화하여 한반도의 해안을 따라 북상할 수 없게 되어, 남로가 이용되기 시작했다고 설명하기도 한다.

그러나 700년 전후에 여러 가지 문제가 있었지만, 신라와 일본 사이의 정치 교섭은 계속되고 있었다. 더욱이 당의 책봉을 받은 신라가 일본의 조공을 방해했을지도 의문이다. 당시 중국, 특히 창장강 하구 지역으로 가는 거점이 되는 고토열도의 중요성이 인식되기 시작했다는 측면을 고려할 필요가 있다.

항로에 관해 덧붙여 말하자면, 과거에 이 시기의 견당사가 다네가시마種子島·야쿠시마屋久島·도카라吐火羅·아마미奄美·도쿠노시마德之島·오키나와沖繩·구메지마久米島·이시가키지마石垣島를 거쳐 남중국해를 횡단하는 남도로南島路를 택했다고 설명하던 적이 있었다. 752년의 제10차 견당사가 귀국할 때 쑤저우蘇州를 출항한 후 오키나와에 도착했다가, 그곳에서 북상한 사례는 있지만, 처음부터 의도하고 이 항로를 이용한 것이 확실한 견당사는 없다. 현재 남도로는 돌발 사태 때 이용된 항로로 생각하고 있다.

제7차 견당사 때 몇 척의 배가 파견되었는지 알 수 없지만, 이때 조난했다는 기록은 없다. 그 후 제8차 견당사부터 제15차 견당사까지는 제11차(후지와라노 기요가와 마중 목적)와 제13차(당 사절의 배웅)를 제외하고 견당사 선단은 모두 4척으로 구성되었다. 그러나 4척의 견당사 선단이 모두 무사히 귀국한 것은 제8차 견당사뿐이다.

〈3-4〉 견당사가 이용한 북로와 남로

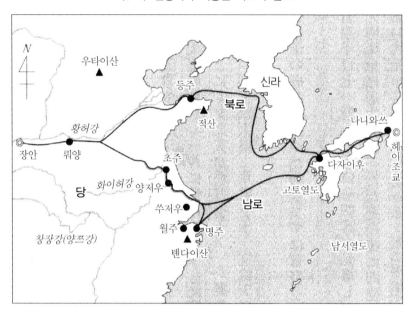

출전: 東野治之 『遣唐使』(岩波書店, 2007)을 바탕으로 필자가 작성

2대 연속의 여성 천황과 제8차 견당사

화제를 다이호율령 제정 후의 왕위 계승으로 되돌리자.

지토천황의 기대를 한 몸에 받고 즉위한 제42대 몬무천황은 707년 젊은 나이에 사망하였다. 다행히도 몬무천황에게는 오비토首황자가 있었다. 그러나 오비토는 7세, 즉위하기에는 너무 어렸다. 덴무천황 - 구사카베황자 - 몬무천황으로 이어진 직계 계승을 수호하는 역할은 다시 여성이 떠맡게 되었다(〈3-5〉 참조).

〈3-5〉 천황가계도 ④

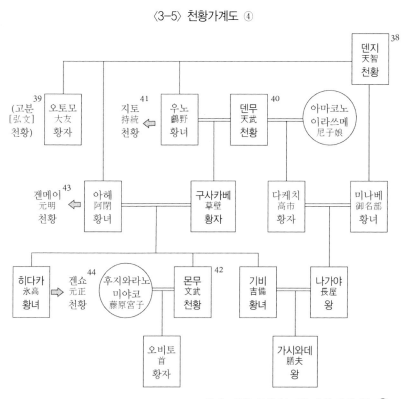

주기 : 왕족 출신자는 □. 호족 출신자는 ○
부모가 왕족인 자는 굵은 글씨

오비토황자의 성장을 기다리며 우선, 오비토황자의 할머니인 아헤阿閇 황녀가 제43대 겐메이元明천황(재위 707~715)로 즉위하였다.

오비토황자는 714년 6월 14세 때 성인식을 치르고, 그해 태자가 되었다. 오비토황자가 태자가 된 이듬해 9월 할머니 겐메이천황은 퇴위하였다. 그러나 그 후 즉위한 것은 오비토황자가 아니다. 큰고모인 히다카永高황녀가 제44대 겐쇼元正천황(재위 715~724)으로 즉위하였다.

부친인 몬무천황이 15세로 즉위했으므로, 오비토황자의 즉위에 연령적인 문제가 있었을 리는 없다. 715년에 15세가 된 오비토황자가 즉위하지 못한 것은 그의 생모에게 문제가 있었기 때문이다.

5세기 이래 직계 계승자는 생모가 천황가 출신의 여성, 특히 천황의 딸인 것이 바람직하였다. 그러나 오비토황자의 생모는 후지와라씨 출신 여성이다. 덴무천황의 아들 중에는 아직 살아 있는 사람도 있었는데, 그들도 유력한 왕위 계승자가 될 수 있다. 일본 고대 왕권의 논리로 보자면, 오비토황자의 즉위에 합의를 얻는 것은 쉽지 않다. 오비토황자는 천황에 적합한 인물이라고 신하들에게 보여줄 필요가 있어서, 큰고모 아래서 황태자의 지위에 머물렀다.

곧바로 즉위가 인정되지는 않았지만, 태자가 된 오비토황자가 직계 계승자라는 사실은 누구나 인정하는 것이었다. 직계 계승의 향방이 정해졌으므로, 716년 8월에 제8차 견당사가 임명되었다. 사절단의 우두머리인 압사는 다지히노 아가타모리多治比県守, 대사는 아베노 야스마로阿部安麻呂, 부사는 후지와라노 우마카이藤原馬養이다. 사서에 이유는 기록되어 있지 않지만, 다음 달에 대사가 오토모노 야마모리大伴山守로 교체되었다. 견당사는 이듬해 717년 4척의 선박으로 출발하였다.

이 사절단은 1척도 조난하지 않고 당에 도착하여, 10월 16일 현종(재위 712~756)의 칙명으로 일본 사절을 위한 연회가 열렸다. 현종은 예종의 아들, 즉 측천무후의 손자이다. 당 중흥의 명군이지만, 만년에는 양귀비를 총애하여 당 몰락의 계기를 만든 황제이기도 하다.

718년 10월 20일 다자이후大宰府9)가 다지히노 아가타모리의 귀국을

---

9) 大宰府 : 규슈에 설치된 지방 행정 기관. 외교와 군사를 주된 업무로 하면서 규

보고하였다. 사절단은 12월 13일에 수도 헤이조쿄平城京에 들어가, 현종에게서 하사받은 조복을 입고 이듬해 원단의 조하朝賀에 참석하였다.

당의 조복은 품계에 따라 재질과 색깔 등이 다른데, 사신들이 조복을 하사받았다는 것은 당의 품계 속에 위치하게 되었다는 의미이다. 그런 조복을 조하 자리에서 입었으므로, 견당사는 당에 대한 신속을 전제로 한다는 인식을 일본의 관료들은 공유하고 있었던 것이다. 책봉은 받지 않는다고 해도, 견당사를 파견하는 한 당에 신속한다는 사실은 당시의 관료들에게는 상식이었다.

제8차 견당사에는 나라시대 후반의 정치와 불교를 주도하는 기비노 마키비吉備眞備와 겐보玄昉, 당에서 벼슬하다가 생을 마감하게 되는 아베노 나카마로阿倍仲麻呂가 유학생, 학문승으로 당에 갔다. 유학생과 유학승의 면면은 화려하지만, 막상 중요한 사신의 동향은 그다지 자세히 알 수 없다. 『구당서』 동이전 일본국조에 따르면, 사신들은 유학의 학습을 바랐고, 현종은 홍려시에서 사신들에게 유학을 가르치게 했다고 한다. 서적의 구입에도 노력을 기울인 것 같다.

일행이 공자묘와 사원, 도관道觀의 참배를 신청하여 허가를 받았던 사실도 알려져 있다. 학문승을 파견하여 불교를 신봉하는 입장을 분명하게 드러내 보였으므로, 사원 참배를 요청했다고 해도 이상할 것이 없다. 또, 율령제의 기반이 되는 예제禮制에 대한 이해를 심화시키기 위해서는 공자묘에 참배하여 석전釋奠10)의 방법을 이해할 필요가 있었을 것이다.

문제는 도관, 즉 도교 사원도 참배한 점이다.

슈 지방의 내정도 담당하였다. 견당사 파견이 단절된 이후에는 민간 상인에 대한 대외 무역 관리도 담당하였다.

10) 釋奠 : 釋奠祭, 학교에서 酒食을 진설하고 공자를 위시한 先聖과 先師에게 제사를 드리는 典禮.

당이 중시한 도교

당 왕조 때 도교란 '도道가 설파한 가르침'이란 의미인데, '도'는 신격으로서의 노자를 가리킨다. 도교는 한족의 토착 종교이다. '도교'라는 용어가 만들어진 것은 5세기 중반 무렵이다. 북중국의 북위에서는 5세기 초 황제 권력을 강화하는 이데올로기로 도교가 이용된 적도 있었지만, 북위도 후에는 불교 신앙으로 전환하는 등 불교의 기세에 밀리는 상태였다.

당 황실은 노자를 황실의 조상으로 위치시켜, 공식적으로는 도교를 가장 존중하였다. 그래서 불교가 중국과 주변국 간 교섭에 영향을 끼쳤던 것처럼, 도교가 중국과 주변국 간 교섭에 영향을 끼치는 경우도 있었다.

624년 고구려를 책봉했을 때, 당이 도사를 파견한 것은 앞에서 살펴보았다. 도교가 당의 대외관계에 끼친 영향을 연구하는 오바타 미치루(小幡みちる)는 당이 책봉을 보완하는 것으로 도교를 이용했으며, 고구려는 도교를 수용함으로써 당과 안정된 관계를 구축하려 했다고 하였다. 『삼국사기』에 따르면, 이듬해인 625년 고구려는 사신을 파견하여 불교와 도교를 배우고자 한다고 요청하였다. 또 642년 연개소문이 영류왕을 살해하고 보장왕을 즉위시켰을 때는 쿠데타로 인해 고조된 당과의 긴장 관계를 완화하기 위해 도사의 파견을 요청하였다.

717년 해奚라는 동북아시아의 유목국가에서 온 사신이 사원과 도관을 참배하고 동시와 서시[11]에서 교역을 요청하여 허가를 받았다. 이 사신이 온 배경에는 돌궐 제2제국의 혼란이 있다. 7세기 말부터 돌궐 제2제국의 지배하에 있던 해는 716년 돌궐 제2제국을 배반하고 당에 신종하였다. 717년 해가 도관 참배를 요청한 것은 도교를 중시하는 현종의 종교 정책에 영합하는 것이었다. 다만 해의 사신도 고구려와 마찬가지로 도교뿐만

---

11) 東市와 西市 : 수도 장안성 안에 교역과 거래를 위해 설치된 시장. 영업시간과 거래 물품에 제한이 두어졌다.

아니라 불교도 언급하였다. 현종이 제아무리 도교를 중시하더라도, 양호한 관계를 촉진하는 장면에서 불교를 강조하는 것은 이미 대중국 교섭의 상식이 되어 있었다.

717년에 출발한 제8차 견당사가 공자묘와 사원에 더하여 도관 참배 허가를 신청한 것도 당의 대외교섭과 도교를 둘러싼 동향을 바탕으로 한 것이었다. 도교를 존중하는 현종의 눈에 도관 참배 신청은 분명히 호감으로 비쳤을 것이다. 이 견당사를 통해 현종은 일본을 도교 신앙에도 열성적인 국가로 기억했을 것이다.

쇼무천황의 즉위, 외국인 초청 임무

724년 황태자였던 오비토황자가 드디어 즉위하였다. 제45대 쇼무聖武천황(재위 724~749)이다. 쇼무천황은 즉위 후에도 한동안 견당사를 파견하지 않았다. 그 사이 생후 2개월 만에 태자로 세운 자식 모왕某王의 죽음, 나가야왕長屋王의 변[12] 같은 왕권과 관련된 중대 사건이 잇달아 일어났다.

729년 등딱지에 '천왕귀평지백년天王貴平知百年'이라 적힌 거북이 발견되어, 덴표天平로 개원하였다. 개원 직후 후지와라노 고묘시藤原光明子가 천황가 출신이 아닌 여성으로는 처음 황후의 자리에 올랐다. 고묘시에게는 앞서 죽은 태자 이외에 아들이 없다. 더욱이 다른 부인인 아가타이누카이노 히로토지県犬養広刀自에게는 아들(아사카[安積]친왕)이 있음에도 불구하고, 쇼무천황은 고묘시를 황후로 세움으로써 앞으로 탄생이 기

---

12) 長屋王의 變 : 729년 후지와라씨가 長屋王을 타도하기 위해 꾸민 사건. 長屋王이 모반을 계획한다는 밀고에 따라 병사들이 저택을 급습하였고, 결국 長屋王은 쇼무천황의 명령으로 처자와 함께 자살하였다. 고묘시를 황후로 세우고자 하였던 후지와라씨의 음모로 말미암아 발생한 사건이라 이해되고 있다.

대되는 고묘시 소생의 아들을 직계 계승자로 삼겠다는 입장을 나타냈다.

〈3-6〉의 계보를 봐도 알 수 있듯이, 쇼무천황에게는 천황가 출신의 부인이 없다. 8세기 이전의 전통에서 보자면, 황녀(율령제에서는 내친왕)와의 사이에 아들을 낳아야만 직계로서의 입장은 강고해질 수 있었다.

〈3-6〉 천황가계도 ⑤

주기 : 왕족 출신자는 □, 호족 출신자는 ○
부모가 왕족인 자는 굵은 글씨

천황가 출신의 부인이 없는 것은 쇼무천황의 부친인 몬무천황 대에 시작되었다. 몬무천황에게는 이시카와씨石川氏와 기씨紀氏 출신의 부인이 있었지만, 최종적으로는 후지와라노 미야코藤原宮子의 아들인 오비토황자가 왕위 계승자로 선정되었다. 이때부터 후지와라씨는 왕권의 반려라는 특수한 지위를 획득하였다. 천황이 황녀를 아내로 맞아 두 사람 사이에 태어난 아들을 직계로 위치시키는 전통은 몬무천황 대에 폐기되었다.

덴표로 개원한 이듬해인 730년 3월 쇼무천황은 통역 양성을 장려하는 조서를 내렸다. 대외교섭의 활성화를 염두에 둔 조치일 것이다. 732년 8월 대사 이하가 임명되고, 9월에 견당사 선박의 건조가 시작되었다.

　제9차 견당사의 대사는 다지히노 히로나리多治比広成, 부사는 나카토미노 나시로中臣名代이다. 완성된 선박이 나니와를 출항한 것은 이듬해 733년 4월이었다. 일행에는 후에 감진鑑眞을 초빙하게 되는 요에이栄叡와 후쇼普照 등 승려도 포함되었다. 이 견당사에는 다양한 기능을 가진 외국인을 초청하는 임무가 부여되어 있었다. 당의 원진경袁晉卿[13], 황보동조皇甫東朝[14], 도선道璿[15], 인도의 바라문 승려 보제선나菩提僊那[16], 베트남 승려 불철佛徹[17], 페르시아인 이밀예李密翳[18]가 견당사의 요청을 받고 일본에 오게 된다.

　이때 일본의 견당사가 초빙한 인물 중에 도사는 포함되지 않았다. 일

---

13) 袁晉卿 : 唐樂 연주자로, 후에 音博士가 되었다. 일본에 귀화하여 중하급 귀족 신분으로 지방관 등을 역임하였다.

14) 皇甫東朝 : 당 출신으로 736년 방일한 唐樂의 연주자. 불교 의례에 불가결한 음악의 전문가로 초빙 권유를 받은 것으로 보인다. 일본에 귀화하여 중하급 귀족의 처우를 받으며 각종 관직에 임용되었다.

15) 道璿(702~760) : 당의 율종 승려로 선과 화엄 사상에 밝았다. 요에이와 후쇼의 요청을 받은 후 일본에 계율을 전하기 위해 736년 견당사 선박을 타고 도일하였다. 많은 사람에게 수계했지만, 수계를 위한 승려의 부족으로 계단 설립에는 이르지 못하였다. 본격적인 계율의 전수는 감진 때까지 기다려야 하였다. 752년 도다이지 대불 개안 공양 때는 呪願師로 참석하였다.

16) 菩提僊那(?~760) : 인도의 승려로 당에 있을 때 견당사의 요청을 받고 736년 방일하였다. 752년 도다이지 대불 개안 공양 때 導師를 맡았다.

17) 佛徹 : 林邑 출신으로 인도에 가서 보제선나에게 배웠다. 당을 거쳐 736년 보제선나와 함께 방일하여 밀교 전적을 전하였다. 도다이지 대불 개안 공양 때는 樂師를 맡았다.

18) 李密翳 : 『속일본기』에 보이는 유일한 페르시아인波斯人으로, 736년 방일하여 위계를 받았다. 사료의 기술이 없어 어떤 인물인지 알 수 없지만, 기술 전수를 위해 초빙한 工匠이라는 주장이 유력하다.

본은 도교 도입에 소극적이었다. 앞서 언급한 바와 같이 당 황실은 도교의 시조인 노자의 자손을 자칭하였다. 고대 일본은 도교를 신봉하는 것을 당 황실의 조상 숭배를 들여오는 것으로 생각한 것 같다. 지난번 견당사가 도관 참배를 신청하기는 했지만, 도사를 초빙하여 도교를 확산시킬 생각은 없었다.

이 제9차 견당사는 734년 10월 쑤저우를 출발하여 귀로에 올랐다. 대사가 승선한 제1선은 734년 11월 다네가시마에 도착했지만, 부사 나카토미노 나시로가 탄 제2선은 난파하여 당의 영역에 표착하였다. 나카토미노 나시로는 귀국의 편의를 얻기 위해「노자경본老子經本」(현종이 직접 주를 단『노자도덕경』)의 하사를 요청하였다. 결국 나카토미노 나시로는 현종의 원조를 받아 무사히 귀국하였다. 이 행동이 후에 뜻하지 않은 문제를 낳게 된다.

한편, 746년 1월에도 견당사 파견 계획이 세워졌지만, 결국 파견되지 않았다. 파견 목적도 파견 중지 이유도 알 수 없다.

3. 숭불국 당에 대한 불교 어필 - 감진의 일본 도항과 도교 거부

특이한 여제 고켄천황의 즉위

749년 쇼무천황이 출가하고, 고묘황후와의 사이에 태어난 유일한 자식인 아베安倍내친왕이 제46대 고켄孝謙천황(재위 749~758)으로 즉위하였다. 천황이 재위 중에 출가한 것은 쇼무천황이 처음이다. 또 쇼무천황 이전에도 생전에 양위한 천황은 있었지만, 앞서 언급한 것처럼 모두 여성 천황이며, 생전에 양위한 남성 천황은 쇼무천황이 최초였다.

일본 고대에서 내친왕(황녀)이 천황이 된 경우는 자기 아들이나 손자, 혹은 조카가 즉위할 때까지 기다리기 위해서였다(스이코천황, 고교쿠천황,

지토천황, 겐메이천황, 겐쇼천황). 기혼자의 경우에는 천황의 배우자였던 사람으로 한정되었다. 천황 이외의 사람을 배우자로 둔 내친왕이 즉위한 적은 없다. 또 미혼의 내친왕이 즉위하면, 재위 중에도 양위 후에도 결혼하는 일은 없었다. 천황의 지위는 부계로 계승되어야 한다고 생각했기 때문이다. 여성 천황에게는 혼인하여 차세대의 천황을 낳는 역할을 기대하지 않았다.

고켄천황도 평생 한 번도 결혼하지 않았다. 이 점은 미혼으로 즉위했다가 양위 후에도 평생 독신으로 지냈던 겐쇼천황과 공통된다. 그러나 겐쇼천황은 태자가 되지 않았던 데 비해, 고켄천황은 738년 태자가 되었다. 그뿐만 아니라 겐쇼천황이 즉위했을 때는 오비토황자(쇼무천황)가 직계 계승자가 된다는 사실이 결정되어 있었다. 그러나 고켄천황 즉위 시에는 다음에 직계를 계승할 인물이 확정되지 않았다. 그 배경에는 후지와라노 고묘시에게 다시 아들이 태어나기를 바랐지만, 결국은 왕위를 이을 아들이 없는 상태로 양위하지 않을 수 없었다는 쇼무천황의 직계 계승 구상의 파탄이 있었다.

여기서 여성 천황과 견당사의 관계에 대해 살펴보기로 하자. 아스카시대와 나라시대에는 제33대 스이코천황(치세 후반기), 제35대 고교쿠천황, 제40대 덴무천황, 제41대 지토천황, 제43대 겐메이천황, 제48대 쇼토쿠稱德천황(재위 764~770) 등 6명의 천황이 재위 중에 견당사를 파견하지 않았다. 국내 제도 정비를 서두르느라 견당사를 파견하지 않았다고 하는 덴무천황을 제외하면, 견당사를 파견하지 않았던 천황은 모두가 여성이다.

이 가운데 스이코천황(치세 후반기)과 고교쿠천황에 대해서는 다음 대의 직계 계승자로서 대당 교섭의 전면에 나설 남성이 없어서 견당사가 파견되지 않았다고 설명하였다. 나머지 겐메이천황과 쇼토쿠천황에게도 이 원칙은 딱 들어맞는다. 두 사람의 재위 중에는 다음에 즉위가 기대되는 오비토황자와 오사베왕他戸王(쇼토쿠천황의 조카, 후술)은 아직 태자가 되지도 않았다. 그러므로 천황을 대신하여 대당 교섭의 정식 무대에 설 수 없었고, 그에 따라 겐메이천황과 쇼토쿠천황 대에는 견당사가 파견되지 않았다.

그러나 고켄천황은 직계의 향방이 정해지지 않아 왕위 계승 예정자가 결정되지 않았음에도 불구하고, 750년에 제10차 견당사를 임명하였다. 이것은 필시 고켄천황의 이질적인 점과 관계가 있을 것이다.

고켄천황은 여성이고 막간의 중계역이기는 하지만 직계의 권위를 가지는 유일한 존재로서, 치세 중 단 한 번의 성대한 의식인 견당사 파견을 실행해야 한다고 판단했을 것으로 보인다. 무엇보다도 부친인 쇼무천황이 살아 있었다. 대외교섭에서 문제가 일어났을 때 부친이 정치의 전면에서 책임을 지고 관리하는 것도 가능하였다.

도사 초빙 거절과 감진의 밀항

제10차 견당사의 대사는 후지와라노 기요카와, 부사는 지난번 견당사와 함께 귀국한 기비노 마키비와 오토모노 고마로大伴古麻呂의 두 사람으로, 752년 출발하였다.

이 사절은 조하 의례에서 신라와 자리다툼을 벌인 것으로 알려져 있다. 『속일본기』에 기재된 오토모노 고마로의 귀국 보고에는 다음과 같이 되어 있다. 조하를 위해 궁전에 모인 각국 사신이 동서로 나뉘어 늘어섰다. 동쪽은 신라가 최상위, 서쪽은 당과 중앙아시아의 패권을 다투는 토번이 최상위였다. 부사인 오토모노 고마로는, 신라는 예로부터 일본에 조공하고 있으므로 일본이 신라의 윗자리에 배치되어야 한다고 강경하게 주장하여, 결국 신라는 토번의 다음 자리에 배치되었다고 한다.

일본이 요구한 동쪽에서 최상위라는 위치는 현종에게 가장 가까운 장소, 즉 동방 국가 중에서 당에 가장 존중받는 조공국이 서야 할 위치였다. 일본의 요구는 당의 절대적인 우위를 인정하면서 당에 대한 충성을 스스로 강조하는 행위였다. 신라에 대한 우위는 그에 부수된 이야기라고 할 수 있다.

제10차 견당사 때 가장 유명한 일은 계율을 전수할 수 있는 고승을 찾아서 감진鑑眞을 초청한 일일 것이다. 대사 후지와라노 기요카와는 감진의 방일 허가를 현종에게 신청하였다. 그러자 현종은 감진의 도일을 허가함과 동시에 도사 파견을 제안하였다. 과거의 연구 중에는 일본이 불교에만 열성적이고 도교를 숭상하지 않은 데 현종이 불만을 품고 도사의 동행을 명령했다고 보는 경우도 있지만, 현종이 일본의 도교 신앙에 불만을 품었다는 사료는 없다.

그렇다면 왜 현종은 도사 파견을 제안했을까? 현종 재위 중 과거 두 차례의 견당사가 도관에 참배하고, 현종 자신이 직접 주를 단 『노자도덕경』을 하사품으로 요구하는 등 도교 도입에 관심이 있는 듯 보였기 때문이다. 어디까지나 호의적인 배려였다고 할 수 있다.

현종의 권유를 받아들여 도사를 초빙하면 일본에서 도교를 믿지 않는 사실이 당에 알려지게 된다. 이전 두 차례의 견당사가 도교에 관심을 보인 것은 대당 교섭상의 퍼포먼스에 불과했다는 사실이 탄로 나게 된다. 사절은 도사의 방일을 사양하고, 아울러 감진의 방일 허가 신청을 철회하였다.

대사 후지와라노 기요카와는 현종에게 감진의 방일 허가 신청을 취소했지만, 한편으로 감진에게 일본으로 밀항을 제안했고, 감진은 그것을 받아들였다. 그러나 당이 감진의 밀항 계획을 감지했다는 사실을 알게 되자, 후지와라노 기요카와는 감진을 하선시켰다. 당과 양호한 관계를 구축하고 발전시키는 것이 견당사의 가장 중요한 임무인 이상, 후지와라노 기요카와의 선택은 당연한 것이었다. 결국 감진은 부사 오토모노 고마로의 배에 몰래 승선하여, 753년 드디어 일본에 도착하였다.

742년 10월 요에이와 후쇼의 요청을 받고 도일을 결심한 후 11년이 지나 있었다. 다섯 번이나 도일에 실패하였다. 두 번째와 다섯 번째는 실제로 바다를 건너다가 배가 조난했고, 나머지는 계획 단계에서 실패하였다. 당대에는 공적인 허가를 받지 않고는 출국할 수 없었다. 허가를 받지 않은 감진의 도일은 밀항이어서, 계획이 알려질 때마다 도항이 금지되었기 때문이다. 다섯 번째 도항 실패 후 요에이는 죽었고, 연이은 실패에 지친 후쇼는 떠났다. 여섯 번 만에 드디어 일본 땅을 밟은 감진의 감개는 헤아리기 어려운 바가 있다.

일본에 온 감진이 가장 먼저 한 일은 쇼무태상천황과 고묘황태후, 고켄천황에게 보살계를 주는 것이었다(『당대화상동정전唐大和尚東征傳』). 3명의 수계는 당의 황제(측천무후와 중종, 예종)가 감진의 스승에 해당하는 승려로부터 보살계를 받은 것을 선례로 하였다.

이 무렵 보살계를 주는 데 이용된 것이 『범망경梵網經』이라는 경전이다. 유교적인 효를 강조하는 것으로 봐서 산스크리트어에서 번역한 경전이 아니라 중국에서 만들어진 경전, 즉 위경僞經이라고 한다. 쇼무태상천황과 고묘황태후, 고켄천황의 수계도 『범망경』에 의거한 것이었다. 그리고 이 『범망경』에는 국왕은 보살계를 받아야 하며, 그렇게 함으로써 불교의 가호를 받는다고 되어 있다. 쇼무태상천황과 고묘황태후, 고켄천황 등 세 사람은 보살계를 받음으로써 불교 신앙을 주도하는 보살이 되고, 또 불교의 가호를 받게 되었다.

각국의 견당사와 불교

화제를 조금 앞으로 되돌리자. 도사의 도일을 제안한 현종은 일본이 감진의 도일 허가를 신청한 것에 대해 어떻게 평가했을까?

현종은 당의 황제 중에서도 도교를 우대한 황제로 알려져 있다. 도교를 신봉하는 한편, 현종은 측천무후가 권력을 장악한 이래 중종과 예종의 치세 동안 세력을 키운 불교계에 강하게 반발하였다. 714년 30,000명의 승니를 환속시킨 것을 시작으로 승려의 출가와 사원 건립의 금지, 시중에서 불상과 경전의 매매 금지가 잇달아 시행되었다. 불교를 향한 싸늘한 시선을 고려하면, 현종이 불교의 수용에 열성적인 일본에 대해 불쾌감을 가졌다고 하더라도 이상할 것이 없다.

그러나 실제는 반대였다. 당대에도 불교는 중국과 주변국 간 교섭에 사상적 기반의 일부를 이루고 있었다. 더욱이 그러한 교섭은 현종의 치세, 즉 712~756년에 가장 빈번하게 이루어졌다. 여기서 현종 재위 중에 이루어진, 불교를 키워드로 하는 대당 교섭의 사례를 소개하고자 한다.

720년에는 남천축이 당을 위해 사원을 건립했다고 하면서 그 사원의 편액을 요구하였다. 그에 대해 현종은 '귀화歸化'라는 이름을 내리고 편액을 하사했다고 한다. 석가의 탄생지인 천축이 당을 위해 사원을 건립하고 중국에 '귀화'를 승인받았다는 것이다.

이 남천축의 사절 파견 이후 현종의 재위 기간에 천축과 서역 국가들은 자주 승려를 사신으로 파견하였다. 결론을 먼저 말하자면, 이들 각국은 유사한 목적을 가지고 승려를 사신으로 기용했다고 생각된다. 우선 〈3-7〉에 사례를 열거하였다.

이들 사절이 파견된 배경을 고찰하는 데 참고가 되는 것이 중국 불교사에 탁월한 업적을 남긴 후지요시 마스미藤善眞澄와 중앙아시아사를 견인해 온 모리야스 다카오森安孝夫의 연구이다.

후지요시는 남천축이 720년 당을 위해 사원을 건립하고 편액을 요청했을 때 대식大食[19] 및 토번 토벌군의 명칭도 요청하는 것으로 봐서, 남천축은 전쟁과 불교의 두 측면에서 당과의 유대를 도모했다고 하였다.

---

19) 大食 : 당대에 아라비아를 가리키던 말.

<3-7> 중국으로의 승려 파견(현종 재위 중, 712~756)

연도	파견 국가	내용	사료
729	토하리스탄 (중앙아시아)	승려를 사절로 파견하여 각종 약을 헌상	『책부원귀』
731	중천축 (인도)	승려를 사절로 파견	『구당서』
733	카슈미르 (중앙아시아)	승려를 사절로 파견하여 상표문을 보냄	『책부원귀』
745	기르기트 (중앙아시아)	승려를 사절로 파견. 승려를 우금오위 원외 중랑장에 임명하고 귀국시킴	『책부원귀』
746	스리랑카	승려를 사절로 파견하여, 조개껍질에 새겨 진 산스크리트어 대반야경 일부 등을 헌상	『책부원귀』
748	기르기트 (중앙아시아)	국왕과 승려가 입국. 승려는 홍려원외경에 임명하고 귀국시키고, 국왕은 숙위로 머무 르게 함	『책부원귀』
750	카피시 (중앙아시아)	승려를 사절로 파견하여, 당의 사신 파견을 희망하므로 환관을 사신으로 파견	『불설십력경대당정 원신역십지등경기 佛說十力經大唐貞 元新譯十地等經記』

필자 작성

　모리야스는 710년대 전후부터 730년대에 걸쳐 무슬림이 세력을 확대하는 가운데 파미르산맥 주변의 국가들과 사산 왕조 페르시아의 망명 정권 내지는 그들의 잔당으로 생각되는 파사波斯, 그리고 네스토리우스파 크리스트교도의 집단 등이 당에 사절 파견과 조공을 되풀이하는 것에 착안하였다. 그리고 이들 각국 및 각 세력과 밀접한 관련이 있을 뿐만 아니라 때로는 표리일체인 불교와 조로아스터교, 네스토리우스파 크리스트교, 마니교를 포함한 이 지역이 반무슬림세력이라는 점에서 결집했다고 추정하였다.

　두 사람의 주장을 합쳐서 생각하면, 720년대 이후 중앙아시아와 서아시아, 남아시아에서는 반토번(티베트), 반무슬림세력이라는 입장에서 당에 사신 파견이 이루어졌으며, 더욱이 그런 움직임에 각지의 불교계가 참가했다는 말이 된다.

당시에 중앙아시아와 서아시아, 남아시아 각국은 분명히 토번 혹은 무슬림세력으로부터 침략을 받았고, 그들이 자주 당에 군사적 협력관계를 요청한 것을 사료에서 확인할 수 있다. 때마침 당은 현종의 치세 하에 나라가 안정되어 군사적 영향력을 확대하려 하고 있었다. 각국은 승려를 사신으로 파견하여 공통의 종교인 불교를 배경으로 우호 관계를 다지고 군사적 협력관계를 확보하거나 당과의 관계를 개선하려 하였다.

숭불 국왕으로 어필

이러한 각국의 동향에 현종은 어떻게 반응했을까?

720년 남천축에 대한 당의 대응은 앞서 설명하였다. 남천축이 중국에 '귀화'를 인정받은 것은 불교를 매개로 당의 중화 세계에 참가하겠다는 남천축의 태도를 당이 승인한 것이다. 현종 재위 시기의 중화 세계는 치세 초기부터 불교에 입각한 국가 관계에 긍정적이었다.

731년 승려를 파견한 중천축에 현종은 금강지金剛智라는 중천축 왕실 출신의 승려(720년 남천축 사신과 함께 입당)를 회례사로 기용하여(단, 출국 전에 사망), 중천축왕에게 당 황실의 성인 이李를 하사하여 후대하고 유격 장군의 칭호를 수여하였다.

전쟁과 불교 양면에서 유대를 요청한 남천축과 중천축 양국에 승낙의 뜻을 전한 것이다.

그밖에 토번에 복속하여 당의 토벌을 받은 기르기트의 사례를 제외하면, 각국의 교섭은 기본적으로 호의적으로 받아들여졌다.

현종의 대외정책에서 불교의 중요성은 치세 후반에 더욱 높아졌다. 현종은 746년 스리랑카의 사절로 홍려시에 체류하고 있던 밀교 승려 불공

不空으로부터 관정灌頂을 받았다. 받는 사람의 머리에 물을 붓는 관정은 고대 인도의 국왕 즉위식에서 가장 중요한 요소 중 하나였다. 현종이 관정을 받은 것은 현종이 고대 인도의 국왕과 마찬가지로 불교적 정당성을 갖춘 숭불 국왕임을 내외에 어필하기 위해 이루어졌다. 아마 현종은 반토번, 반무슬림세력의 맹주에 어울리는 불교적 정당성을 획득하고, 불교를 통해 이들 지역에 영향력을 확대하기 위해 불공으로부터 관정을 받았을 것이다.

다시 말하면, 토번이나 무슬림세력의 침략에 직면해 있던 중앙아시아와 서아시아, 남아시아 각국은 승려를 파견하는 등 불교를 매개로 당과 양호한 관계를 구축하여 반토번, 반무슬림세력의 싸움에 당의 개입을 이끌어내려 한 것이다. 현종은 이들 국가의 의도를 호의적으로 받아들였다.

753년 감진의 도일 허가를 신청한 일본에 대해 현종이 불만을 품었을 리가 없다. 도사의 파견은 사양했지만, 불교 신앙에서 당 불교의 우위를 전제로 한 일본의 행동을 현종은 틀림없이 호의적으로 평가했을 것이다.

안록산의 난 - 당의 혼란

이야기는 조금 시대를 거슬러 올라간다. 당은 태종과 고종 때, 즉 626~683년 사이에 동으로는 랴오둥반도, 서로는 파미르고원, 남으로는 베트남, 북으로는 톈산산맥에 이르는 광대한 영토를 획득하고 전성기를 맞았다. 지배가 늘 안정되었던 것은 아니다. 측천무후의 혁명과 그 실패를 거쳐 중종 - 예종 - 현종으로 황위가 계승되던 시대, 서역에서는 돌궐 제2제국과 토번, 튀르기시突騎施 등과의 전쟁과 평화가 되풀이되었다. 동아시아에서는 발해의 건국과 관련하여 당과 발해 사이에 대립도 발생하였다. 그러나 아시아에서 당의 국제적인 우위가 갑자기 흔들릴 것처럼 보이지는 않았다.

이 무렵 돌궐인 모친과 소그드인(파미르고원 서쪽의 소그디아나지방을 본거지로 하여 실크로드 교역을 주도한 민족) 부친 사이에서 태어나, 국제 무역에 종사하면서 군사에 숙달하여, 현종의 총애를 받아 절도사(당의 경계지역에 파견된 각 지방 군정의 우두머리)가 된 인물이 있었다. 안록산安祿山이다. 거란과 해奚, 소그드계 돌궐인을 자기편으로 끌어들인 안록산은 755년 간신을 제거한다는 명분으로 거병하여 곧바로 뤄양을 함락하고, 이듬해 756년 1월 대연大燕황제로 즉위하였다. 현종은 뤄양에 대군을 파견했지만 대패하고, 쓰촨으로 멀리 피신하였다.

장안을 탈출한 후, 도중에서부터 현종과 별도의 행동을 취한 황태자는 영무靈武로 가서 즉위하였다. 숙종(재위 756~762)이다. 현종이 퇴위한 것이 아니다. 사실상 쿠데타였다. 숙종의 장남 대종은 위구르의 원군을 빌려 763년 간신히 난을 평정하였다. 이에 앞서 757년 안록산은 살해되었고, 그가 죽은 후 반란군을 통솔하던 그의 부하 사사명史思明도 761년 살해되었다. 그러나 당에 옛날의 모습은 없었다. 위구르와 토번이라는 2대 적국의 침입이 계속되어, 대외적 영향력은 물론 영토도 축소의 일로를 달렸다.

발해에서 귀국한 사신을 통해 안록산의 난의 정보가 일본에 전해진 것은 758년 12월이다.

발해는 고구려 유민과 말갈이 중국 동북부에서 한반도 북부에 걸쳐 세운 국가이다. 698년 건국하여, 727년 처음 일본에 사신을 파견하였다. 그 후에는 8세기에 일본에서는 12차례, 발해에서는 14차례 사신이 파견되었다. 안록산의 난의 소식을 전한 것은 제3차 견발해사이다. 제47대 준닌淳仁천황(재위 758~764)의 치세 때였다.

이례적인 사절 파견 – 후지와라노 기요카와 '구출' 및 발해 사신과의 동행

안록산의 난의 소식을 접한 일본은 이듬해 갑자기 후지와라노 기요카와를 당에서 귀국시키기 위해 고원도高元度(고구려계 도래인)를 사신으로 임명하였다. 후지와라노 기요카와는 후지와라 북가北家의 조상이 되는 후사사키房前의 4남으로, 전술한 바와 같이 제10차 견당사의 대사로 당에 가 있었다. 대사의 사명을 끝마친 기요카와는 아베노 나카마로를 대동하고 귀국하던 도중에 역풍을 만나 베트남 북부에 표착, 아베노 나카마로와 함께 장안에 돌아와 당에서 벼슬하고 있었다.

759년까지 일본이 후지와라노 기요카와를 위해 어떤 행동을 취했다는 기록은 없다. 당의 존망조차 위태로운 안록산의 난의 와중에 한 사람의 인물을 귀국시키기 위해 사신을 파견하는 것은 기묘한 일이다. 사신에 임명된 고원도는 방일한 발해 사절의 배에 편승하여, 발해를 거쳐 당에 들어갔다. 실제로는 후지와라노 기요카와를 데려온다는 명목하에 최신 정보를 수집하기 위한 사절이었다(야마우치 신지[山內晉次] 연구 참조).

고원도는 발해의 하정사賀正使[20]를 따라 당에 갔지만, 후지와라노 기요카와를 데리고 귀국하는 것은 허가받지 못하였다. 조공과 관련된 일련의 행사가 끝나자, 숙종은 무기의 샘플[兵仗樣], 갑옷과 창 등을 사신에게 하사하면서 "특진 비서감인 후지와라노 기요카와를 지금 너희 사신들의 요청에 따라 귀국시키려 생각했지만, 잔당이 아직 평정되지 않아 귀국길에 많은 어려움이 생길 우려가 있다. 그러므로 고원도여, [너는] 남로를 통해 먼저 귀국하여 복명하라."(『속일본기』 덴표호지[天平宝字] 5년 8월 갑자조)라고 명하였다. 귀국선은 쑤저우에서 건조되었고, 월주의 하급관리인 심유악沈惟岳이 송사送使[21]로 일본에 파견되었다. 또 숙종은 고원도에게 무기의 재료인 소뿔을 보내라고 요구하였다.

후지와라노 기요카와를 데리러 온 사절은 귀국하게 하면서, 왜 후지와

---

20) 賀正使 : 정월 초하루에 새해를 축하하기 위해 파견하는 사신.
21) 送使 : 외국 사신의 귀환을 수행하는 사신.

160

라노 기요카와의 귀국은 승인하지 않았을까? 8세기부터 일본의 견당사
는 천황 1대에 1번, 천황의 대물림과 관련해서 파견되었다. 그러던 일본
이 이번에는 발해사를 따라오는 이례적인 방법으로 사신을 파견하였다.
후지와라노 기요카와를 데려가기 위함이라 말하지만, 일본의 목적이 안
록산의 난 후의 정보 수집에 있다는 것을 당은 쉽사리 알아차렸을 것이
다. 국가 재건에 필사적인 당은 후지와라노 기요카와의 귀국을 허가하지
않고, 또 난 후에 부족한 무기를 보충하기 위해 소뿔을 보내라고 견당사
에게 명하였다. 이것으로 당으로부터의 이반은 허용하지 않겠다는 의사
를 단적으로 전하려 한 것이다. 숙종의 명령을 받고, 761년 8월 고원도는
귀국했고, 일본은 재빨리 소뿔을 보낼 계획을 세웠다.

그러나 763년 발해의 사신을 통해, 당은 쑤저우만 확보했을 뿐(실제
는 그 정도로 위험한 상황은 아니었다) 아직 혼란한 상황이어서 조공할 방법
이 없다는 정보를 얻었다. 조정은 소뿔을 보내는 견당사의 파견을 중
지하였다.

송사로 고원도와 함께 일본에 왔던 심유악 등은 황제의 명령을 완수하
고 귀국할 수 없게 되었다. 심유악이 뒤에 어떻게 되었는지는 후술하기
로 한다.

준닌천황의 폐위와 쇼토쿠천황의 재즉위

발해 사신이 오기 전년, 즉 762년 6월 고켄태상천황은 갑자기 "해서는
안 될 말을 하고, 해서는 안 될 일을 했다."라고 자기 뒤를 이어 즉위한
준닌천황을 격하게 견책하고 "통상적인 제사와 [국가의] 소사小事는 지
금 천황(준닌)이 행하라. 국가의 대사大事와 상벌 두 가지는 짐(고켄천황)
이 행할 것이다."(『속일본기』 덴표호지 6년 6월 경술조)라는 저명한 선명宣
命22)을 내렸다.

고켄태상천황의 최대 후견자였던 쇼무태상천황은 756년 5월 사망하였다. 이듬해 757년 3월 쇼무태상천황이 결정한 황태자 후나도왕道祖王(덴무천황의 손자로, 니타베[新田部]친왕의 아들)이 상중에 음란한 짓을 했다고하여 황태자에서 폐위하고, 4월 오이왕大炊王(덴무천황의 손자로 도네리[舍人]친왕의 아들. 준닌천황)을 황태자로 세웠다. 7월 다치바나노 나라마로橘奈良麻呂의 변23)이 일어났다. 다치바나노 나라마로가 즉위시키려고 계획한 인물 중에 후나도왕이 포함되어 있었기 때문에, 후나도왕은 투옥되었다가 장형을 받고 사망하였다. 후나도왕과 오이왕 모두 덴무천황의 손자이다. 그러나 두 사람 모두 덴무천황 - 구사카베황자 - 몬무천황 - 쇼무태상천황으로 이어지는 직계 혈통은 아니었다.

758년 8월 고켄천황은 준닌천황에게 양위하였다. 그러나 즉위와 함께 준닌천황이 직계로서의 입장을 굳힌 것은 아니다. 애초부터 준닌천황은 직계를 생산하기에 어울리는 천황가나 후지와라씨 출신 여성을 부인으로 맞지 않았다. 준닌천황의 부인 중에 가장 존중받은 것으로 보이는 사람은 아와타노 모로네粟田諸姉라는 여성이었다. 당시의 권력자인 후지와라노 나카마로藤原仲麻呂의 장남의 부인이었다가, 남편 사후에 준닌천황에게 재가한 여성이었다. 이 혼인으로 후지와라노 나카마로는 준닌천황의 후견인이 되었다고 하지만, 어쨌든 직계를 생산하기에 적합한 결혼이라고 말하기 어렵다.

그런데, 앞에서 인용한 고켄태상천황의 선명은 준닌천황이 즉위한 지

---

22) 宣命 : 천황의 명령을 전달하는 문서 양식의 하나. 詔勅이 한문체로 쓰인 반면, 선명은 일본어를 한자로 표기하였다. 즉위나 개원, 반란 등 국가적 중대사 때 발포되었다.

23) 橘奈良麻呂의 變 : 757년 橘奈良麻呂를 중심으로 한 그룹이 거병을 획책했다가 미수에 그친 사건. 藤原仲麻呂가 옹립한 황태자 大炊王의 폐태자를 계획했지만 사전에 발각되어 橘奈良麻呂는 옥사하였다.

대략 4년이 경과한 시점에 발포되었다. 치적을 쌓고 있었음에도 불구하고, 준닌천황의 권한은 고켄태상천황의 칙명 하나로 부정되어 버렸다. 준닌천황은 즉위 후에도 고켄태상천황 재위 때의 연호인 덴표호지天平宝字를 계속 사용하였다. 이런 천황은 고대에 이밖에 달리 사례가 없다. "왕을 노비로 만들건, 노비를 왕으로 만들건 모두 너(고켄천황)의 뜻대로 하라."(『속일본기』 덴표호지 8년 10월 임신조)라는 부친 쇼무태상천황의 유언대로, 직계 계승을 지켜보며 인도하는 역할은 다른 사람이 아닌 바로 고켄태상천황에게 기대되었다.

고켄태상천황이 준닌천황으로부터 회수한 국가의 대사란 무엇이었을까? 그것에는 견당사 파견이 포함되어 있었다(야마오 유키히사의 연구 참조). 준닌천황과 후지와라노 나카마로가 계획한 소뿔을 보내기 위한 견당사는 중지되었다. 안록산의 난으로 혼란한 당이 군사적으로 개입할 여력이 없을 것으로 생각하고 신라를 침공할 계획도 세웠지만, 이것도 고켄태상천황과 준닌천황의 대립을 계기로 정지되었다.

고켄태상천황은 왜 762년에 갑자기 준닌천황을 버렸을까? 고켄태상천황이 이 무렵부터 곁에서 시중을 들던 승려 도쿄道鏡에게 정신을 빼앗겨 도쿄의 즉위를 바랐다고 주장하기도 한다. 그러나 도쿄는 출가한 사람이다. 결혼하여 자손을 낳을 수 없는 도쿄는 막간의 중계자밖에는 되지 못한다. 도쿄를 직계 계승자로 삼을 만큼 고켄태상천황이 착란상태였을 리가 없다. 직계 계승의 수호자로서 자신의 역할을 누구보다 잘 이해하고 있던 고켄태상천황에게 왕위 계승이라는 국가의 가장 중요한 사항은 개인적인 감정으로 처리해서 될 일이 아니었다. 그렇다면 고켄태상천황은 도쿄 다음에 누가 직계를 계승해야 한다고 생각했을까? 부친인 쇼무태상천황 이래 직계의 존속을 지상과제로 삼아 왔던 만큼, 도쿄 퇴위 후의 왕위 계승에 대해 고켄태상천황은 모종의 구상을 가지고 있었을 것이다.

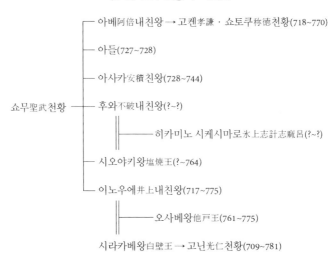

〈3-8〉 쇼무천황의 자손들

쇼무聖武천황
- 아베阿倍내친왕 → 고켄孝謙 · 쇼토쿠称德천황(718~770)
- 아들(727~728)
- 아사카安積친왕(728~744)
- 후와不破내친왕(?~?)
  - 히카미노 시케시마로氷上志計志麻呂(?~?)
- 시오야키왕塩焼王(?~764)
- 이노우에井上내친왕(717~775)
  - 오사베왕他戸王(761~775)
- 시라카베왕白壁王 → 고닌光仁천황(709~781)

주기 : ( ) 안은 생몰년

여기서 주목되는 것이 761년 이복 언니 이노우에井上내친왕과 시라카
베왕白壁王(덴지천황의 손자, 부친은 시키[施基]황자) 사이에 태어난 오사베
왕他戸王이다.

이노우에내친왕과 동복인 후와不破내친왕에게는 일찌감치 아들이 태어
났다. 그러나 후와내친왕은 쇼무천황으로부터 신분을 박탈당한 적이 있고,
더욱이 남편인 시오야키왕塩焼王(덴무천황의 손자, 부친은 니타베황자)은 742
년 쇼무천황의 노여움을 사서 유형에 처해졌다. 두 사람의 아들은 히카미
氷上 성을 받아 신하로 강등되어24), 일찌감치 왕위 계승권을 상실하였다.

24) 일본에서는 천황을 비롯한 왕족은 성이 없다. 그런 왕족이 왕족에서 이탈하여
   신하로 강등될 때 성을 받았는데, 대표적인 사례가 미나모토源씨와 다이라平씨
   이다. 왕족에게는 규정에 따라 일정한 소득이 주어지는데, 왕족의 수가 많아지면
   서 인원의 감축이 불가피해졌다. 그에 따라 생모의 신분이 낮아 왕위 계승 가능
   성이 없는 후손들을 신하로 강등시키고 성을 부여하였다.

이노우에내친왕은 이세신궁伊勢神宮의 재궁齋宮(이세신궁에 봉사하던 미혼의 황녀)이었다. 동생인 아사카安積친왕이 17세 때 죽은 것을 계기로, 덴지천황의 손자인 사라카베왕과 결혼하였다. 쇼무천황의 의향에 따른 결혼일 것이다. 좀처럼 아들이 태어나지 않았지만, 761년 드디어 오사베왕이 태어났다. 천황가에서 탈락한 후와내친왕의 아들과 달리, 오사베왕의 부모에게는 오사베왕의 혈통의 가치를 손상시키는 경력이 전혀 없었다. 가와치 쇼스케에 따르면, 고켄태상천황은 이 오사베왕을 직계 계승자로 희망했다고 한다. 이하 가와치의 주장에 의거하여 왕권을 둘러싼 상황에 대해 설명하기로 한다.

고켄태상천황과는 촌수도 멀고 쇼무천황의 피를 이어받지 않은 준닌천황은 이제 오사베왕의 즉위를 가로막는 존재였다. 그러나 오사베왕을 직계 계승자로 앉히려는 고켄태상천황의 방침을 후지와라노 나카마로는 지지하지 않았다. 후지와라노 나카마로가 장래의 직계 계승에 대해 어떤 생각을 가지고 있었는지 알려주는 사료는 없지만, 764년의 반란 때 후지와라노 나카마로가 후와내친왕의 남편인 시오야키왕을 데리고 도망가는 것을 보면, 시오야키왕과 후와내친왕 사이에서 태어난 아들에게 기대를 걸었는지 모르겠다. 선제공격을 당한 후지와라노 나카마로는 패배하고, 준닌천황은 퇴위로 내몰렸다.

764년 고켄태상천황이 다시 즉위하였다. 제48대 쇼토쿠称德천황(재위 764~770)이다. 재즉위 때 쇼토쿠천황은 47세였다. 갓 태어난 오사베왕이 성인이 되어 즉위할 때까지 후견할 수 있을지 불안을 느꼈다.

오사베왕이 즉위할 때까지 중계자의 역할을 해주기로 기대를 받은 사람이 도쿄였다. 승려인 도쿄라면, 천황으로 즉위하더라도 결혼하여 아들을 낳아 직계 계승을 혼란에 빠트릴 일이 없다. 또 쇼무천황과 고켄천황(쇼토쿠천황)은 왕권이 불교의 가호를 받을 수 있도록 대불 조영과 사원 건립 등 수많은 숭불정책에 몰두하였다. 감진에게 보살계를 받은 것도 그런 정책의 일환이었다.

불교에 왕권 수호를 기대하던 쇼토쿠천황은 도쿄를 중계자로 세움으로써 오사베왕으로의 왕위 계승이 무사히 성공하기를 바랐다. 직계의 비호자를 자임하기 때문에 비로소 내릴 수 있는 판단이다. 그러나 다른 사람들은 이런 생각에 따라갈 수 없었다. 도쿄를 즉위시키겠다는 쇼토쿠천황의 계획은 좌절되었다.

직계의 전환과 대사 부재의 견당사 파견

770년 쇼토쿠천황이 사망하고, 오사베왕의 부친 시라카베왕이 제49대 고닌光仁천황(재위 770~781)으로 즉위하였다. 즉위 다음 달에는 54세의 이노우에내친황이 황후로, 2개월 후에는 11세가 된 오사베친왕이 황태자가 되었다.

그러나 후견자가 없으면 오사베친왕의 지위는 위태로워진다는 쇼토쿠천황의 예측은 적중하였다. 772년 3월, 이노우에황후가 고닌천황을 저주하고 모반을 기도했다고 하여 황후의 자리에서 폐위되고, 5월에는 오사베친왕도 태자에서 폐위되어 서인으로 강등되었다. 그를 대신하여 773년 1월에 태자가 된 것은 고닌천황의 장남인 야마베山部친왕, 후의 간무桓武천황이었다.

10월에 고닌천황의 누나인 나니와내친왕이 죽자, 이노우에내친왕의 저주가 그 사인이라고 하여 이노우에내친왕과 오사베친왕 모자는 야마토국大和国 우치군宇智郡에 유폐되었다. 폐후와 폐태자로부터 유폐까지 1년 반이나 소요된 것은, 761년 출생 이래 직계 계승자로 기대를 받아 왔던 오사베친왕의 권위가 폐후와 폐태자가 되어도 여전히 남아 있었기 때문일 것이다.

이노우에내친왕과 오사베친왕이 죽은 지 2개월 후인 775년 6월, 제12

차 견당사가 임명되었다. 대사는 사에키노 이마에미시佐伯今毛人, 부사는 오토모노 마시타테大伴益立와 후지와라노 다카토리藤原鷹取였다. 그러나 순풍을 기다리며 하카타에 체류하고 있는 사이에 사신들 사이에 불화가 발생하여, 11월에는 대사인 사에키노 이마에미시가 귀경해 버렸다. 12월에는 부사가 경질되어, 새로 오노노 이와네小野石根와 오미와노 스에타리大神末足가 부사로 임명되었다. 777년 4월, 재차 입당 명령을 받은 사에키노 이마에미시는 병을 핑계로 출발을 거부하였다. 777년 6월 제12차 견당사는 대사 없이 출발하였다.

이 견당사에 대해서는 도노 하루유키가 빼어난 저작을 출판하였다. 상세한 것은 도노의 책에 맡기기로 하고, 본서가 관심이 있는 몇 가지 사항에 대해 언급하기로 한다.

견당사의 입당 후 상황은 『속일본기』에 수록된 오노노 시게노小野滋野와 오토모노 쓰구히토大伴継人의 상주 내용을 통해 알 수 있다. 그들은 판관(부사 다음으로, 견당사의 제3인자)으로 견당사에 참가하였다.

사절단은 777년 6월 24일 출항하여, 7월 3일 양저우揚州에 도착하였다. 그러나 안록산의 난으로 인한 피폐를 이유로 장안에 입경하는 인원수를 제한하였다. 10월 15일(또는 16일)에 60명(또는 65명)으로 상경했지만, 도중에 다시 20명으로 제한한다는 칙명을 받았다. 사절단의 요청으로 최종적으로는 43명의 입경이 허용되었다. 중국 사서에 따르면, 이해 가을에 뤄양 이서에 홍수가 발생하여 논이 피해를 입었다. 2년 전에도 큰비가 내려 경기 지방의 벼가 여물지 않았다. 다른 곳에서 운송해 오는 식량에 의존하던 장안에서는 식량이 부족했던 것 같다.

견당사 일행이 장안에 도착한 것은 원일조하元日朝賀[25] 의식이 막 끝

---

25) 元日朝賀 : 정월 초하룻날 아침 황제에게 신년 인사를 올리는 의식. 황태자 이하 在京 9품 이상의 관료 및 지방에서 올라온 고위 관료, 그리고 주변 각국에서 온 사절단이 태극전에 집결하여 의례를 진행하였다.

난 778년 1월 13일이었다. 양저우에 도착한 것이 7월 초였으므로, 통상적으로 상경했다면 견당사 일행은 조하에 참가할 수 있었다. 일본의 견당사가 원일조하에 참가하는 것을 바라지 않았던 모양이다.

여기서 숙종이 761년에 귀국한 지난번 견당사에게 소뿔을 보내라고 요구했던 사실을 상기하고자 한다. 그러나 안록산의 난으로 인한 당의 쇠퇴를 알게 된 일본은 당 황제의 명령을 어기고 소뿔을 보내지 않았을 뿐만 아니라, 사절단을 호송하기 위해 보낸 송사를 귀국시키지 않았다.

제12차 견당사를 받아들인 것은 지난번 견당사를 받아들였던 숙종의 장남 대종(재위 762~779)이다. 황제는 바뀌었지만, 지난 견당사에게 숙종이 명했던 내용은 전달되었을 것이다. 무엇보다 사절을 귀국시키지 않은 사실을 당이 잊었을 리 없다. 도중에 갑자기 입경 인원을 제한하고, 원일조하에 참가시키지 않은 것은 당의 비우호적인 태도를 전하고 있는 것으로 보인다.

장안에 도착한 일행은 숙소를 배정받고 칙사의 방문을 받았다. 1월 15일에는 선정전에서 접견이 이루어졌지만, 황제 대종은 임석하지 않았다. 황제 알현이 실현된 것은 입경 후 2개월이 지난 3월 하순이었다. 그 사이 일본 사절단은 숙소에 머물렀다.

당 칙사의 헤이조쿄 방문과 일본 귀화

778년 4월 19일, 황제를 알현한 후에도 장안에 체류하고 있던 견당사에게 "지금 중사中使(환관) 조보영趙寶英 등을 파견하여 일본에 답례의 물품[信物]을 보내주려 한다. [그들이] 승선할 배는 양저우에서 만들도록 지시하였다. 경들도 [당의 사절이 방일한다는 사실을] 알고 있으라."라는 칙명이 전달되었다.

4월 24일에 작별 인사를 하러 갔는데, 그 자리에서 견당사는 "저희 나라로 가는 길은 매우 멀고, 바람에 떠밀려 [해상을] 떠돌면 어디 기착할 곳도 없습니다. 지금 중사가 도일하게 되었는데, 거친 파도를 넘다가 만일에 [사신이 탄 배가] 난파라도 당하게 되면 도리어 폐하의 명령에 어긋나게 될까 두렵습니다."라고 송사를 사양하려 하였다. 대종은 "아니다. 답례로 조그만 물품을 조보영 등을 통해 보내려는 것이니, 그렇게 하는 것이 도리에 맞다. 수고라고 할 것이 없다."(『속일본기』호키[宝亀] 9년 10월 을미조)라고 답했다.

6월 24일 양국의 사신은 양저우에 도착했지만, 배가 완성되지 않아, 당의 사신은 일본의 견당사 선박을 타고 방일하게 되었다. 778년 9월에 출항했지만, 대사 조보영이 탄 제1선은 난파당해 버렸다. 다만, 당 사절단의 판관인 손흥신孫興信은 일본에 무사히 도착하였다. 778년 10월이었다.

대종이 적당한 선박도 없이 사신 파견을 결정한 것도 일본의 태도를 탐지하기 위해서였을 것이다. 견당사가 저간의 사정에 대해 어떻게 설명했건, 일본에 다른 마음이 없는지, 당이 진위를 확인하려 한 것은 당연하다.

당의 칙사가 수도 헤이조쿄에 온 것은 백강 전투의 전후 처리 이래 처음이다. 중국적인 도성을 건설한 이후는 처음이었다. 방일한 당의 사절을 어떻게 맞이할 것인가? 일본 조정은 상당히 허둥대었다. 한편, 지난번 견당사와 함께 방일했던 심유악 일행은 소뿔을 보내는 견당사 파견 계획이 추진되는 사이, 그 준비가 갖춰지기를 기다리면서 다자이후에 체류하고 있었다. 심유악 일행이 헤이조쿄에 들어온 것은 소뿔을 보내는 견당사 파견 계획이 중지된 후, 즉 그들의 사절로서의 신분이 이도 저도 아닌 상태가 된 이후였다.

조정은 신라나 발해 사신이 방일했을 때와는 다른 격식으로 당의 사신 손흥신을 맞이한 것 같지만, 상세한 내용은 사료에 남아 있지 않다. 손흥신 일행은 779년 4월 30일에 헤이조쿄에 도착하여, 5월 3일에 천황을 알현, 17일에 연회가 열렸고, 25일에 작별 인사를 하였다.

『속일본기』는 5월 17일의 연회 석상에서 당의 사신과 고닌천황의 칙사가 문답을 주고받았다고 전한다. 다만, 고닌천황이 '짐'을 자칭하고, 당의 사신이 '신'을 자칭했다는 것이 사실인지는 의심스럽다. 제2장에서 언급한 것처럼 주변국의 국왕이 상위의 입장에서 당의 사신을 접견하는 경우도 있었지만, 지난번 견당사 이래의 상황을 고려해 보면, 일본이 의례 면에서 양보했을 가능성도 부정할 수 없다.

어쨌든 의례에 아무런 문제도 발생하지 않았고, 손흥신 등 이번에 파견된 당의 사절단은 일본이 마련한 배로 귀국하였다.

한편, 이듬해 780년, 지난 제11차 견당사의 송사로 방일한 심유악은 종5위하의 관위와 기요미노 스쿠네淸海宿禰의 성을 하사받고, 호적이 좌경左京에 편적되었다. 당의 사신으로 방일했던 심유악의 귀화가 정식으로 인정된 것이다. 심유악은 당에서 지방의 하급관료로 되돌아가기보다, 변경이기는 하지만 일본에서 귀족으로 활약하는 길을 선택하였다.

4. 쇠퇴하는 대국과 배외주의 - 엔닌이 본 중국

중국 황제의 붕어와 '당소식'

781년 야마베친왕이 제50대 간무천황(재위 781~806)으로 즉위하였다. 직계 혈통의 전환을 강하게 의식했던 간무천황은 784년 덴무천황 - 몬무천황 - 쇼무천황으로 이어져 내려온 혈통의 수도인 헤이조교를 버리고 나가오카長岡로 천도했다가, 794년 다시 헤이안교平安京로 천도하였다.

간무천황이 견당사를 임명한 것은 801년 8월, 즉위 20년째였다. 헤이안 천도로부터 7년이 지나 있었다. 에미시 정벌과 수도 건설이라는 2대 사업에 어느 정도 전망이 서서, 고닌천황 - 간무천황으로 이어지는 직계 계승에 만전의 자신감을 가지고, 치세 중 단 한 번의 성대한 의식으로 실행되었다고 할 수 있다.

파견 결정 2개월 후에는 간무천황의 아들 아테安殿친왕(뒤의 헤이제이[平城]천황)과 가미노神野친왕(뒤의 사가[嵯峨]천황), 오토모大伴친왕(뒤의 준나[淳和]천황)의 배우자가 될 3명의 내친왕의 성인식이 거행되었다. 이로써 간무천황은 세 친왕의 왕위 계승권 인정을 공시했다고 한다. 한편, 견당사 파견은 804년까지 늦춰졌다.

제14차 견당사의 대사는 후지와라노 가도노마로藤原葛野麻呂, 부사는 이시카와노 미치마스石川道益였다. 파란만장했던 일행의 여정은 『일본후기』에 수록된 귀국 보고를 통해 알 수 있다. 이번에도 견당사는 4척으로 구성되었다. 4척은 804년 7월 6일 동시에 출항하였다. 그러나 다음날에 대사가 탄 제1선이 제3선, 제4선과 연락이 되지 않았다. 제3선과 제4선은 도항에 실패하여, 이듬해 다시 도항을 시도, 제4선만 입당에 성공하였다. 제1선은 34일간이나 바다에서 헤매다가, 제2선의 행방도 알지 못한 채 8월 10일 간신히 푸저우福州에 도착하였다. 이 배에는 구카이空海[26]가 승선하였다.

그곳에서 해로를 통해 10월 3일 창저우常州에 도착, 상주문을 올려 23명의 장안 입경을 허가받았다. 장안까지는 7,500리(약 400km), 일행은 밤낮없이 길을 재촉하였다. 11월 3일 창저우를 출발한 일행은 12월 21일 장안에 도착하였다. 내사內使[27]에서 사람 수대로 말을 보냈고, 술과 육포를 대접하였다. 이미 입경해 있던 제2선의 일행 27명과 그곳에서 합류하였다. 제2선은 명주明州(닝보)에 도착하여, 9월에 이미 상경하였다. 이 제2선에는 사이초最澄[28]가 승선했는데, 사이초는 상경하지 않고 톈타이산天

---

26) 空海(774~835) : 중국의 밀교를 바탕으로 진언종眞言宗을 개창한 승려.
27) 內使 : 궁중의 환관 관리 기구, 內監.

台山으로 향했다.

그리고 12월 24일에는 국신國信과 별공別貢 등의 물품을 감사監使를 통해 황제에게 헌상하고, 황제로부터 위로의 말이 전달되었다. 당시 황제는 덕종(재위 779~805)이다. 일본의 견당사는 함원전에서 원일조하 의식에 참석하였다. 견당사 일행은 그대로 아무 일 없이 귀국할 것이었다.

그러나 덕종이 1월 2일 병에 걸려, 23일 사망하였다. 왜의 오왕 때부터 견당사 중지에 이르기까지 기나긴 중국과의 교섭 역사에서 일본의 사절이 중국 황제의 죽음과 조우한 것은 이때가 처음이자 마지막이었다. 1월 28일 사절단은 장례에 참석했고, 이날 덕종의 장남인 순종(재위 805)이 즉위하였다. 그로부터 3일간 외국 사신은 조석으로 거애擧哀(곡을 하는 것)하였다. 사절단은 빠른 귀국을 요청하여, 2월 10일 귀국 허가를 받았다. 일행은 4월 3일 명주에 도착, 5월 18일에 출항하여, 805년 6월 8일 제1선이 쓰시마에 도착하였다.

이 견당사는 그 후 헤이안시대 불교를 이끈 2명의 천재 사이초와 구카이가 입당했다는 사실뿐만 아니라 '당소식唐消息'이라는 보고서가 남아 있는 점에서도 매우 흥미롭다. '당소식'이란 견당사가 수집한 당의 정보를 상세하게 기록한 문서이다. 이 '당소식'에는 다음 세 가지가 기록되어 있다.

① 순종의 본명[諱]과 연령, 자녀의 수와 같은 황제 본인에 대한 정보
② 덕종 서거 후 치청도淄靑道 절도사(산둥반도의 절도사) 이사고李師古가 인접한 정주鄭州를 침공한 사실, 채주蔡州 절도사 오소성吳少誠에게 불온한 움직임이 있다는 점 등 당 국내의 정치 상황
③ 당과 토번 관계의 긴장

---

28) 最澄(767~822) : 천태종을 배우러 견당사의 일원으로 참가한 후 귀국하여 일본 천태종을 세움. 일본 천태종의 총본산인 히에이산 엔랴쿠지의 초대 주지.

172

특히 ③은 803년 토번에 파견된 당의 사신이 토번과 통혼을 제안하기 위해 왔다고 거짓말을 한 것 때문에 양국 사이에 오해가 생겨, 통혼을 추진하려는 토번과 피하려는 당의 관계가 긴장된 사실을 전하고 있다. 당의 사료에도 남아 있지 않은 매우 귀중한 정보이다(야마우치 신지의 연구 참조).

안록산의 난 이전 당의 국제적인 영향력이 충실했을 때는 아시아의 많은 국가가 당에 신종하였다. 그러나 안록산의 난 이후 당의 영향력이 크게 후퇴하자, 동남아시아 도서부를 제외한 아시아의 대부분은 당과 토번, 위구르 세 나라의 직간접적인 통치하에 놓였다. 세 제국이 서로 대립하는 가운에 유지되는 안정이 언제까지 계속될 것인지는 아시아에 널리 공유된 관심사였다. 이 '당소식'은 일본의 시선도 아시아를 향해 있었다는 사실을 보여주고 있다.

사가태상천황 시기 두 차례의 난파

제1, 제2 견당사 선박이 귀국한 이듬해 806년 1월 간무천황이 병에 걸려, 3월 17일 사망하였다. 직계로 기대를 받았던 오사베친왕을 배제하고 태자가 되었다가 즉위했고, 즉위 후에는 부친이 정해둔 친동생 황태자 사와라무良친왕까지 배제하고 직계의 지위를 강권으로 지킨 간무천황 후에는 형제들 사이에 왕위가 계승되었다.

먼저 장자가 제51대 헤이제이천황(재위 806~809)으로 즉위하였다. 그러나 헤이제이천황은 첫째 동생인 제52대 사가천황(재위 809~823)에게 양위하고, 자신의 셋째 아들인 다카오카高丘친왕을 태자로 세웠다. 퇴위한 헤이제이태상천황은 헤이조궁으로 거처를 옮겼다. 그러나 그곳에서 헤이제이태상천황은 헤이조쿄 천도를 선언하였다. 부친 간무천황이 만든 수도를 버리려는 무리한 선언으로 인해 헤이제이태상천황은 고립되어 자멸하고, 다카오카친왕도 태자에서 폐위되었다.

앞서 언급한 바와 같이 간무천황은 헤이제이천황, 사가천황, 준나천황 등 세 형제의 계승을 바랐다는 연구가 있다. 만약 그렇다면, 헤이제이천황은 사가천황의 황태자로 자기 아들을 세운 시점에 부친 간무천황의 유지에 반한 것이 되어, 인심을 잃었을 것이다.

810년에 태자가 된 것은 간무천황의 일곱 번째 아들인 오토모친왕이다. 사가천황이 양위하고, 오토모친왕이 제53대 준나천황(재위 823~833)으로 즉위하자, 사가천황의 아들인 마사라正良친왕이 준나천황의 황태자가 되었다. 준나천황은 833년에 양위하고, 마사라친왕이 제54대 닌묘仁明천황(재위 833~850)으로 즉위하였다. 황태자가 된 것은 준나천황의 아들 쓰네사다恒貞친왕이다(〈3-9〉 참조).

〈3-9〉 천황가계도 ⑥

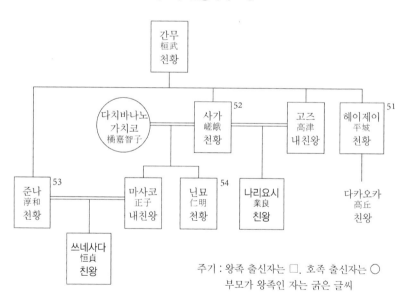

주기 : 왕족 출신자는 □. 호족 출신자는 ○
부모가 왕족인 자는 굵은 글씨

174

그런데 닌묘천황의 즉위 직후인 834년 1월 약 30년 만에 제15차 견당사가 임명되었다. 대사는 후지와라노 쓰네쓰구藤原常継, 부사는 뒤에 병을 핑계로 이탈하는 오노노 다카무라小野篁이다.

836년 4월 전별연이 열리고, 5월에는 나니와를 출항했지만, 7월에 제1선과 제4선이 바람에 떠밀려 히젠국肥前国으로 되돌아왔다. 그 후 제2선도 표착했고, 제3선은 난파하여 100여 명이 익사하였다.

그러나 사가태상천황은 포기하지 않았다. 837년 7월 제1선, 제2선, 제4선이 다시 출발하였다. 그러나 곧바로 바람에 떠밀려 되돌아왔다. 두 차례의 표류로 배가 온전할 리가 없었고, 배마다 이런저런 손상이 생겼다. 대사인 후지와라노 쓰네쓰구는 비교적 상태가 양호했던 제2선을 오노노 다카무라에게서 빼앗아 제1선으로 하였다. 화가 난 오노노 다카무라는 병을 핑계로 출발하지 않아, 사가태상천황으로부터 처벌을 받았다.

닌묘천황이 아니라 사가태상천황이 격노한 이유는 사가태상천황이 견당사 파견을 주도했기 때문일 것이다. 덧붙이자면, 닌묘천황의 황태자가 된 쓰네사다친왕은 사가태상천황의 딸인 세이시正子내친왕이 모친이다.

최후의 견당사가 본 당의 쇠퇴

838년 6월 제1선과 제4선이 출발하고, 제2선은 조금 늦게 다음 달에 출발하였다. 일행은 7월 당에 도착하였다. 이 견당사에 대해서는 후에 천태좌주天台座主[29]가 되는 엔닌円仁의 『입당구법순례행기入唐求法巡禮行記』가 상세한 기록을 남기고 있다.

엔닌은 히에이산比叡山을 대표하여 톈타이산에 교리상의 질문장을 휴대하고 입당한 청익승請益僧이라는 단기 유학승이었다. 당에 들어간 사

---

29) 天台座主 : 일본 천태종의 총본산인 히에이산 엔랴쿠지의 주지.

절단은 대사 등이 장안에 가는 이외는 연안의 대도시인 양저우에서 대사 일행이 돌아오는 것을 기다려야 하였다. 엔닌은 같은 히에이산에서 온, 장기 유학을 희망하는 엔사이와 함께 체재 허가가 나오기를 일일여삼추[30]의 마음으로 기다렸다. 그러나 엔사이의 톈타이산 장기 유학은 허가가 나왔지만, 엔닌의 단기 체류는 황제의 허가를 받지 못하였다. 엔닌은 히에이산의 질문장을 엔사이에게 맡기고, 장안에서의 일정을 끝마친 견당사 일행과 함께 귀국해야 하였다. 덧붙여 말하면, 이때의 질문에 회답을 보낸 것이 앞서 언급한 유견維蠲이다.

단념할 수 없었던 엔닌은 산둥반도의 적산(산둥성 웨이하이시[威海市])에 있는 신라인 공동체[31]의 도움을 받아 몰래 당에 남았다가, 견당사가 귀국한 후 홀로 남겨지게 되었다고 신고하였다. 다시 신라인들의 원조로 840년 체재 허가를 받았다.

엔닌은 먼저 우타이산五臺山을 순례하고, 이어 장안에서 연구와 경전 수집에 힘썼다. 그러나 장안에 체류하던 중에 무종(재위 840~846)이 불교 탄압을 시작하여, 845년 5월에는 엔닌도 환속하게 되었다. 속인의 옷을 입고 수집한 경전을 든 엔닌은 귀국의 방편을 찾아 양저우, 초주楚州를 거쳐 산둥반도로 이동하였다. 산둥반도의 적산에 있을 무렵 무종이 사망하여 불교 탄압이 끝났다. 머리를 깎고 다시 승려의 모습으로 돌아온 엔닌은 847년 9월 신라 상인의 배를 타고 당을 떠났다.

이상이 엔닌의 대략적인 여정이다.

동경하던 당에 대해 빠짐없이 기록으로 남기고 싶었던 듯, 엔닌의 기록은 극히 상세하며 다방면에 걸쳐 있다. 후대의 승려와 비교하기 위해

---

30) 一日如三秋 : 하루가 3년 같다는 말. 몹시 애태우며 기다린다는 의미. 『시경』의 「鄭風」 「王風」 등에 등장한다.
31) 장보고가 적산에 세운 법화원을 가리킨다.

일부를 인용하기로 한다.

　　[840년] 2월 27일 이른 아침에 출발하였다. 분차촌奮車村 송일성宋日
　成의 집에 가서 점심을 먹기 위해 발길을 멈췄다. 간장과 식초, 소
　금, 채소를 시주해달라고 부탁했지만, 하나도 주지 않아, 국물도 밥도 먹
　지 못하였다. 서북쪽으로 바다를 따라 7리를 가서 모평현牟平縣에 닿았
　다. 현성縣城의 동쪽 반 리쯤 되는 곳에 여산사廬山寺가 있었다. 미시未時
　에 절에 가서 묵기로 하였다. [절에는] 삼강三綱32)과 전좌典座33)와 직세
　直歲34)의 5명뿐, 달리 승려는 없었다. 불전은 무너져 있었다. 승방에는
　속인이 살고 있어 속인의 집이 되어 버렸다.

(『입당구법순례행기』 개성[開成] 5년 2월 27일조)

　적산을 출발하여 우타이산으로 향하던 도중의 한 장면이다.
　『입당구법순례행기』 동년 1월 21일조에는 적산 출발 직전의 엔닌에게
현지의 승려와 사람들이 최근 3, 4년 사이에 메뚜기 떼의 충해가 발생하
여 여행자에게 밥을 시주할 사람도 없을 테니 출발을 연기하라고 충고한
사실이 기록되어 있다. 엔닌의 적산 출발은 2월 20일이므로, 출발 직후에
예상했던 대로의 대접을 받은 셈이다. 그 후에도 현지의 민가에 식사를
부탁했지만 번번이 실패하고, 그때마다 엔닌은 원망을 늘어놓고 있다.

엔닌과 조진의 시대의 차이

　영화로운 이미지의 당 왕조와는 다른 쓸쓸한 광경이다. 이런 광경은

----

32) 三綱 : 사원을 관리, 운영하고 승니를 통괄하는 상좌上座 · 사주寺主 · 도유나都維
　　那의 세 가지 승직.
33) 典座 : 선종 사원에서 승려의 식사 등을 담당한 직책.
34) 直歲 : 선종 사원에서 사원의 수리나 전답의 관리 등을 담당하던 직책.

지방뿐만 아니라 장안에서도 볼 수 있었는데, 특히 승려의 생활은 상당히 수수했다. 840년 11월 16일조를 인용한다.

> 26일, 동지이다. 모든 승려가 공손하게 서로 "엎드려 생각건대 화상이시여, [당신은] 오랫동안 세간에 머물러 널리 중생들을 화목하게 하소서."라고 축하의 말을 건넨다. 납하臘下(출가한 지 얼마 되지 않은 승려)와 사미沙彌(정식으로 출가하기 전의 젊은 출가 예정자)가 상좌의 승려에게 축하의 말씀을 드리는 모습은 완전히 예의범절에 따라 이루어졌다. 사미는 승려에게 오른쪽 무릎을 구부려 땅에 대고 동지를 축하드린다는 말을 한다, 아침에 죽으로 공양할 시간이 되자 혼돈餛飩(완탕)과 과자菓子를 주었다.

이것은 엔닌이 장안의 자성사資聖寺에서 동지를 보냈을 때의 기록이다. 모처럼 맞는 동지에도 죽에다가 완탕(동지에는 완탕을 먹는 풍습이 있었다)과 과자(과일)가 추가로 나왔을 뿐이다. 약 200년 후 송대에 중국으로 건너간 조진成尋의 『참천태오대산기參天台五臺山記』와 비교하면, 당의 승려는 검소하며 가련하게까지 보인다.

1072년 11월 20일 조진의 기록을 인용해보자.

> 날씨 맑음. 새벽 5시에 태원부지부太原府知府인 용도각직학사龍圖閣直學士35)가 죽을 보내면서 식사에 초대하였다. 사시巳時에 많은 사람이 왔다. 곧바로 우리 10명은 부府의 식사 초대에 참석하였다. …… 객인 4명이 동석하여 세 자리에 각각 3명, 도합 9명이 함께 식사하였다. 세 자리 앞에는 각각 밖으로 향하여 커다란 향반香盤을 든 하녀가 일본의 부단향

---

35) 龍圖閣直學士 : 북송 진종 경덕 4년(1007)에 설치된 정3품의 館職. 궁중 도서관인 龍圖閣의 관원이라는 의미이지만 실제 직무는 없었다. 명예직으로 내외의 신료에게 수여되었다.

不斷香처럼 침단향沈檀香을 피운다. 각자의 자리에는 1척 길이의 인형이 서 있다. 채색은 매우 훌륭한데, 향로를 들고 사람을 향한다. 향을 피운다. 조화造花 두 그릇, 버섯 두 그릇, 호두 두 그릇, 메밀잣밤[椎] 한 그릇을 각각 1척 정도의 높이로 담는다. 그 다음에 진귀한 과일 스무 그릇을 은제 용기에 담고, 채소 열 그릇도 마찬가지로 은그릇에 담는다. 자리에 앉은 후 술과 과자가 10여 차례 나오고, 마지막으로 밥이 나온다. 정말이지 최고급 식사이다.　　　　(번역은 후지요시 마스미씨의 역주에 의거하였다)

　시대도 장소도 다르지만, 엔닌의 처지가 애처로울 정도로 풍성한 진수성찬이다. 조진이 이런 대접을 받은 배경에는 조진이 송 왕조의 비호를 받고 있었던 사정이 있다. 하지만, 엔닌도 당 왕조로부터 거류를 공인받은 외국인 유학생이다. 이런 대우의 차이는 어디서 생겼을까?

　두 사람을 둘러싼 사회 전체의 분위기의 차이는 9세기 중반 당 사회 전체가 후대와 비교하여 결코 유복하지 않았던 상황을 반영하고 있다. 당이 지향했던 중앙집권 체제는 늘 임전 태세를 갖추고 있어야 하는 것이었다. 생산력을 향상시켜 잉여분을 가지고 사회와 경제를 발전시키는 것을 주된 목적으로 삼지 않았다. 그러므로 그러한 중앙집권 국가에서는 사회 전체가 특별히 부유해지는 일은 없다. 더욱이 군사력의 저하는 국제적 경쟁력의 저하와 직결되었다.

　안록산의 난 이후 간접 통치하에 있던 지역의 이탈, 토번과 위구르의 침입, 절도사의 자립이 이어져, 당이 과거에 가졌던 구심력은 급속하게 쇠퇴하였다. 엔닌이 경험한 것은 그런 사양기의 당이었다.

배외주의 고양과 당 멸망의 길

　845년, 앞에서도 언급한 바와 같이, 당은 대규모 폐불을 단행하여 아시아 제일의 제국으로서의 영광을 스스로 내팽개쳤다. 이때 탄압을 받은 것은 불교만이 아니다. 네스토리우스파 크리스트교와 이슬람교, 조로아스터교, 마니교 같은 외래 종교는 일제히 탄압을 받았다. 위구르와 토번의 붕괴를 계기로 배외적인 내셔널리즘이 고조되어, 유교를 숭상하고 불교를 포함한 외래 종교를 배제하는 움직임이 생겨났기 때문이라고 한다. 폐불을 계기로 당의 국제성은 과거의 유물이 되었다.

환속 후의 엔닌이 적은 일기를 소개하면서 본장을 마무리하기로 한다. 845년 6월 엔닌은 수집한 경전을 가지고 귀국하려고 양저우를 통과하였다.

> 28일. 양저우에 도착하였다. 때마침 성안에서 머리를 덮어쓰고 [삭발한 머리를 숨기며] 본관지로 돌아가려는 승려를 보았다. 사원의 건물은 파괴되고, 재물[錢物]과 장원莊園, 종 등은 관에 몰수되었다.

출가자임을 감추면서 본관지로 도망가는 사람들을 엔닌은 어떤 심정으로 지켜보았을까? 견당사로 양저우에 도착하여 양저우 불교의 번성한 모습을 직접 경험한 그였기에 비애는 더욱 깊었을 것이다.

배외적 내셔널리즘의 고조와 함께 당은 멸망으로 향하는 속도를 높여갔다. 아시아 전체에서 보더라도 제국에 의한 통합은 존재하지 않았다. 붕괴한 토번을 대체하는 세력은 등장하지 않았고, 위구르도 분열한 채로 있었다. 아시아는 수많은 국가로 분단되었다. 이웃 나라 신라도 9세기 중반에 일어난 장보고의 난을 거치면서 국왕의 권위가 약화하고, 그에 비례하여 사회 불안이 증가하였다.

아시아 전체가 크게 동요하고 중국은 군웅이 할거하는 상태가 되었다. 그러한 중국의 일부를 지배하는 데 불과한 당에의 사절 파견에, 일본이 치세 중 단 한 번의 성대한 의식으로서의 의미를 발견하지 못하게 된 것도 당연하다.

견당사 파견 계획이 다시 나타난 것은 838년의 제15차 견당사로부터 반세기 후, 제59대 우다宇多천황(재위 887~897) 때였다.

제4장

순례승과 해상海商의 시대
— 10세기, 당 멸망 이후

1. 최후의 견당사 계획 ─ 우다천황의 의욕과 스가와라노 미치자네의 반대

9세기 중반 에가쿠의 입당

838년 제15차 견당사가 파견되고부터 894년 최후의 견당사가 계획되기까지 약 50년. 그러나 그 사이 당과 접촉이 완전히 사라진 것은 아니었다. 일본과 당 사이를 오간 인물은 적지 않다.

그중 대표적인 인물이 여섯 차례나 입당한 에가쿠惠萼이다. 동아시아 고대의 대외관계를 연구하는 다나카 후미오의 연구를 참고하여 에가쿠의 행적을 추적하는 것으로 본장을 시작하기로 한다.

> 황후(다치바나노 가치코[橘嘉智子])는 일찍이 아름다운 번幡[1]과 자수로 수놓은 가사를 많이 만드셨다. 훌륭한 솜씨를 다해서 만들었지만, 가까이서 모시는 자들은 [황후가 왜 만드시는지] 뜻하시는 바를 몰랐다. 그 후

---

1) 幡 : 부처와 보살의 덕을 나타내는 깃발. 법회 자리를 장식할 때도 사용하였다. 깃발 꼭대기에 종이나 비단 따위를 달아 장식하였다. 번을 세우면 복을 받으며, 장수와 극락왕생할 수 있다고 여겨졌다.

[황후는] 승려 에가쿠를 바다 건너 당에 보냈다. 자수를 놓은 가사는 성자인 승가화상僧伽和尚[2]과 강승康僧[3]에게 헌납하고, 아름다운 번과 상자에 넣은 거울은 우타이산에 기진하였다.

(『일본몬토쿠천황실록日本文德天皇実録』 가쇼[嘉祥] 3년 5월 임오조)

에가쿠는 수수께끼 같은 승려이다. 소속한 사원, 누구에게 불교를 배웠는지, 출신지와 생몰연대조차 모른다. 다치바나노 가치코의 명령에 따라 당에 가서, 우타이산에 각종 보물을 헌납한 것이 에가쿠에 대해 알려진 최초의 행적이다. 다치바나노 가치코는 제15차 견당사 파견을 주도한 제52대 사가천황의 황후이다.

이 사료에는 에가쿠가 언제 당에 갔는지 적혀 있지 않다. 입당 시기와 발자취는 제15차 견당사와 함께 입당한 엔닌의 일기 『입당구법순례행기』를 통해 단편적으로 알 수 있다. 우타이산 순례를 마치고 장안에 있던 엔닌은 841년 9월 7일 에가쿠가 제자 3명과 함께 우타이산에 갔으며, 시방승공료十方僧供料[4]를 모으기 위해 제자 2명을 우타이산에 남겨두고

---

2) 僧伽和尚 : 당대의 승려로서 장쑤성 通州 狼山에 있는 廣教寺의 開山 祖師. 사마르칸트 북쪽의 何國(쿠샤니아 지방) 출신이라고 자칭하였다. 661년 중국으로 건너와 활동하다가, 710년 입적하였다. 일찍이 中宗으로부터 國師라 존경을 받았으며, 송대에 들어서는 太宗에 의해 '大聖'이라는 諡號가 追封되었다. 후대에는 '大聖菩薩', 혹은 '通州大聖' '狼山大聖'이라 불렸다. 제15차 견당사로 당에 갔던 엔닌과 그 후 입당한 엔친도 귀국할 때 승가화상의 화상을 가지고 왔다.

3) 康僧 : 삼국시대의 승려인 康僧會(?~280). 康居(소그디아나의 북방) 출신으로서 부모를 따라 베트남 북부인 交趾로 이주하였다고 한다. 10여세 때 부모가 모두 세상을 떠나자 佛家에 출가하였다. 世人들은 그의 조상이 康居 사람이었기에 康僧이라 불렀다. 好學 博識하여 내외의 典籍에 두루 통하였으며, 禪定에도 깊은 心得이 있어 많은 사람의 추종을 받았다. 특히 吳의 손권이 그에 매료되어 建初寺를 건립해 주었기에 강남 일대에 그의 명성이 크게 떨쳤다. 『법화경』 『도수경』의 주석서도 저술하였다.

귀국할 예정이라는 소식을 접하였다.

에가쿠가 출국한 연도는 알 수 없지만, 늦어도 841년에는 중국에 도착하여 우타이산 순례를 마쳤다. 에가쿠는 842년 귀국하여 곧바로 대규모 모금 활동을 개시하였다. 우타이산에 공양료를 보내 '일본국원日本國院'(아마 일본인 승려가 순례할 때 제공하기 위한 작은 암자일 것)을 건립하기 위해서였다.

우타이산은 현재 중국 산시성 우타이현에 있는 산이다. 5세기경에는 이미 사원이 있었던 것 같은데, 당 중기에 문수보살의 성지로 여겨지게 되었다. 안록산의 난으로 당 황제의 권위가 땅에 떨어진 후 불교 신앙으로 황제 권력을 강화하기 위해 우타이산에 황제를 신앙의 대상으로 삼기 위한 사원이 건립되었다. 이 사업을 견인한 것이 중국 밀교를 대성한 불공不空이다. 일본에 밀교를 전한 구카이의 스승이 불공의 제자이므로, 구카이에게 불공은 대선배이다. 불공 이후 당의 역대 황제가 우타이산 불교의 단월檀越, 즉 사원이나 승려에게 금품을 보시하는 신자가 되어, 우타이산은 불교 신앙 중심지의 지위를 확립하였다.

문수보살의 성지인 우타이산에 대한 신앙은 국외에도 확산되었다. 안록산의 난으로부터 100년, 9세기 중반 이후 우타이산에는 당의 승려는 물론, 신라와 천축, 둔황, 토번(티베트), 철륵(튀르크), 호탄5)의 승려도 방문하는 등 국제적인 색채가 강화되었다. 우타이산은 아시아에서 으뜸가는 불교 성지가 되어 있었다.

다치바나노 가치코가 에가쿠를 파견한 시기는 제14차 견당사가 가져온 문물을 바탕으로 하여 화려한 당풍唐風 문화6)가 꽃을 피우던 시대였다.

---

4) 十方僧供料 : 승려에게 주는 공양료
5) 호탄 : 타림분지에 있는 오아시스 도시. 실크로드에 위치하고 있어서 동서교역으로 번영을 누렸다.
6) 唐風文化 : 나라시대에서 헤이안시대 전기에 걸쳐 당 문화의 영향을 받아 성립

당시 왕권의 중심에 있던 사람들은 당 문화에 대한 관심이 높아서, 우타이산 불교에 관한 정보를 갖고 있기는 했을 것이다. 그러나 문수보살의 성지인 우타이산에 대한 상세한 정보는 에가쿠를 통해 처음 들어왔다.

당 말기인 9세기 에가쿠는 신라를 포함한 아시아 각국이 모두 우타이산에 순례하고 있는 상황을 전했고, 그 결과 에가쿠의 모금 활동에 많은 유력 인사가 참가하였다. 우타이산 불교가 당 황제의 비호를 받고 있는 한, 일본의 행동은 당에도 틀림없이 호의적으로 받아들여졌을 것이다.

불교 성지에 성금을 보내 자국의 자금으로 사원을 건립하겠다는 발상은 역사상 결코 드문 일이 아니다. 일본에 국한해서 보더라도, 사이초가 장래에 수학하러 오는 승려들을 위해 저장성 회계산 선림사禪林寺에 세운 '전법원傳法院'을 위시하여, 838년 입당한 엔사이가 저장성의 텐타이산 국청사國淸寺에 '일본신당日本新堂'를 세웠고, 856년에는 엔친円珍이 텐타이산 국청사 지관원에 '지관당止觀堂'을 건립하였다. 사이초와 엔사이, 엔친은 왕권의 후원을 받아 당에 갔으므로, 이들 암자를 건립하는 자금은 왕권이 준 도항비용에서 염출되었을 것임이 분명하다.

암자는 거주 공간으로서의 의미가 첫 번째이지만, 그 존재를 통해 텐타이산에서 수학한 일본 승려와 그들의 후원자인 왕권의 존재를 상기시키는 시설이기도 하였다.

덧붙여 말하면, 석가모니가 깨달음을 얻은 곳에 건립된, 인도 북동부에 있는 마하보디사 주변에는 현재 일본은 물론이거니와 중국·한국·타이·부탄·미얀마·베트남 같은 국가의 자금으로 사원이 건립되어 있다. 시대는 바뀌어도 신자가 성지에서 하려는 행동은 그다지 변하지 않는다.

한 일본의 고대 문화. 율령제와 도성제도를 비롯하여 학문, 한시, 서예, 궁정 의식, 관리의 복장 등 여러 방면에서 당을 모범으로 삼았다.

6차례의 입당 – 의공의 초빙, 신뇨친왕의 입당

화제를 돌리자. 귀국하여 1년여 만에 자금을 모은 에가쿠는 844년 다시 당으로 갔다. 그러나 일본국원 건립 계획은 앞 장에서 언급한 당의 폐불에 의해 실패하였다. 844년 쑤저우에서 필사된 『백씨문집白氏文集』[7]의 사본과 그것을 바탕으로 한 활자본은 원본을 필사한 에가쿠의 주기가 있는 것으로 유명하다. 그 기술은 다음과 같다.

> 회창會昌 4재(844) 4월 16일 [『백씨문집』의] 필사와 검토를 끝마쳤다. 일본국유오대산송공거사日本國游五臺山送供居士 구무空無, 예전 이름 에가쿠는 갑자기 칙난勅難[8]을 당하여 일시적이기는 하지만 [삭발한] 머리를 감추고, 한동안 쑤저우의 백사인白舍人[9]의 선원에 거주하고 있다. …… 빨리 우타이산에 가서 문수회를 열고 그곳에 일본국원을 건립하여, 나라의 위세를 멀리까지 떨치고 싶다.

에가쿠는 '송공사送供使'라고 자칭하고 있다. 송공사란 우타이산에 보

---

7) 白氏文集 : 당의 문인 白居易(樂天)의 시문을 모은 문집. 본문에 기술되어 있듯이 편찬된 지 얼마 되지 않아, 에가쿠를 통해 일본에 들어왔다. 당시 일본 귀족들의 취향에 잘 맞아 昭明太子의 『文選』과 함께 애독되었다. 당시 그냥 문집이라고 하면 바로 이 『백씨문집』을 가리킬 정도로 지식인의 교양서로 통했다.

8) 勅難 : 도교에 심취했던 당 중종이 會昌 연간(840~846)에 단행한 불교 탄압, 즉 會昌廢佛을 가리킨다. 파괴된 사원 4,600여 곳, 환속하게 된 승니는 26만 500명, 몰수된 사원전은 수천만 경, 해방된 사원의 노비 15만 명에 이르렀다고 한다. 불교 탄압의 배경에는 재정난에 빠진 당이 사원의 재산을 몰수하여 세수를 증가시키려는 목적도 있었다. 일반적으로 회창폐불은 845년에 일어났다고 하지만, 위 사료에서 보듯이, 환속 등은 이전부터 실시되고 있었다.

9) 여기서 사인은 상대방에 대한 존중을 표시하는 용어. 본디 太子舍人, 中書舍人 등의 관직을 약칭하는 용어였으나, 송대 이후 점차 유력한 가문의 자제를 가리키는 말로 사용되었다.

시하는 금품을 배달하는 사자라는 의미이다. 이때 당의 황제 무종(재위 840~846)은 우타이산으로 가는 송공사 파견을 금지하였다. 에가쿠는 발이 묶였을 뿐만 아니라, 폐불이 시작되자, 엔닌이 그랬듯이 환속 명령을 받았다. '거사居士'(재가 신자)라고 칭한 것은 그 때문이다. 쑤저우에서 발이 묶인 에가쿠는 847년 귀국하였다.

뜻하지 않게 환속이라는 우환을 당한 에가쿠는, 그러나 귀국에 즈음하여 항저우杭州의 선승 의공義空을 일본에 초빙하는 데 성공하였다. 넘어져도 빈손으로는 일어나지 않는 기개가 있었기에 6번이나 입당에 성공한 것이리라.

의공을 초빙한 것은 다치바나노 가치코였다. 849년 에가쿠는 의공의 서신을 지참하고 세 번째로 당에 건너갔다. 그밖에 정확한 시기는 알 수 없지만, 당의 승려 지원志圓이 의공에게 보낸 편지를 통해 에가쿠가 네 번째 입당했다는 사실도 확인할 수 있다.

왕권이 당의 승려를 초빙한 것은, 753년 말 일본에 온 감진鑑眞 이래 약 100년 만이었다. 그러나 감진이 제자들과 함께 일본에 뼈를 묻은 각오로 온 데 비해, 의공은 폐불이 끝나 불교 부흥이 순조롭게 추진되고 있다는 소식을 듣자 바로 귀국하였다. 의공이 귀국한 것은 854년, 체류 기간은 7년이었다. 에가쿠는 의공을 모시고 다섯 번째 당에 갔다.

에가쿠는 862년에도 신뇨眞如친왕을 모시고 입당하였다. 현존 사료상 에가쿠 최후의 입당이다. 신뇨친왕의 속명은 다카오카高丘친왕이다. 그는 헤이제이천황의 아들로 사가천황이 즉위했을 때 황태자가 되었지만, 부친 헤이제이상황이 사가천황과 대립하여 반란을 일으키려고 하다가 실패하여 황태자에서 폐위되었다.

출가하여 구카이의 제자가 된 신뇨친왕은 848년 히에이산으로 돌아온 엔닌을 찾아가 입당에 뜻을 두게 되었다. 기내畿內 지방 밖으로 나와본 적도 없는 신뇨친왕이 입당 준비를 하는 데는 입당 경험이 있는 승려에게 도움을 청할 필요가 있었다. 신뇨친왕의 입당을 지켜본 에가쿠는 곧바로 귀국하지만, 그 후의 소식은 묘연하다. 한편 신뇨친왕은 당 황제 의종(재위 859~873)의 허가를 받아 장안에서 다시 천축으로 갔지만, 뜻을 이루지 못하고 죽었다.

대량의 당물唐物 - 해상海商과 항해 기술의 향상

제8차부터 제15차까지의 견당사 중에 제11차 견당사(후지와라노 기요카와를 데리러 간 사절)과 제13차 견당사(당의 사절을 보내는 사절)을 제외하고 견당사 선단은 4척으로 구성되었다. 그러나 4척의 견당사 선박이 모두 무사히 귀국한 것은 앞에서 언급한 바와 같이 제8차 견당사뿐이다. 4척 중 1척은 갈 때나 올 때 조난하는 것이 보통이었다.

그에 비해 에가쿠는 6번이나 입당하였다. 왕래가 이렇게 쉬워진 배경에는 일본과 당 사이에서 활동하는 해상의 존재가 있었다. 항해 기술이 향상되어 양국 간의 왕래는 비약적으로 안전해졌다.

대량의 당물唐物이 들어오게 된 것도 중요하다. 당물이란 해상을 통해 들어오는 해외 산물의 총칭인데, 구체적으로는 아시아산 향료, 진귀한 목재, 염료, 도자기용 고령토, 약품, 안료, 피혁류, 도자기, 코뿔소나 물소의 뿔, 공예품, 섬유와 옷감, 대나무, 서적, 앵무새나 공작 같은 동물, 종이나 먹과 벼루 같은 문방구 등을 가리킨다. 이들 대량의 당물이 소비되는 모습은 국풍國風 문화10) 시기의 문학작품에 자세하게 나타나 있다(가와조에

10) 國風文化 : 9세기 후반 이후에 형성된 일본풍 귀족문화. 본래 '국풍'은 토속적이라는 의미로 '일본풍'이라는 의미는 없지만, 당풍 문화와 대비하여 일본풍 문화라는 의미로 사용되기 시작하였다. 헤이안시대 전기까지 들어온 당풍 문화를 소화, 흡수하여 그것을 바탕으로 일본의 풍토와 감정, 기호에 부합하는 귀족문화가 새롭게 발달한 것이다. 국풍문화는 가나 문학의 발달, 일본 고유의 건축 양식

후사에[河添房江]의 연구 참조). 견당사를 파견하지 않아도 대량의 당물을 확보할 수 있는 시대가 도래한 것이다.

그런 한편으로, 당 조정에서 거행되는 의식에 참가하는 등 당의 문화를 직접 체험한 경험을 가진 귀족(견당사의 대사와 부사에는 귀족이 선임되었다)은 없어져 갔다. 당물이 수입되어도 그것을 소비하는 귀족층은 중국의 최신 트렌드를 직접적으로는 알지 못하였다. 이후 이들 귀족층이 당물을 소비하는 방법도 중국의 유행에서 서서히 멀어지게 되었다.

견당사 시대에는 당의 기술과 학술을 배우는 인재도 파견되었다. 옥생玉生(유리와 유약에 대해 배우는 학생)·단생鍛生(단금 기술을 배우는 학생)·주생鑄生(주금 기술을 배우는 학생)·세공생細工生(목죽 공예를 배우는 학생)·약생藥生(약물을 배우는 학생) 등이 파견되었다. 견당사 파견 정지와 함께 당의 최신 기술을 도입하기 위한 인재 파견도 없어졌다. 따라서 설령 당에서 완제품이나 원재료를 수입했다고 하더라도, 수입한 당물을 모델로 모조한 제품이나 당물을 원재료로 가공한 제품은 당의 유행과는 멀어졌다.

예컨대 피리의 재료인 대나무는 수입되지만, 피리의 구조를 알고 그것을 연주하는 악사樂師가 당에 가지는 않는다. 수입된 대나무는 예로부터 계승되어 온 기술에 의해 가공되고, 개량에 개량이 더해졌다. 이렇게 완성된 피리와 동시대 중국의 피리의 거리는 멀어질 수밖에 없다. 물론, 그 피리를 사용하여 연주하는 곡에도 차이가 생긴다.

당물의 수입은 계속되었지만, 견당사가 파견되지 않게 됨으로써 당 문화의 도입은 불가능해졌다. 그런 상황에서 당을 의식하지 않아도 되는 자리나 새로 생겨난 의식과 행사에서는 와카和歌[11]나 사이바라催馬楽[12],

---

등장, 미술 조류의 변화 등에서 두드러졌다. 한문 훈독 기술의 개발 과정에서 가나 문자가 고안되어 일본인의 감정을 자유롭게 표현할 수 있게 되면서 와카와 여류문학이 발달하였고, 불교에서도 정토종이 발달하면서 불상·회화·건축·복식에서 일본인의 생활 감각에 맞는 특징이 드러나게 되었다.

아즈마아소비東遊13) 같은 왜의 세속문화가 비중을 높여나갔다(사토 마사토시[佐藤全敏]의 연구 참조). 10세기에 국풍 문화가 꽃을 피우는 것은 문화의 소비자이자 생산자인 귀족층과 그것을 뒷받침하는 기술자층에 입당경험자가 없어진 것과 무관하지 않다.

최후의 견당사 파견 계획 – '과거의 전례와 다르다'

제15차 견당사로부터 반세기가 지나 당과 교섭한 기억이 희미해져 가는 가운데, 최후의 견당사 파견 계획이 부상하였다. 893년 3월 당에 입국해 있는 일본인 승려 주칸中瓘이 올린 상표문에 대한 회답으로 견당사 파견 결정을 전하는 답신이 894년 7월 22일 작성되었다. 주칸의 소속 사원 및 입당 시기 등은 모두 알 수 없다.

8월 21일에는 스가와라노 미치자네菅原道真가 대사, 기노 하세오紀長谷雄가 부사에 임명되었다. 그러나 9월 14일자 상주문에서 스가와라노 미치자네는 제59대 우다천황(재위 887~897)에게 견당사 파견의 재고를 촉구하였고, 결국 견당사 파견은 중지되었다.

견당사 파견 계획의 계기가 된 주칸의 상표문은 현재 전하지 않는다. 다만 태정관太政官14)이 주칸에게 보낸 첩牒(하달문서)에 상표문의 일부가

---

11) 和歌 : 중국의 한시와 대비하여 일본어로 쓴 시가라는 의미로, 5·7·5·7·7의 31 글자로 이루어진 단가.

12) 催馬樂 : 헤이안시대 초에 성립한 가요. 당시의 민요 등을 아악풍의 선율에 실은 것. 소박한 연애 감정을 읊은 서정성이 짙은 가사가 많으며, 헤이안시대 귀족들에게 인기를 얻었다.

13) 東遊 : 본래 동일본 지역의 가무였지만, 헤이안시대에 궁정에도 도입되었다. 귀족과 신사 등의 의식에도 사용되었다.

14) 太政官 : 율령 관제에서 행정을 담당하는 최고 기관. 8성 이하 백관을 통할하여 국정 전반을 관장하였다. 태정대신 이하 공경들의 심의 결과를 소납언국과 변관

인용되어 있다.

> 원저우溫州 자사刺史(주[州]의 장관) 주포朱褒는 특별히 사자와 서장을
> 멀리 일본에 보내려 하고 있다고 합니다. 바닷길은 끝없이 먼데, 일본에
> 사자를 보내려는 그 숙원에는 깊이 감동케 하는 바가 있습니다. 그러나
> [주포의 행위를] 구전舊典과 비교하건대, 어떻게 [그의 바람을] 받아들일
> 수 있겠습니까?　　　　　　　　　　　　　　　　　　(『관가문초菅家文草』 권10)

주포(?~902)는 저장성 원저우시 출신이다. 소금 밀매상인 왕선지王仙芝
와 황소黃巢가 일으킨 반란(황소의 난)의 와중인 882년 원저우를 공격하
여 자립하였다. 주포를 토벌할 여력이 없는 당의 황제는 주포의 지배를
추인하여 자사로 임명하였다.

주포의 '숙원'은 일본으로 하여금 조공사를 파견하게 만드는 것이며,
주칸은 중개를 의뢰받은 것으로 여겨진다. 그러나 당과의 교섭 역사에서
당 건국 직후와 백강 전투의 전후 처리가 이루어지던 시기를 제외하고,
당의 관료가 일본에 조공을 촉구한 적은 없었다.

또 지금까지 살펴본 바와 같이 견당사는 기본적으로 천황 1대에 1번,
직계 천황만 파견하는 것이며, 파견 여부와 파견 시기는 일본이 자신의
사정에 따라 결정하였다. 이번처럼 당이 일본에 사절 파견을 촉구하고,
더욱이 지방관인 자사가 사신을 파견하여 견당사 파견을 권유하는 것은
분명히 국가의 과거 전례와 다르다(호타테 미치히사[保立道久]의 연구 참조).

그러나 우다천황은 다음과 같이 말하였다.

> 주칸의 말이 사리에 맞지만 [사절 파견을] 중지해서는 안 된다. [왜냐
> 하면] 상인들이 당에 대해 하는 말을 들으니, 그들 모두 "황소의 난이 일

国이 처리하였다.

어난 지 10여 년이 되었지만, 주포만이 영역을 유지하고 있으며, 천자도 특히 [주포의] 충절을 가상히 여기고 계십니다."라고 하는데, 이번 일은 전후 사정과 잘 부합하는 것이다. 소문으로 들었다 할지라도, [주포의 충절을] 듣고 기뻐하지 않을 군주는 없을 것이다. …… 더욱이 요즘 재해가 자주 발생하여, 자금과 도구를 준비하기 어렵다. 그러나 조정의 의견은 이미 결정되어, 사절을 파견하기로 하였다. 준비가 갖춰지기까지 어쩌면 세월이 소요될지 모르겠지만, 만약 대관大官15)께서 물으시면 짐의 뜻을 헤아려 그렇게 대답하라.   (『관가문초』 권10)

요컨대, 견당사 파견을 결정한 것이다.

견당사 파견에는 막대한 수고와 자금이 든다. 그럼에도 불구하고 우다 천황이 견당사 파견에 의미를 둔 데는 그를 둘러싼 정치 상황이 영향을 미쳤다.

파견을 지지한 우다천황의 입장

우다천황은 본래 즉위가 당연했던 인물이 아니다. 부친인 제58대 고코 光孝천황(재위 884~887)은 제57대 요제이陽成천황(재위 876~884)이 궁중에서 살해사건16)을 일으켰다가 퇴위당한 뒤, 막간을 잇는 천황으로 즉위하였다. 그래서 즉위 2개월 만에 우다천황도 포함하여 고코천황의 자녀는 모두 미나모토源 성씨를 받아 신하의 신분으로 강등되었다. 고코천황의

---

15) 大官 : 자사 주포에 대한 경칭.
16) 883년 11월 요제이천황의 유모 기노 마타코紀全子가 낳은 미나모토노 미쓰源益가 천황을 모시고 있을 때 갑자기 누군가에게 맞아 급사하는 사건이 발생하였다. 사건의 경위와 범인은 기록이 없어 알 수 없지만, 고의건 사고건 요제이천황 자신이 사건을 일으켰거나 사건에 관여했을 것으로 이해된다. 요제이천황은 이 사건을 계기로 이듬해 양위하였다.

아들이 즉위할 가능성은 이 시점에 완전히 부정되었다.

고코천황의 치세는 3년 반에 달하지만, 사망 직전까지 황태자를 세우지 못하였다. 후지와라씨를 중심으로 한 귀족들 사이에 왕위 계승자에 대한 합의가 이루어지지 않았기 때문이다. 결국, 죽음을 목전에 두고 고코천황의 의사가 존중되어, 887년 8월 25일 일곱 번째 아들인 우다천황이 친왕으로 임명되었고, 이튿날 26일에 태자가 되었다. 그리고 그날 고코천황이 사망하자 곧바로 즉위하였다.

일단 신하로 신분이 강등되었던 인물이 즉위한 전례는 없다. 퇴위당했다고는 하지만 요제이상황 및 요제이상황의 아들과 동생도 건재하였다. 제54대 닌묘천황(재위 833~850), 제55대 몬토쿠文德천황(재위 850~858), 제56대 세이와清和천황(재위 858~876), 그리고 요제이천황으로 이어져 내려온 혈통에 속하는 사람뿐 아니라, 그 가계를 뒷받침해 왔던 귀족들로 봐서도 우다천황의 권위는 매우 뒤떨어졌다.

887년 우다천황이 후지와라노 모토쓰네藤原基経를 간파쿠関白[17])에 임명하는 칙서에 '아형阿衡'이라는 표현이 있어서, 후지와라노 모토쓰네는 모든 정무를 내팽개쳤다. 귀족층이 후지와라노 모토쓰네를 지지하자, 고립된 우다천황은 칙서를 철회하였다. 아형사건[18])이라 불리는 이 사건은 자신의 권위가 얼마나 취약한지를 우다천황에게 자각시키기 위해 귀족들이 집단으로 괴롭힌 사건이다.

---

17) 関白 : 천황을 보좌하여 정무를 집행하는 관직. 도요토미 히데요시·히데쓰구秀次를 제외하면 모두 후지와라 북가 출신자가 간파쿠에 임명되었다.

18) 阿衡事件 : 우다천황 즉위 때 일어난 후지와라노 모토쓰네의 시위 행동. 아형은 중국 은 왕조의 현신 伊尹에게 주어진 관직이었다. 후지와라노 모토쓰네를 간파쿠에 임명하는 칙서에 "아형의 업무를 卿의 임무로 하라."라는 문장이 삽입되어 있었다. 이에 후지와라노 모토쓰네가 아형은 실권이 없는 이름뿐인 직책이라고 항의하고 출사를 거부하면서 정쟁으로 발전하였다.

취약한 처지를 피부로 느끼게 된 우다천황은 후지와라노 모토쓰네를 중심으로 한 귀족들에 대한 반감을 밑거름으로 삼아 자신의 권위 향상에 힘을 쏟았다. 우다천황의 권위가 취약한 것은 무엇보다 직계로서의 무게가 결여되어 있었기 때문이다. 우다천황은 후지와라노 모토쓰네가 891년에 사망하자, 893년 4월에 장자 아쓰히토敦仁친왕(제60대 다이고[醍醐] 천황[재위 897~930])을 태자로 세웠다. 자기 아들에게 후임 천황의 자리를 잇게 하여 직계 혈통의 지위를 하루라도 빨리 확고한 것으로 만들기 위해서였다(〈4-1〉 참조).

〈4-1〉 천황가계도 ⑦

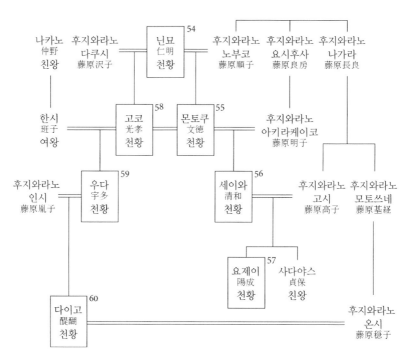

부친 고코천황으로부터 자신을 거쳐 아들 다이고천황에 이르는 직계 혈통 확립에의 발판을 굳혀나가던 우다천황에게 치세에 단 한 번의 성대한 의식인 견당사의 재개는 매우 매력적으로 비쳤을 것이다(야마오 유키히사의 연구 참조). 그런데 그런 견당사 파견 요청이 아들 아쓰히토친왕을 태자로 세우기 직전에 들어온 것이다. 조부 닌묘천황이 파견한 제15차 견당사의 성대한 의식도 상기되었을 것이 분명하다(호타테 미치히사의 연구 참조).

그러나 894년 9월 14일 스가와라노 미치자네의 주청으로 견당사 파견은 백지화되었다. 견당사 파견은 우다천황의 의사에 의해 결정되었지만, 당 왕조 내부의 사정을 상세하게 분석하면 입국 후의 안전이 확보될지 크게 불안하였다. 사신이 황제를 알현하여 서장을 교환하고 각종 의식에 참가함으로써 비로소 국가 간의 정식 교섭은 완수된다. 파견한 견당사가 이상의 직무를 완수하지 못한다면, 파견을 밀어붙인 우다천황의 권위도 상처가 날 것이다. 스가와라노 미치자네가 우다천황에게 재고를 촉구한 것도 당연한 일이었다.

2. 전란의 오대십국 시대 - '성지'를 향하는 일본의 순례승

당 멸망에서 오대십국 시대로

일본에서 견당사 파견이 논의되던 890년대의 당은 황소의 난을 지나 말기적인 양상을 드러내었다.

왕조의 존속을 꾀하는 황제 소종(재위 888~904)은 각지에 할거하는 군벌들을 전혀 통제하지 못하였다. 900년대에 들어서는 군벌 사이의 항쟁에서 승리한 인물이 당으로부터 선양을 받아 새 왕조를 개창할 것이라는 사실이 누구의 눈에도 분명하였다. 907년 당 최후의 황제가 된 애제(재위 904~907)로부터 주전충朱全忠이 선양을 받았다. 후량의 건국이다.

한편, 9세기 동아시아의 바다에는 상인이 등장하여, 그들을 통해 다양한 정보와 문물, 보물이 일본에 들어왔다. 왕래하는 해상은 처음에는 신라인이 대다수였지만, 일본이 신라인의 내항을 금지하자, 당의 상인이 일본과의 교역에 적극적으로 나섰다. 단, 여기서 말하는 당의 상인이란 재당 신라 상인, 그리고 그들과 행동을 함께하던 당 상인으로 구성되었다. 해상의 활동으로 말미암아, 들어오는 문물과 보물의 양은 견당사 시대를 능가하였다. 정보도 마찬가지였다. 해상을 통해 문물을 입수할 수 있다면, 적어도 문물 입수를 위해서는 더 이상 부담스럽게 사절을 파견할 필요는 없게 되었다.

그러나 밖으로 나가는 사람도 소수이지만 있었다. 톈타이산이나 우타이산 같은 성지를 순례하려는 승려들이다.

〈4-2〉 오대십국 시대(후당 시기, 920년대 후반)

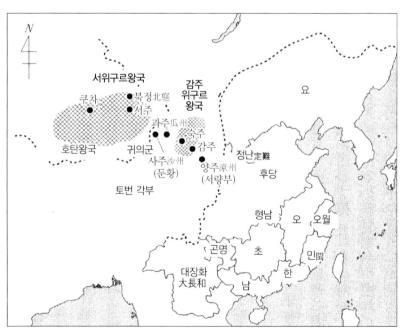

왕조명 (존속 연도)	창시자 (생몰년)	전 왕조 시기에서 창시자의 신분	수도
후량 (907~923)	주전충 (852~912)	선무군절도사(당)	카이펑
후당 (923~936)	이존욱 (885~926)	하동절도사·진왕晉王(부친 이극용이 당에서 봉해진 왕의 칭호를 이어받음)	뤄양
후진 (936~946)	석경당 (892~942)	후당 명종의 사위로 하동절도사(후당)	카이펑
후한 (947~950)	유지원 (895~948)	하동절도사(후진)	카이펑
후주 (951~960)	곽위 (904~954)	추밀사(후한)	카이펑

907년 당의 멸망부터 979년 송의 전국 통일 때까지 분열된 시대를 오대십국이라 부른다. 이 시대에 북중국은 후량·후당·후진·후한·후주의 다섯 왕조가 지배했고, 그 밖의 지역은 장쑤·안후이·장시성의 오吳, 오의 후계자인 남당南唐, 저장성의 오월, 푸젠성의 민閩(909~945), 후베이성의 형남荊南, 후난성의 초, 광둥성의 남한南漢, 산시성의 북한北漢, 쓰촨성의 전촉前蜀과 후촉 같은 10국이 지배하였다.

이들 왕조와 국가에서는 내부 항쟁이 격렬했고, 또 대립하는 국가 간의 항쟁도 끊이지 않았다. 그뿐만이 아니었다. 북에는 야율아보기가 세운 거란이 광대한 영토를 차지하고 남진 기회를 엿보고 있었다. 실제로 후진 때는 유주幽州(베이징) 부근의 16주가 거란에 할양되었고, 나아가 당시 수도였던 카이펑도 한때 거란에 점령되었다. 오대의 왕조는 늘 북쪽의 동향에도 대처해야 하였다.

오대십국 시대 일본의 순례승

이 분열과 전란의 시대부터 조씨趙氏가 다시 중국을 통일한 송을 건국할 때까지 일본의 순례승이 왕권의 후원을 받아 중국으로 건너가, 황제와 면회를 허락받는 경우가 있었다. 승려 파견에 드는 비용은 파견을 통해 얻는 정치적 이익과 비교하여 수지타산이 맞지 않았다. 그러나 우타이산과 같은 아시아에서 으뜸가는 불교 성지에 대한 동경이 끊이지 않았다. 일본의 귀족은 중국의 불교 성지와의 연결을 추구했고, 그런 연결의 중개자로 승려의 순례가 허가되었다(에노모토 와타루[榎本涉]의 연구 참조).

선구자는 고후쿠지興福寺의 승려 간켄寛建이다. 간켄은 926년 5월 중국인의 배로 '입당入唐'하여 우타이산을 순례하고자 한다고 조정에 신청하였다. 간켄의 청원은 허가되었고, 여비로 사금砂金이 지급되었다. 당은 907년에 멸망했으므로, 간켄의 '입당'은 당의 후계자를 자칭하는 후당으로 가는 것이었다. 이듬해에는 일행에게 다자이후의 첩(신분증명서 겸 통행증)이 주어졌다. 간켄은 이것을 가지고 따르는 승려들(간호[寛輔]·조카쿠[澄覚]·조카이[超会]·조안[長安])과 함께 푸저우행 배에 올랐다.

일행은 후당 명종(재위 926~933) 치세 때 도착하였다. 그러나 막상 간켄 자신은 도착지인 푸저우 옆의 건주建州에 있던 어느 사원의 욕실에서 죽어 버렸다. 남겨진 일행은 장흥 연간(930~933)에 입경에 성공, 우타이산과 각지의 불교 사적을 순례하였다.

일행 중 간호寛輔는 932년 4월 후당의 수도였던 뤄양에 있었던 모양이다. 간호가 뤄양에서 필사한『제교단도諸教壇圖』의 후기에 "지념홍순대사사자관보持念弘順大師賜紫寛輔"라는 내용이 있으므로, 그 이전에 그가 후당 황제로부터 대사大師 칭호와 자의紫衣를 받은 사실을 알 수 있다. 대사 칭호는 구카이에게 주어진 고보대사弘法大師와 같은 존호를 말하며, 자의는 고대에 가장 고귀한 색으로 여기던 보라색 가사를 가리키는

데, 둘 다 특출난 승려에게 칙허를 통해 수여되었다. 일본에서 출국했을 때, 간호는 간켄을 수행하는 승려에 불과하였다. 간켄조차 받지 못한 대사 칭호와 자의를 간호가 천황으로부터 받았을 리가 없다. 간호에게 대사 칭호와 자의를 준 것은 후당의 황제, 입당한 시기로 봐서 후당의 명제였음이 분명하다.

또 도다이지東大寺 승려로 938년 중국에 건너간 조넨奝然(938~1016)의 기록인 「조연재당기奝然在唐記」에는 각지의 순례를 마친 조카쿠가 한어를 습득하고 『유식론』과 『미륵상생경』을 강론하여 자의와 자화대사資化大師 칭호를 받았다고 기록되어 있다. 조카쿠의 발자취를 조넨에게 전한 조카이도 황제로부터 자의와 조원대사照遠大師 칭호를 받았다. 조넨에 대해서는 뒤에 상술하기로 한다.

일본의 순례승을 받아들이는 후당의 눈에 공식 사절은 파견하지 않으면서 순례승의 수용을 요구하는 일본의 태도가 어떻게 비쳤을까?

당대에는 외국인 승려의 순례나 유학은 황제의 허가를 받아야 가능하였다. 안록산의 난으로 정치 및 경제 상황이 급격하게 악화하자, 수용 외국인 승려의 정원은 축소되었다. 견당사와 함께 입당한 승려 중에는 엔닌처럼 체재와 유학 허가를 받지 못한 사람도 있었다(제3장에서 언급한 바와 같이 엔닌은 귀로에 산둥성의 신라인 커뮤니티에 숨어 있다가, 그들의 도움으로 겨우 체재 허가를 받았다). 빈번하게 교체되는 오대 왕조들의 경제력은 당과 비교하면 극히 취약하였다. 하물며 일본은 정식으로 국가 간 교섭을 시작하지 않았다. 현대 감각으로 말하자면, 내란이 계속되고 있는데, 통교가 중단된 이웃 나라에서 유학생이 오는 것과 같은 모양새이다. 되돌려 보내도 무방할 것 같은데, 후당은 일본의 순례승을 받아들이고 자의와 대사 칭호를 주면서 환영하였다.

외국인 승려를 환대한 것은 후당뿐만이 아니었다. 오대 왕조는 폐불이 단행되었던 후주의 세종 시기를 제외하면, 기본적으로 순례승을 환영하였다. 빈도로 봐서 오대 왕조는 승려를 받아들이는 데 매우 적극적이었던 것으로 보인다. 그 이유는 무엇이었을까?

사타족이 세운 단명했던 오대의 왕조들

당 멸망 이후 후량에서 시작되는 단명한 왕조가 북중국을 지배하였다. 후량은 3대 17년의 단명한 왕조였다. 후량에 이은 후당·후진·후한은 그다지 잘 알려지지 않은 왕조인데, 모두 한족이 아니라 사타沙陀라는 집단이 세운 왕조이다.

사타족은 9세기 초 현재의 산시성 북부의 다퉁大同분지에 이주해 온 튀르크 계통의 사람들이다. 사타족의 본거지에는 우타이산이 있었다.

사타족은 수령 이극용李克用이 중심이 되어 황소의 난을 계기로 활발한 활동을 전개하였다. 처음에 이극용은 당과 대립했다가 패하여 도망갔지만, 황소의 난 평정을 위해 소환되었다. 그의 휘하에 유목계통의 여러 부족이 합류하였다. 이 집단이 오대 왕조 중 후당·후진·후한의 모체가 되었다. 오대 최후의 왕조인 후주도, 그 뒤를 이은 송도 사타 군벌 속에서 등장하였다. 오대에서 송 초기까지는 사타족의 시대였다.

이 시대에는 친자와 양자를 가리지 않고 실력 있는 자가 황위를 계승해야 한다고 여겼다. 그리하여 어느 왕조에서나 황제의 친자와 양자들이 격렬한 황위 계승 다툼을 벌였고, 결과적으로 단기간에 왕조가 교체되었다. 뜻밖에도 이 불안한 시대에 많은 순례승이 아시아 각지에서 북중국을 찾아왔다.

911년 감주甘州 위구르와 토번(『책부원귀』에 따르면, 9~10세기에 양주[涼州]를 중심으로 활동한 온말[溫末]이라는 부족)이 후량에 사신을 파견했는데, 사절단의 일원으로 온 승려에게 자의를 하사하였다. 감주 위구르는 과거의 위구르제국이 분열한 후, 실크로드의 입구인 하서회랑에 침입한 집단이 세운 국가로, 감주를 중심으로 지배권을 행사하고 있었다(〈4-2〉 참조). 양국의 수령은 122명이나 되는 일행을 데리고 와서, 상표문을 바치고 토산물을 헌상하였다. 상당한 규모의 사절단이었던 점이 주목된다.

엄밀하게는 독립국이라고 할 수 없지만, 둔황 귀의군歸義軍의 사신으로 온 둔황의 승려에게도 종종 자의가 하사되었다. 둔황 귀의군은 둔황이 있는 사주沙州에 본거지를 둔 한인 집단이다(〈4-2〉 참조). 우두머리는 귀의군 절도사에 임명되어 실크로드의 요충지인 사주와 그 주변을 지배하였다. 둔황에는 실크로드 교통의 안전을 기원하는 상인과 현지 유력자에 의해 많은 석굴사원이 건립되었는데, 석굴사원에는 현재도 아름다운 벽화와 불상이 남아 있다. 유명한 둔황 막고굴에서 발견되어, 20세기 초 프랑스의 폴 펠리오와 영국의 오렐 스타인에 의해 세상에 알려진 귀중한 문서군이 있다. 이른바 둔황 문서이다.

방대한 문서군 중에서 스타인에 의해 영국으로 반출된 사료 중에 S.529v「제산성적지諸山聖迹志」라고 이름 붙여진 사료가 있다.「제산성적지」에는 910년대 후반 우타이산을 순례한 승려가 우타이산을 출발하여 광저우까지 내려가는 여정이 상세하게 묘사되어 있다.「제산성적지」를 집필한 승려의 이동이 매우 순조로운 것을 보면, 각지에서 유력자의 비호를 받았을 것으로 예상된다.

이밖에도 918년 2월 둔황의 승려가 우타이산을 순례하고, 931년 11월 귀국할 때의 기록이 매우 단편적이지만 남아 있다(P.3973「왕오대산행기往五臺山行記」).

천축에서 신라까지 하사되는 자의와 대사 칭호

이들 각국에서 오는 순례승에게 오대의 황제는 자주 자의와 대사 칭호를 하사하였다. 예컨대 후당 때인 929년 서위구르의 승려에게 자의를 하사하였다. 또 934년 '서역'에서 온 순례승이 황제를 알현하고 자의와 대사 칭호를 하사받았다. 936년에도 후당은 사자국(스리랑카)의 바라문승과 감주 위구르에서 온 승려에게 자의를 하사하였다. 남아시아의 해상 교역국인 스리랑카의 바라문승이 왜 육상 실크로드의 요충지인 감주의 승려와 함께 왔는지, 또 그들이 어떤 신분으로 왔는지 알 수 없다. 어쩌면 예로부터 불교를 신봉하던 스리랑카의 바라문승이라고 사칭하면 융숭한 대접을 받을 수 있을 것으로 기대했는지 모르겠다. 후당은 사신의 진위를 따지지 않고 그들에게 자의를 하사하였다.

자의도 대사 칭호도, 당대에는 황제의 권한으로서 특출난 승려에게 하사되었다. 처음에는 중국인 승려만이 하사의 대상이었지만, 후에는 외국인 승려도 대상에 포함되었다. 일례로 일본승 엔사이는 불경 강론의 공로에 의해 자의를 받았다. 요컨대 오대의 황제들이 외국에서 온 승려에게 자의나 대사 칭호를 하사한 것은 자신들이 당 황제와 마찬가지로 중국의 정통 지배자임을 주장하기 위해서였다.

한편, 외국 승려의 입장에서 보자면, 자의와 대사 칭호의 하사는 뛰어난 승려라는 보증을 중국 황제로부터 받는 것이다. 자의 및 대사 칭호와 함께 하사되는 물품도 외국인 승려에게는 분명히 매력적으로 비쳤을 것이다. 후에 송대에는 산스크리트어도 모르는 '천축승'의 존재가 문제가 되었다. 출신지를 사칭함으로써 송의 비호를 받으려던 사람들이었다. 오대의 황제들도 승려의 출신에 의문을 가졌을지 모르지만, 애써 찾아온 순례승들을 후대하였다.

자의를 하사받은 것은 서역의 승려들만이 아니었다. 후당 때인 936년 후백제의 승려가 "전에 조정에서 자의를 받았습니다. 귀국에 즈음하여 이번에는 대사 칭호를 받을 수 없겠습니까?"(『책부원귀』)라고 신청했는데, 후당은 '법심대사法深大師'라는 칭호를 하사하였다.[19]

이 무렵 한반도는 과거의 패자였던 신라와 900년에 자립한 후백제,

936년에 한반도를 통일하는 고려, 이렇게 세 나라로 분열되어 있었다. '법심대사'가 언제 후당에 갔으며, 어떤 신분으로 갔는지 전혀 알 수 없다. 승려의 발언으로 봐서 자의를 받은 때부터 대사 칭호를 받을 때까지 어느 정도 시간이 지난 것으로 보인다. 그 사이 후당의 영역과 후당의 세력이 미치는 영역에서 순례를 했을 것이다. 덧붙이자면, 936년에 후백제와 고려의 사신이 후당에 왔으므로, 이 승려는 '법심대사'의 칭호를 받고, 그들과 함께 귀국했다고 봐도 무방할 것 같다.

후당의 뒤를 이은 후진 때인 937년에는 중인도의 승려와 호탄(타클라마칸 사막의 남쪽에 있는 나라)의 승려에게 자의와 대사 칭호가 하사되었다. 두 사람이 온 시기는 알 수 없다. 중인도와 호탄의 승려는 어떤 목적으로 왔을까? 인도 출신이라고 하지만, 앞서 언급한 바라문승과 마찬가지로 정말 인도에서 왔는지 알 수 없다. 오히려 이 시기 인도에서는 불교 신앙의 열기가 사그라든 것을 고려하면, 후진의 비호를 받는 것을 목적으로 불교의 탄생지인 인도 출신이라고 사칭했을 가능성이 크다.

자의와 대사 칭호의 수여는 오대의 황제에게 당의 대외정책 방침을 계승한다는 말과 같은 의미였다. 이들 황제는 당 황제를 모방하여 황제로서의 권위를 행사함으로써 자신의 권위를 내외에 강조하기 위해 각국의 승려에게 자의와 대사 칭호를 수여하고 순례를 허가하며 비호했던 것이다. 당대에는 예외적이었던 자의와 대사 칭호 수여라는 우대 조치가, 927년 간켄과 함께 '입당'했던 승려들에게도 주어졌던 배경에는 이런 사정이 있었다.

---

19) 『冊府元龜』 권 170, 「帝王部」 「來遠」, 後唐 末帝 淸泰 3년 條目에 등장한다. 『冊府元龜』에 수록된 원문은 "<u>百濟僧智周</u>言元朝賜紫辭歸國賜號曰<u>法深大師</u>"이다. 이를 저자는 "<u>百濟僧智周</u>言, 「元朝賜紫, 辭歸國, 賜號」. 曰<u>法深大師</u>."라고 읽은 셈이다.

후당의 불교 지지

오대의 5개 왕조 중에서도 후당(923~936) 때 특히 불교와 왕조의 거리가 가까웠다. 후당은 우타이산 불교의 지지를 받았고, 그것을 통해 왕조의 정통성을 어필했지만, 그 대상은 국내에 국한되지 않았다.

924년 후당에서 서역으로 가던 지엄智嚴이라는 승려에 의해 우타이산의 정보가 둔황에 전해졌다. 주목할 것은 지엄의 도래를 계기로 둔황의 귀의군이 후당에 사신을 파견한 점이다. 지엄은 우타이산의 지지를 받는 후당의 정통성을 서역에 선전하는 역할을 맡았던 것이며, 그렇기 때문에 귀의군은 지엄의 도래에 화답하여 사절단을 후당에 파견했을 것이다. 여러 명의 승려가 후당에 파견된 것은 후당의 대외적인 어필이 있었기 때문으로 생각된다.

후당은 외국 승려의 도래와 더불어 그들이 영역 내에 있는 우타이산을 순례하는 것을 특히 환영하고, 자의와 대사 칭호를 하사하는 등 외국의 승려를 후대함으로써 대외적인 구심력 향상을 꾀하였다.

당의 황제들은 불교를 향한 사람들의 에너지를 왕조에 포섭하여 왕조의 정통성을 높였고, 수많은 유학승과 순례승을 받아들임으로써 국제적인 구심력을 높였다. 그런 당의 후계자를 자처하는 이상, 후당은 불교 신앙을 주도하고 외국의 승려를 적극적으로 받아들일 필요가 있었다. 후당 황제들이 불교에 지대한 관심을 가진 것은 순수한 신앙심 때문만은 아니다. 불교가 왕조의 정통성과 관련된 중요한 정치 문제였기 때문이다.

후당의 건국 소식은 이존욱李存勗이 초대 황제로 즉위한 그해에 바로 중국 각지의 여러 나라에 전해졌다. 정보는 국가 간 교섭에만 필요한 것이 아니다. 교통로의 안전에 생업이 좌우되는 상인들에게 후량의 멸망과 후당의 건국 소식은 빠르게 전해졌을 것이다.

이제 다시 간켄의 '입당'으로 화제를 돌리자.

간켄이 일본 조정에 '입당'을 신청한 것은 926년이었다. 2년 전에는 '당인唐人'이 일본에 와서 '당물'을 헌상하였다. 이듬해에는 방일한 '당승'에게 의복과 식료가 지급되었다. 이 '당인'과 '당승'을 통해 후당의 건국 및 후당과 우타이산의 긴밀한 협력관계가 일본에 전해졌을 것이다. 후당이 건국 직후부터 재빨리 서역에 승려를 파견하여 우타이산 순례승을 유치한 것처럼, 순례승 환영 방침이 동아시아에 전해졌다고 해도 이상할 것이 없다. 적어도 후당 치세에는 우타이산 순례를 목적으로 한 이동의 안전이 보장된다고 예측하도록 만들기에 충분한 정보가 전달되었을 것이 분명하다.

간켄 등이 오랫동안 단절되었던 우타이산 순례를 결심하고 조정에 신청하여 허가를 받은 배경에는 이런 중국의 상황이 있었다.

전란의 와중에 있는 중국 내 일본인 승려들

927년 간켄 일행이 푸저우에 도착했을 때 후당의 황제는 제2대 명종 (재위 926~933)이었다. 명종은 정권 교체가 격심했던 오대 때 검소와 절약에 힘썼던 명군 중 한 사람으로 손꼽힌다. 사망한 간켄을 제외한 일행은 당시 수도였던 뤄양에 무사히 도착하여, 우타이산 및 각지의 불교 유적을 순례하였다. 그들 중에는 명종으로부터 자의와 대사 칭호를 받은 사람도 있었다. '입당' 순례는 기대 이상의 성과를 올렸다고 할 수 있다.

어쩌면 과거에 일본에서 많은 유학승이 왔다는 기억이 우타이산이나 뤄양처럼 예로부터 불교 신앙의 중심지였던 곳에는 면면히 전해 내려오고 있었을지 모르겠다. 후당의 입장에서 봤을 때 일본의 순례승이 '입당' 순례하러 왔다는 사실은 순례승을 유치한다는 국책에 합치될 뿐만 아니라 당을 계승한 왕조라는 자신들의 주장에도 꼭 들어맞는 것이었다.

즉위 시점에 이미 장년을 지난 명종은 933년 재위 8년 만에 사망하였다. 그 뒤에는 명종의 아들 이종후李從厚(재위 933~934)가 즉위하였다. 그러나 이종후는 군벌의 지지를 받지 못하고, 명종의 양자였던 이종가李從珂(재위 934~936)가 즉위하였다. 앞서 언급한 바와 같이 이 시대 황위 계승은 실력주의였다.

그 후 후당은 무너졌고, 중국 북부는 북방의 거란도 개입하여, 24년 사이에 후진, 후한, 후주로 어지럽게 왕조가 교체되는 전란의 시대가 되었다.

어수선한 정권 교체가 이어지는 북중국에서 간호와 조카이 등 일본인 순례승들은 어떤 나날을 보냈을까?

조카쿠澄覺는 홀로 귀국하려 한 것 같지만, 그 후의 발자취는 알 수 없다. 다만 중국의 의초義楚라는 승려가 간호를 만난 사실은 알려져 있다. 의초는 유교 경전과 불교 경전 모두에 능하여, 945년부터 954년에 걸쳐 『의초육첩義楚六帖』이라는 서적을 완성한 승려이다. 『의초육첩』은 후주의 세종(재위 954~959)에게 헌상되었는데, 세종은 그 노고를 가상히 여겨 의초에게 자의와 명교대사明敎大師의 칭호를 내렸다. 간호에 대한 기술도 『의초육첩』에 남아 있다.

그러나 세종은 955년부터 폐불을 단행하였다. 의초는 폐불이 시작되기 전에 후주의 수도 카이펑에서 간호를 만난 것으로 보인다. 폐불 기간 내내 간호는 줄곧 카이펑의 사원에 머무르고 있었을까? 설령 간호가 수도에 머무르고 있었더라도, 이번 폐불은 당 무종 때처럼 외국인 승려까지 환속시킨 것 같지는 않다. 제3장에서 살펴본 엔닌이나 엔사이처럼 환속을 강요받지는 않았을 터이다.

오월과의 교류와 국풍 문화

한편, 간켄 일행이 '입당'했을 무렵, 강남을 지배하던 오월국으로부터 일본에 사신이 파견되었다. 936년에는 오월에서 상인이 와서, 제2대 오월

206

왕 전원관錢元瓘(재위 932~941)이 일본과 통교할 의사가 있음을 전하였다. 947년과 953년에도 오월에서 상인이 와서, 제3대 오월왕 전홍좌錢弘佐(재위 941~947)와 제5대 전홍숙錢弘俶(재위 948~978)의 서장을 헌상하였다. 유감스럽게도 서장은 현재 전하지 않는다.

이들 서장에 대해 첫 번째는 좌대신 후지와라노 다다히라藤原忠平, 두 번째는 좌대신 후지와라노 사네요리藤原実頼, 세 번째는 우대신 후지와라노 모로스케藤原師輔가 답신을 작성하였다. 후지와라노 다다히라의 서장은 남아 있지 않다. 후지와라노 사네요리와 후지와라노 모로스케의 서장은 신하가 외국과 교섭을 하면 안 되지만, 후의에는 감사한다는 사례의 내용이 담겨 있다.

오월과 일본의 서장 교환에 천황이 관여한 적은 한 번도 없었다. 요컨대 국왕들 사이에 정식 교섭은 이루어지지 않았다. 전원관과 전홍좌, 전홍숙 등은 오월 지역을 지배하고 있었지만, 그들의 왕위는 중원왕조의 승인을 받은 것이다. "인신人臣에 외교 없다." 즉 신하는 군주의 뜻을 받들지 않고는 외국과 관계를 가져서는 안 된다는 원칙에서 보자면, 인신人臣인 오월왕에게도 일본의 좌·우대신에게도 타국 군주와의 통교는 허용되지 않는다. 그럼에도 불구하고 서장을 교환한 것은, 오월의 입장에서는 왕의 덕망을 해외에 드러내는 것이 되고, 일본의 입장에서는 천황을 오월왕의 상위에 두는 것이 된다. 그런 이유로 서장을 통한 교섭이 되풀이되었던 것이다.

그런데, 두 번째 오월왕의 서장이 일본에 도착한 것은 947년 7월, 서장을 보낸 전홍좌는 실은 6월에 사망하고 없었다. 전황좌의 동생인 전홍종錢弘倧(재위 947)이 왕위를 이었지만, 격렬한 내부 항쟁으로 그의 치세는 1년도 가지 못하였다. 그를 대신하여 옹립된 사람이 전홍좌와 전홍종의 동생인 전홍숙이다. 오월은 전홍숙의 치세에 멸망하므로, 제3대 이후의 왕위 계승은 모두 형제 사이에 이루어진 셈이다.

전홍숙의 치세 때인 951년 오월의 영역에 있는 텐타이산의 의적義寂과 덕소德韶로부터 천태 전적을 보내 달라는 의뢰가 왔다. 당 말기의 폐불과 당 말의 쟁란으로 산일된 경전을 수집하기 위해 일본에 경전을 요청한 것이다. 서적 수집은 단순히 종교적인 필요성 때문에만 이루어지는 것이 아니다. 서적 수집을 통해 천하의 지知를 결집하는 일은, 중국에서는 왕이 된 자에게 어울리는 행위로서 전통적으로 이루어져 내려왔다.

일본에서 많은 경전을 오월에 보냈지만, 고려가 보낸 전적과 비교하여 그다지 높은 평가를 받지 못하였다. 한편, 일본의 천태종에서 파견된 니치엔日延이 일본에 들여온 천태 전적과 전홍숙이 주조한 금동제 아육왕 탑(인도의 아소카왕이 8만 4,000개의 탑을 건립했다는 전설에 따라 무려 8만 4,000개의 불탑이 주조되었다)은 일본의 세속권력과 불교계에 큰 영향을 주었다. 그 밖에 역법과 명경도明經道, 기전도紀傳道[20]에 관련된 정보와 서적이 일본에 들어온 점도 중요하다. 이들 오월에서 전해진 문화는 국풍 문화의 초석의 일부가 되었다(니시모토 마사히로[西本昌弘]의 연구 참조).

3. 송의 통일 - 국가 간 교섭의 종언

송의 개보대장경 간행

당 말의 혼란기부터 송이 통일할 때까지 약 100년이 걸렸다. 4세기에 시작된 동진 및 5호 16국 시대부터 남북조시대에 걸친 분열이 300년이었던 데 비해, 이번 분열은 그것의 3분의 1이다. 하지만 분열 후의 통일 사

---

20) 紀傳道 : 헤이안시대 大学寮에 있던 학과 중 하나로, 『사기』 『한서』 『문선』 등의 사서와 시문 등을 가르쳤다. 文章道라고도 불렸으며, 헤이안시대에 특히 중시되어 학자들의 등용문으로 여겨졌다.

업과 안정된 통치의 구축은 어느 시대건 어려운 일이다. 송의 초대 황제 조광윤趙匡胤은 황제를 자칭했지만, 출신은 사타 군벌의 일개 무장에 불과하였다. 사람들이 곧바로 송의 정통성을 납득하지는 않았을 것이다.

송은 분열 전의 시대, 즉 당을 정치와 문화의 다양한 측면에서 이상으로 내세우며, 여러 나라에 분산되어 있던 서적이나 회화 등을 수집함으로써 원활한 통치를 확립하려 하였다. 불교 문물도 예외가 아니었다. 975년 오월이 송에 병합된 후에는 오월왕이 주조한 사리탑이 송에 헌상되었다. 송은 각국의 군주들이 숭상했던 불교 문물을 수도 카이펑에 집중시켜, 불교를 통해서도 왕조의 중심성과 정통성을 주장하려 하였다.

대장경(불교 경전의 총칭, 일체경[一切經]이라고도 한다)의 판목을 쓰촨성 청두成都에서 제작한 것도 그것의 일환이었다. 쓰촨성의 후촉後蜀을 멸망시킨 송은 972년 쓰촨에서 대장경의 판목 제작을 개시하라는 칙명을 내렸다. 제작을 시작했을 때의 연호인 개보(開寶 968~976)를 따서 개보대장경이라 불린다. 이 개보대장경을 모델로 하여 고려와 거란에서도 대장경이 간행된다. 현재 세계의 불교 연구에서 기본으로 여겨지는 『다이쇼신수대장경大正新修大藏経』[21]은 개보대장경을 하사받은 고려가 13세기에 그것을 모각模刻한 대장경[22]을 기본 텍스트로 하고 있다.

개보대장경의 판목은 점령지 쓰촨의 인심을 장악하기 위해 제작되었다. 판목으로 만들 경전을 취사선택하고 정리, 분류하는 데 이용된 것은 당대에 작성되었던 목록이다. 완성된 판목은 13만 장이 넘었다. 983년 수도에 진상되어, 대장경 인쇄가 시작되었다. 인쇄된 대장경은 총 5,048권이다. 세계 역사상 최초의 대규모 목판 인쇄사업이었다.

---

21) 大正新修大藏経 : 1924년(다이쇼 13)부터 1934년까지 10년에 걸쳐 편찬한 대장경. 해인사의 팔만대장경을 바탕으로, 일본에 있던 불교 전적을 모두 조사하여 편찬하였다. 정장 55권, 별장 30권, 별권 15권의 100권으로 이루어져 있다.
22) 해인사 팔만대장경을 가리킨다.

당시 황제는 태종(재위 976~997), 초대 황제 조광윤의 동생이었다. 태종은 칙명을 내려 당의 덕종(재위 779~805) 이후 침체되어 있던 불교 전적의 번역을 재개하였다. 주요 경전은 당대에 이미 번역되었기 때문에, 태종 때 번역된 것은 밀교 관계 소규모 경전이었다. 그러나 비록 양은 많지 않지만, 송대에 한자로 번역된 불교 전적이 대장경에 들어간 것은 중요하다. 이 시기 칙명에 의해 이루어진 대장경 간행에 송대에 번역된 경전이 추가됨으로써 이 사업은 당-송 사이의 연속성을 강조하는 것이 되었기 때문이다.

인쇄된 대장경은 국내의 주요 사원에 배포되었고, 황제의 은전으로 고려나 베트남 같은 피책봉국 및 교섭이 있는 주변국에 하사되었다. 대장경 하사는 당에서 송으로 계승된 왕조의 정통성을 불교라는 측면에서 강조하는 정책의 일환이었다.

송이 갓 완성한 개보대장경을 최초로 하사한 국가는 실은 일본이다. 개보대장경을 받아 일본에 가져온 것은 도다이지의 승려 조넨奝然이다. 천축 순례에 뜻을 둔 조넨은 983년 도다이지와 엔랴쿠지가 발급한 첩牒(신분증명서 겸 통행증)을 들고, 따르는 승려 6명과 함께 중국 상인의 배를 타고 송에 갔다. 톈타이산이 있는 타이저우台州에서 입국 절차를 마친 후, 동행하는 타이저우 관인들의 도움을 받아 톈타이산 등을 순례하면서 북상하였다. 수도 카이펑에 들어가자마자 태종을 알현하고 자의를 받았다. 이듬해 984년 카이펑에 있는 사원의 순례를 끝마친 조넨은 우타이산 순례로 향했고, 귀경하자 다시 태종을 면회하였다. 이때 조넨은 개보대장경을 하사받았다. 985년 3월이다. 동시에 대사 칭호도 받은 조넨은 카이펑을 출발, 타이저우에서 석가여래상(세이료지[淸凉寺]에 소장)을 제작하고 귀국하였다. 마음먹었던 천축 순례는 실행하지 못하였다.

순례승이 자의와 대사 칭호를 받는 것은 당대에는 보이지 않는다. 확실히 지금까지 살펴본 오대 이래의 전통과 연결된,

그러나 조넨에 대한 대우는 순례승에 대한 대우를 넘어 있었다. 순례는 공적인 비호를 받았고, 체재 중에 세 번이나 황제를 만났다. 그때 일본의 역사와 풍토에 대한 질문도 받았다. 조넨의 답변은 대외교섭을 관장하는 홍려시의 기록으로 남아, 조넨이 헌상한 「왕연대기王年代紀」와 함께 정사인 『송사』에 채록되었다.

귀국할 때 조넨은 태종으로부터 일본에 조공을 촉구하라는 요구를 받았다. 그러나 일본은 조공사를 파견하지 않고, 그 대신에 태종에게 바치는 조넨의 상표문을 조넨의 제자가 가지고 갔다. 과도하게 굽신거리면서 황제에게 사의를 표하는 내용이었다(가미카와 미치오[上川通夫]의 연구 참조).

국가가 파견한 순례승에 대한 당혹감

986년 조넨은 귀국했지만, 그 후에도 복수의 일본인 순례승이 송에 갔다. 국가 간 교섭은 하지 않은 채 계속해서 순례승을 파견하는 일본의 태도에 송은 적잖이 당혹감을 느꼈을 것이다.

조넨의 입송入宋으로부터 약 90년 후인 1072년 조진成尋(1011~81)이라는 승려가 송에 갔다. 제3장 끝부분에서 엔닌의 『입당구법순례행기』와 비교했던 『참천태오대산기』라는 여행기를 남긴 승려이다. 조진은 천태종 승려인데, 공적인 비호와 관리를 받으며 순례를 했고, 황제를 알현하고 자의와 대사 칭호를 하사받았다.

국왕의 서장은 지참하지 않았지만, 본국의 왕권으로부터 지원을 받아 입국한 조진의 알현의례는 어떻게 치러야 할 것인가? 고민 끝에 송은 칭하이성 방면의 토번 부족을 규합한 목정木征이라는 인물의 사절로 입국한 승려에 준하여 알현하기로 하였다. 일본의 의도와는 별개로 조진은 사신에 준하는 대우를 받았다(에노모토 와타루의 연구 참조).

국가의 사절로 중국에 간 승려는 당대부터 나타났다. 제3장에서 살펴본 바와 같이 현종 때 중앙아시아와 남아시아의 승려가 사절로 입국했던 것을 상기해 주기 바란다. 오대 때도 계속해서 사절로 입국하는 승려가 있었다. 그러나 승려를 사신으로 파견하는 것은 중앙아시아 국가들에 편중되어 있었다. 그런 오대 이래의 흐름을 이어받아 송도 사절 역할을 하는 승려를 주로 중앙아시아 국가들로부터 받아들이고 있었다. 군주의 문서를 지참하지는 않았지만, 왕권의 지원을 받아 입국한 조넨을 사신에 준하여 취급하는 것은 송의 입장에서는 당연한 일이었을 것이다.

그러나 일본은 거듭되는 후대에도 마음이 변하지 않았다. 그뿐만이 아니었다. 일본은 송뿐만 아니라, 그 전후에 통교를 요구한 오월이나 고려와도 정식 국교를 맺지 않았다. 오월국왕의 서장에 천황이 아니라 좌대신이나 우대신 같은 귀족의 우두머리가 답신을 보낸 것도 그 때문이었다. 다른 나라와 일체 국교를 맺지 않겠다는 일본의 완강한 태도를 헤이안시대 일본에서 폐쇄적인 인식이 발달했기 때문이라고 보는 시각도 있다.

하기는 9세기에 신라에서는 사회 정세가 불안해져, 본국에서 생업을 잃어버린 신라인이 일본에 침범한 일이 있었다. 그리고 1019년에는 영토를 확대하는 거란에 내몰린 중국 동북부의 여진족이 이키와 쓰시마를 습격하였다(刀伊의 入寇).23) 이들 사건은 혼란의 와중에 있는 중국이나 한반도와 교섭하는 것의 부담을 의식하도록 만들었을 것이다. 이런 사건으로 인해 일본 조정이 계속해서 외압을 느꼈는지는 의문이지만, 왕권과 귀족층이 외부에 대한 관심을 잃어버리는 계기가 되었음은 분명하다.

---

23) 刀伊의 入寇 : '도이刀伊'는 고려시대에 여진족을 낮잡아 부르던 '되놈'의 의미. 1019년 중국 동부부에 살던 여진족이 50여 척의 배를 이끌고 동해안을 거쳐 쓰시마와 이키, 규슈 북부를 습격하여 사람을 살해하고 납치하였다. 이에 대해 일본에서는 다자이후의 장관이 지방의 무사단을 이끌고 격퇴하였다. 여진 선박은 돌아가는 길에 고려 수군에게 격파되었으며, 200여 명의 포로가 구출되어 일본에 보내졌다.

이 시대의 천황은 후견자인 후지와라씨를 정점으로 한 귀족사회에 의해 유지되는 존재였다. 견당사를 파견하던 무렵처럼 개인으로서의 천황이 왕권 가운데서 돌출한 힘을 가진 것이 아니었다. 천황에게만 허용된 권한이자 치세 단 한 번의 성대한 의식이었던 견당사, 혹은 해외로의 공식 사절 파견 사업은 이러한 내외 정세의 변화로 인하여 과거의 유물이 되어 갔다.

그와 동시에 해상들을 통해 당대를 능가하는 양의 '당물唐物'이 송에서 수입되는 한, 당시의 일본이 공적인 루트를 새삼스레 개척하거나 유지할 필요는 없었다.

일본은 승려는 파견하지만 조공사는 파견하지 않는다는 방침을 견지해 나갔다. 천황의 이름으로 쓰인 문서를 중국 황제에게 바치는 행위는 제15차 견당사를 마지막으로 다시는 이루어지지 않았다.

역사적 사실이란

― '외교'와 견수사

고대 동아시아에서의 '외교'

고대 일본은 지리적인 제한 속에서 가능한 한 정보를 수집하고, 거기서 얻은 정보를 면밀하게 분석함으로써 아시아에서의 위치를 파악하여, 최대한의 이익을 얻기 위해 대중국 교섭을 기획하고 실행하였다. 그들이 교섭에서 기대했던 이익은 때마다 다르지만, 왕권의 안정을 목적으로 한다는 점에서는 일관되었다.

하지만 대외교섭에는 막대한 비용과 시간이 든다. 그러므로 필요 없다고 판단되면 대중국 교섭은 재빨리 중단되었다. 중국의 대동아시아 정책에 반발하는 경우는 있었지만, 체면이라는 불확실한 개념에 연연하여, 쓸데없는 분란을 일으켜 이익을 해치는 것은 바라지 않았다.

이런 점에서 생각하면, 일본 고대의 대외교섭은 냉정하게 상황을 판단하여 실리를 추구하는, 현시점에서 바라보면 매우 냉철하고 세련된 것이었다.

5세기 왜의 오왕부터 견당사 파견 정지 후의 10세기까지 일본 고대의 대중국 교섭을 아시아사에 위치시키고자 하는 본서의 시도는 어떻게든 달성되었다고 생각한다.

마지막으로 본서 집필의 대전제에 대해 약간 설명해 두고자 한다.

통상적으로 국가 간의 교섭을 표현하는 데는 '외교'라는 용어가 사용된다. 그러나 본서에서는 '외교'라는 말은 사용하지 않았다.

전근대 동아시아에서 '외교'라는 말은 부정적인 이미지를 가진 말이었다. 하나의 사례를 소개하겠다. 5세기 고구려의 대외교섭이다.

당시 고구려는 중국의 남조와 북조 모두에 사신을 파견하였다. 남조와 북조가 군사적으로 대립하고 있었기 때문에 두 왕조에 사신을 보내는 것은 쌍방에게 비밀로 하였다. 그러나 북위의 제6대 황제인 효문제(재위 471~499) 때 남조에 파견했던 사신이 해상에서 붙잡혀, 고구려의 양면 교섭이 발각되었다. 북위의 정사 『위서』 고구려전에는 효문제가 고구려왕에게 다음 조서를 내린 사실을 기록하고 있다.

> 소도성(남제의 초대 황제)은 군주(송의 마지막 황제인 순종)를 살해하고 강남에서 제멋대로 [황제로서] 호령을 내리고 있다. [그래서] 짐은 멸망한 국가인 [송]을 옛 땅에 부흥시켜 과거의 황족인 유씨에게 국가를 계승시키고자 한다. 그러나 경(고구려왕)은 경계를 넘어 외교外交하여, 멀리 [사신을 파견하여 황위를] 찬탈한 역적과 내통하고 있다. 어찌 번신藩臣이 지켜야 할 도리에 맞다고 하겠는가. (이하 생략)

효문제가 말하는 '외교'란 국경을 넘어 바깥[外]과 통교하는 것으로, 이는 해외의 신하로서 용납되지 않는 행위였다.

여기서 말하는 '외外'는 북위 황제의 위엄과 덕망을 받드는 천하의 바깥, 즉 소도성의 남제를 의미한다. 효문제의 문맥에서 말하면, 종주국에 대한 사절 파견은 조공이고, 종주국과 적대하는 중화 바깥의 국가, 즉 남제에의 사절 파견은 '외교'가 된다. 그래서 고구려의 '외교'는 북위 황제의 강한 비난을 받은 것이다.

근대 이후의 '외교'라는 용어

그러나 현재, 과거에는 비판받을 행위를 가리켰던 '외교'가 'diplomacy'의 번역어로 사용되고 있다. 번역어가 된 배경은 후술하기로 하고, 여기서는 우선 근대 유럽에서 탄생한 'diplomacy'에 대해, 20세기 영국의 외교관이자 역사가였던 해럴드 니콜슨(1886~1968)의 『외교』(1939)를 참조하며 설명하기로 한다.

'diplomacy'로 이어지는 라틴어 'diploma'는 고대 로마제국에서 이중의 금속판에 날인되고 접혀 봉합된 금속 여권을 의미하였다. 현재의 '외교'로 이어지는 'diplomacy'는 18세기 말 근대 유럽에서 등장하였다. 일본이 이 단어를 접했을 때는 아직 'diplomacy'에 수반되는 개념 등 모든 것이 발전 도상에 있었다.

근대 외교가 탄생하기 이전에 국가 간 교섭은 국왕이 필요에 따라 파견하는 사절을 통해 단속적으로 이루어졌다. 16·17세기에는 유럽에서 외교기관이 조직되고, 상주하는 대사가 교섭 상대국에 체재하게 되었다. 이 단계의 외교는 유럽에서 공유되는 귀족문화와 법체계를 기초로 하였다. 이것이 '구외교舊外交'라고 불리는 것이다. 교섭은 일회적인 것이 아니라 계속성을 띠게 되었고, 모종의 질서가 기능하기 시작하였다.

구외교에서는 국가 간의 결정은 국민에게 고지되지 않았다. 통치자도 피통치자도 그것을 문제로 삼지 않았다. 그러나 제1차 세계 대전 때 국민의 합의를 얻지 않고 내린 외교상의 결정이 유럽을 전대미문의 총력전에 휘말리게 하였다.

비밀리에 체결된 약정이 사회에 막대한 손해를 끼친 결과, 외교는 민주적 통제를 받아야 한다는 인식이 급속하게 확산되었다. 민중의 지지를 받아 추진되는 외교가 '신외교新外交'이다. 니콜슨은 신외교가 부정확한 정보를 바탕으로 한 여론에 좌우될 위험성이 있다고 지적하였다. 세계정세는 여전히 신외교의 시대지만, 인터넷상의 불확실하고 무책임한 언설에 좌우되는 것을 볼 때마다 니콜슨의 지적이 가슴에 와 닿는다.

그렇다면 일본에서 '외교'의 시작은 언제인가? 1868년 외정外政 기구로 처음 '외국사무가카리外国事務掛'가 설치되었다. 이듬해 '외국관外国官'을 거쳐, '외국사무外国事務'를 줄여 '외무성外務省'으로 개칭하였다. 이 기관에서 취급한 것이 '외국교제(外国交際)'이며, 이 말을 줄인 것이 '외교'였다. 그로부터 10여 년, 실제 국제 관계 속에서 '외교'는 교제를 통해 맺어진 관계뿐만 아니라, 교제술이나 그에 대한 지침이 되는 정책이라는 의미도 가지게 되었다.

여러 의미가 부여된 '외교'라는 용어가 최종적으로 숙어로 정착하는 것은 1893년 '외교관·영사관 및 서기생 임용령'과 '외교관 및 영사관 시험규칙'이 제정되고, 이듬해 처음으로 외교관 시험이 실시되면서부터였다.

이상의 경위로 인하여 일본어에서 '외교'는 'foreign relations'라는 장소 내지는 관계를 가리킴과 동시에 'diplomacy'라는 행위 내지 기술을 가리키는 복잡한 단어가 되었다. 근대 일본의 '외교'는 전통 한문과는 전혀 관계가 없는 문맥에서 탄생하였다.

'diplomacy'가 가진 개념은 고대 아시아의 국가 간 교섭에 전혀 합치되지 않는다. 이렇게나 복잡한 배경을 가진 '외교'를 고대 일본이 전개했던 국가 간 교섭에 적용하는 것은 매우 주저되었다. 그래서 본서에서는 일관해서 '외교'라는 말을 사용하지 않았다.

견수사에 대한 평가의 변천

본서는 왜의 오왕 이래 일본(왜국)의 대중국 교섭에 대해 살펴보았다. 그런데 태평양전쟁 이전의 교육에서는 5세기 이전의 대중국 교섭은 규슈 북쪽의 호족이 제멋대로 진행했던 교섭이라고 하여, 교과서에 실리지 않았다.

독립국인 일본이 처음 추진한 외교라고 초등과 교과서에 실린 것은 견수사였다.

메이지 초기의 역사 교과서에서는 쇼토쿠태자가 소가씨와 공모했다고 해서 기본적으로 낮게 평가되었고, 기술 분량도 얼마 되지 않았다. 그러나 1890년대 전반 왕실에 대한 충의의 관념이 소학교 교육에 도입되면서 쇼토쿠태자에 대한 평가는 크게 달라졌다. 쇼토쿠태자는 스이코천황의 명을 받아 천황 권력의 강화에 활약한 인물로 묘사되기 시작하였다.

다만, 쇼토쿠태자가 긍정적으로 묘사되기 시작한 이후에도 견수사에 대한 취급은 거의 변하지 않았다.

1903년 발행된 제1기 국정교과서 『소학 일본역사 1』에서도 견수사는 문화를 직접 도입하는 계기라고 할 뿐, 견수사 자체에 관한 기술은 간단한 그대로였다. 1909년에 발행을 시작하는 제2기 국정교과서도 거의 동일하였다.

견수사에 대한 기술이 대폭 증가하는 것이 1920년 발행한 제3기 국정교과서 『심상소학국사』부터이다. 좀 길지만 인용하기로 한다.

태자는 또 사절을 지나에 보내 교제를 시작하셨다. 그 무렵 지나는 나라의 기세가 강성하고 학문 등도 발전해 있었기 때문에 늘 스스로 우쭐대며, 다른 나라들을 모두 속국처럼 취급하였다. 그러나 태자는 조금도 그 기세를 두려워하지 않으시고, 그 나라에 보내신 국서에도 "해가 뜨는 곳의 천자가 서신을 해가 지는 곳의 천자에게 보낸다. 무양하신가?"라고 쓰셨다. 지나의 국주國主는 이것을 보고 화를 내었지만, 얼마 후 사신을 우리 나라에 보냈다. 이에 태자는 다시 유학생도 그 나라에 보내시고, 그 후 계속해서 양국 사이에 왕래가 있었으므로, 그때까지 조선을 거쳐 우리 나라에 건너온 학문 등은 지나에서 곧바로 전해지게 되었다.

우선 주목되는 것이 국정교과서로는 처음 '일출처日出處'로 시작되는 문서가 게재된 점이다. 1934년 발행한 제4기 교과서부터 거의 같은 문장에 '대등'의 표현이 교과서 본문에 삽입되었다.

의도적인 역사 서술

견수사에 대한 취급이 크게 달라진 제3기와 제4기에 국정교과서 편찬 담당자였던 사람이 후지오카 쓰구히라藤岡継平이다. 후지오카가 1921년 발표한 「국사 교과서에 대한 의견과 소학국사 편찬 방침」(『소학교』 33-2)에 따르면, "국사 교육에서 가장 중요한 점은 국체國體 관념을 강렬하게 국민의 머릿속에 박아 넣는" 것이었다. 후지오카의 견수사에 대한 평가는 다음에 인용하는 1934년의 「사상 연구와 국사 교육」(『교육연구』 421)에 분명하게 나타난다.

> 수와 일본이 쇼토쿠태자에 의해 국제관계를 시작했다는 이것이 엄청난 자극을 주어, 국체 관념을 강화하였다 …… 또 일본은 천황 중심이라는 것은 전통적 정신이지만, 그것이 수라는 강국과의 교제로 인해 더욱 강화된 결과, 17조 헌법이 되어 나타났다. 그때부터 외교 방면을 봐도 역시 자국이라는 것을 강하게 강조하고 있다. 즉 대등하게 교제하고 있다.

후지오카에 따르면, 만세일계의 천황을 중심으로 하는 국체라는 관념은 수라는 강국과의 대등한 교제, 즉 견수사에 의해 강화되었다고 한다. 그러므로 견수사에 대한 기술은 종전보다 많은 분량을 할애해야 하였다.

여기서 중시하고자 하는 것이 제3기 국정교과서부터 시작되는, 주변 국가들을 식민지화하는 대국 수의 국세에 기죽지 않고 대등한 관계를 쟁취한 일본이라는 구도가 당시 일본을 둘러싼 국제 상황과 합치하는 점이다.

1919년 제1차 세계 대전 후의 강화 조건을 토의한 파리 강화회의에서는 새로운 국제체제 구축, 즉 국제연맹에 대한 토의도 이루어졌다. 일본은 국제연맹의 규약에 "각국의 평등 및 그 국민에 대한 공정한 대우의 원칙을 시인하고"라는 문장을 넣기 위해 운동을 벌였다. 국가와 국가의 관계는 대등해야 한다는 주장이지만, 얼마 전 1910년에 한국을 병합한 일본이 말하는 "각국의 평등"은 현대의 감각과는 거리가 있다.

미국 등지에서 일본인 배척 운동이 활발하게 전개되는 정세 속에서 "인종적 편견에서 발생할 수 있는 제국의 불리함을 제거하려"(일본 정부 대표단에 대한 지시) 한 일본의 요구는 유럽과 미국에 받아들여지지 않았다. 이런 시기에 영일동맹을 구실로 제1차 세계 대전에 참가했고, 국제연맹의 규약을 통해 명실공히 서구 열강과 어깨를 나란히 하고자 했던 일본에게 '우리 나라'의 '외교'가 시작된 것은 언제였나라는 문제가 부상했을 것이다.

국체 관념은 시대가 내려갈수록 강조되었다. 1940년부터 사용된 제5기 국정교과서에서는 '일출처천자'로 시작되는 서장을 통해 쇼토쿠태자가 "국위를 보이셨다"라고 표현하였다. 이 교과서의 하권인 근세사·현대사 수정에 대해 수정 제안서에서는 10개 항목의 주안점이 설정되었다. 그중 제4부터 제6까지 3개 항목이 모두 국제관계와 관련된 항목이었다.

제4가 "현대의 세계정세가 유래된 바를 밝힐 것", 제5가 "우리 나라의 일관된 외교 방침을 밝히고, 자주적 태도를 강조할 것", 제6이 "우리 나라가 동아시아 및 세계에서 지도적 지위에 있다는 자각을 촉진할 것"이다.

그런데 이 수정 제안서 상·하권 모두 내용 수정 요점 일람표가 끝부분에 붙어 있는데, 그중 상권의 '쇼토쿠태자' 항목에 "태자의 대수 외교에서 자주적 태도 및 국체명징國體明徵의 정신"이라고 되어 있다. '자주적 태도'를 강조한다는 태도가 하권의 수정 제5 항목과 일치하는 것은 우연이 아닐 것이다. 수정 제안서에 따르면 "우리 나라의 일관된 외교 방침"이란 견수사 이래 자주적 태도로 강국과 대등하게 겨뤄온 것이었다. 국정교과서 편찬자에게는 쇼토쿠태자의 견수사가 바로 근현대로 이어지는 '외교'의 시작이었다.

그러나 고대의 국가 간 교섭은 본문에서 기술한 바와 같이 실제로는 국가의 체면을 중시하지 않았다. 교섭의 목적이 달성되면 그만이지, 교섭 과정에서의 대등, 혹은 결과적으로 구축된 관계의 대등 여부는 반드시 중요한 것으로 여기지 않았다.

근대 외교의 입장에서 국정교과서에 대등한 외교라고 했던 견수사가 역사적 사실로서 수와 대등한 관계를 구축하려 했는가? 다시 본서에서 확인해 주기 바란다.

동경하던 나라奈良의 대지를 처음 밟은 것은 16살 나던 해의 여름이었다. 교과서에서 읽었던 일본 고대사의 무대를 방문하여 가슴이 벅찼다 (단, 경험한 적이 없는 무더위에는 질리기도 하였다). 멀리 떨어진 홋카이도에서 품었던 일본 고대사에 대한 타는 듯한 동경이 이 나이가 되도록 식은 적이 없다.

엄마의 취미 덕분에 친정의 서가에는 역사소설이 꽂혀 있었다. 몇 권 되지 않은 장서는 얼마 되지 않아 다 읽어 버렸고, 초등학교부터 고교 때까지는 도서관에서 역사 관련 책을 닥치는 대로 읽었다. 다만, 그 무렵의 흥미는 오히려 중국사와 중동사에 있었다.

홋카이도대학에 들어가 난부 노보루南部昇 선생님의 수업을 수강하면서 일본 고대사의 재미에 눈을 떴다. 사실은 소설보다 훨씬 신기하였다. 단정한 글자로 판서하시는 내용을 필사적으로 베끼던 것이 어제 일처럼 떠오른다.

대외관계사에 발을 들여놓은 것은 졸업논문 때였다. 고심 끝에 견수사를 주제로 잡았다. 대학원 석사과정에서는 아시아 각국의 수 왕조와의 교섭에 대해 공부하기 시작하였다. 그러나 당시 홋카이도대학에는 동아시아사 전문 선생님이 계시지 않아, 사카우에 야스토시坂上康俊 선생님이 계시는 규슈대학의 대학원에 진학하게 되었다.

홋카이도대학에서도 나름 노력했다고 생각했지만, 규슈대학에 비하면 아무것도 아니었다. 사카우에 선생님의 지도는 정말 엄했지만, 그러나 무진장 재미있었다. 필사적으로 공부해도 다른 사람에게 뒤처지지 않는 것이 고작이었다. 매주 있는 세미나에서 철저하게 훈련을 받았지만, 지도에 부응하지 못하는 자신이 분했다.

동양사에 대한 소양이 없는 것도 문제였다. 가와모토 요시아키川本芳昭 선생님의 지도를 받고, 동양사 연구실 사람들의 격려를 받으며 공부하였다. 설날에도 연구실에 틀어박혀 동양사 사람들과 난로 위에 찹쌀떡을 구워 먹던 날이 그립다.

그로부터 약 10년, 지지부진하지만 진행해 온 결과가 본서이다.

역사학에서 대외관계사는 본류가 된 적이 없다. "외교사가 어디가 재미있어?" "외교사에 의미가 있기는 한가?"라는 소리를 듣는 일도 있다. 무엇을 재미있다고 여길지는 사람마다 다르지만, 현대를 살아가는 우리에게 국민국가의 테두리를 헐어버린 역사를 아는 것은 중요하며, 그것을 위한 입구로서 대외관계사 연구가 중요한 것은 누구나 인정할 것이다.

그래서 본서는 '우리 나라의 역사'라는 속박에서 벗어나 아시아의 역사로서 일본의 대외관계사를 살펴보기 위해 객관적인 시선을 유지하도록 유의하였다. 유사한 시도는 과거에도 있었지만, 불교에 착안하여 서술한 것이 본서의 특징이다. 과거 아시아에서 융성했던 불교가 아시아의 국제관계를 어떻게 매개했을까? 나에게는 『수서』를 읽고 왜국의 견수사가 '해서의 보살천자'라고 수 황제를 호칭했다는 사실을 알고 난 이후부터 계속된 과제였다. 그와 동시에 본서는 왕권을 둘러싼 정치 상황에도 주목하였다. 일본사학에서 방계로 여겨져 온 대외관계사가 정치사의 근간과도 밀접하게 관련된다는 점을 밝히기 위해서였다.

매우 더듬더듬 진행한 시도였지만, 이 책을 읽어주신 분들께 대외관계사가 얼마나 재미있는지, 그 편린이라도 전해졌다면 더 이상의 기쁨은 없겠다.

본서를 직접 읽어주신 분들뿐만 아니라 본서가 완성되기까지 조언해

주신 분들, 특히 가타야마 요시타카片山慶隆씨와 혼조 소코本庄総子씨께 감사의 말씀을 드린다.

본래 본서는 2017년 봄에는 완성되었어야 하였다. 건강이 크게 나빠져 집필이 대폭 늦어지는 가운데, 계속해서 조언과 격려를 보내주신 주코신서中公新書 편집부의 시라도 나오토白戸直人씨께는 그저 감사할 따름이다. 끝낼 기회를 주신 데 깊이 감사를 드린다.

몸이 거덜 나서 연구를 계속하는 것도 곤란한 상황이었지만, 많은 우인들의 도움을 받았다. 이렇게 우인들이 고맙다고 생각한 적은 없었다. 특히 혼자 걸을 수도 없는 날들에 마쓰무라 준코松村淳子 선생님과 니시무라 사토미西村さとみ 선생님께 도움을 받은 것은 평생 잊지 못할 것이다.

딸에게는 높은 산보다 더 큰 사랑을 전하고 싶다. 포동포동한 뺨에 얼마나 많은 위안을 받았는지 모른다.

그 무엇보다 살아서 본서를 완성할 수 있었던 것은 모두 남편 후지이 히가루藤井光 덕분이다. 어떻게 은혜에 보답하면 좋을지 날마다 생각하고 있다. 남편이 나에게 헌정한 책의 숫자에는 당하지 못하지만, 문자로는 도저히 표현할 수 없을 만큼 최대한의 사랑을 담아 본서를 남편 후지이에게 바친다.

2019년 2월 19일
가와카미 마유코

※ 배열은 대체로 본문 서술 순으로 하였다. 그리고 한 번만 게재하였다.

본서 전체와 관련된 것

山尾幸久「遣唐使」(井上光貞 외 편『東アジア世界における日本古代史講座6 日本律令国家と東アジア』学生社, 1982)

大津透『天皇の歴史1 神話から歴史へ』(講談社, 2017)

吉川真司『天皇の歴史2 聖武天皇と仏都平城京』(講談社, 2018)

河内祥輔『古代政治史における天皇制の論理〈増訂版〉』(吉川弘文館, 2014)

坂上康俊『シリーズ日本古代史④ 平城京の時代』(岩波書店, 2011)

拙著『古代アジア世界の対外交渉と仏教』(山川出版社, 2011)

제1장

三輪良章『五胡十六国 中国史上の民族大移動(新訂版)』(東方書店, 2012)

坂本義種『倭の五王 空白の五世紀』(教育社, 1981)

吉川忠夫『劉裕 江南の英雄 宋の武帝』(中央公論社, 1989)

河内春人『倭の五王 王位継承と五世紀の東アジア』(中央公論社, 2018)

川本芳昭『中国の歴史05 中華の崩壊と拡大 魏晋南北朝』(講談社, 2005)

西嶋定生「東アジア世界と冊封体制 六~八世紀の東アジア」(『中国古代国家と東アジア世界』東京大学出版会, 1983. 초출 1962)

東野治之『日本古代金石文の研究』(岩波書店, 2004)

田中史生『倭国と渡来人 – 交錯する「内」と「外」』(吉川弘文館, 2005)

趙燦鵬「南朝梁元帝《職貢圖》題記佚文的新發現」(『文史』2011년 제1집)

趙燦鵬「南朝梁元帝《職貢圖》題記佚文續拾」(『文史』2011년 제4집)

氣賀澤保規「アジア交流史からみた遣隋使 煬帝の二度の国際フェスティバルの狭間で」(동편 『遣隋使からみた風景 東アジアからの新視点』八木書店, 2012)

金維諾「職貢圖的年代与作者 - 讀畵禮記 - 」(『文物』1960년 7호)

榎一雄『榎一雄著作集7 中国史』(汲古書院, 1994)

深津行德 「台湾故宮博物院所蔵『梁職貢図』模本について」(『調査研究報告書』44, 1999)

堀内淳一 「『魯国』か『虜国』か」(鈴木靖民・金子修一 편『梁職貢図と東部ユーラシア世界』勉誠出版, 2014)

Il'yasov, Jangar Ya. "The Hephthalite Terracotta", Silk Road Art and Archaeology. 7 (2001)

拙稿「『職貢図』とその世界観」(『東洋史研究』74-1, 2015)

渡辺信一郎『中国古代の王権と天下秩序 日中比較史の視点から』(校倉書房, 2003)

戸川貴行『東晋南朝における伝統の創造』(汲古書院, 2015)

熊谷公男『日本の歴史03 大王から天皇へ』(講談社, 2008)

鎌田元一「日本古代の『クニ』」(『日本の社会史 第6巻 社会的諸集団』岩波書店, 1988)

佐川英治「漢帝国以降の多元的世界」(『歴史の転換期2 378年 失われた古代帝国の秩序』山川出版社, 2018)

東野治之『遣唐使船 東アジアのなかで』(朝日新聞社, 1999)

吉村武彦『シリーズ日本古代史2 ヤマト王権』(岩波書店, 2010)

岸俊男「画期としての雄略朝 稲荷山鉄剣銘付考」(『日本古代文物の研究』塙書房, 1988. 초출 1994)

제2장

佐藤智水『北魏仏教史論考』(岡山大学文学部, 1998)

吉川忠夫『侯景の乱始末記 南朝貴族社会の命運』(中央公論社, 1974)

森三樹三郎『梁の武帝 仏教王朝の悲劇』(平楽寺書店, 1956)

諏訪義純『中国南朝仏教史の研究』(法蔵館, 1997)

薗田香融「東アジアにおける仏教の伝来と受容　日本仏教の伝来とその
　　史的前提」(『関西大学東西学術研究所紀要』22, 1989)

清水昭博『古代朝鮮の造瓦と仏教』(帝塚山大学出版会, 2013)

末松保和『新羅史の諸問題』(東洋文庫, 1954)

上川通夫『日本中世仏教形成史論』(校倉書房, 2007)

中森隆之『日本古代国家の仏教編成』(塙書房, 2007)

榎本淳一「比較儀礼論」(『日本の対外関係2　律令国家と東アジア』吉川弘
　　文館, 2011)

東野治之「日出処・日本・ワークワーク」(『遣唐使と正倉院』岩波書店, 1992.
　　초출 1991)

廣瀬憲雄「倭国・日本史と東部ユーラシア　六〜十三世紀における政治的
　　関連再考」(『歴史学研究』872, 2010)

山崎宏『支那中世仏教の展開』(清水書房, 1942)

塚本善隆「国分寺と隋唐の仏教政策ならびに官寺」(『塚本善隆著作集　第
　　六巻　日中仏教交流史研究』大東出版社, 1974. 초출 1938)

大島幸代・萬納恵介「隋仁寿舎利塔研究序説」(『奈良美術研究』12, 2012)

Chen, Jinhua, *Monks and Monarchs, Kinship and Kingship: Tanqian in Sui
　　Buddhism and Politics*. Kyoto: Italian School of East Asian Studies, 2002

新川登亀男『『仏教』文明の東方移動　百済弥勒寺西塔の舎利荘厳』(汲古書
　　院, 2013)

藤善眞澄「王劭の著述小考」(『道宣伝の研究』京都大学学術出版会, 2002.
　　초출 1973)

礪波護「天寿国と重興仏法の菩薩天子と」(『隋唐仏教文物史論考』　法蔵
　　館, 2016. 초출 2005)

森克己『増補版　遣唐使』(至文堂, 1966)

堀敏一『中国と古代東アジア世界　中華的世界と諸民族』(岩波書店, 1993)

金子修一『隋唐の国際秩序と東アジア』(名著刊行会, 2001)

池田温「裴世清と高表仁　隋唐と倭の交渉の一面」(『東アジアの文化交流
　　史』吉川弘文館, 2002. 초출 1971)

榎本淳一「『隋書』倭国伝について」(大山誠一 편『日本書紀の謎と聖徳太
　　子』平凡社, 2011)

제3장

榎本淳一「遣唐使の役割と変質」(『岩波講座 日本歴史 第3巻 古代3』岩波書店, 2014)

水谷千秋『女帝と譲位の古代史』(文藝春秋, 2003)

河内春人『東アジア交流史のなかの遣唐使』(汲古書院, 2013)

市大樹『飛鳥の木簡 古代史の新たな解明』(中央公論新社, 2012)

鈴木靖民「東アジアにおける国際変動と国家形成 七世紀の倭国」(『倭国史の展開と東アジア』岩波書店, 2012. 초출 1994)

森公章「遣外使節と求法・巡礼僧の日記」(『日本研究』44, 2011)

森公章『『白村江』以降 国家危機と東アジア外交』(講談社, 1998)

鈴木靖民「百済救援の役後の日唐交渉 天智紀唐関係記事の再検討」(『日本の古代国家形成と東アジア』吉川弘文館, 2011. 초출 1972)

倉本一宏『戦争の古代史2 壬申の乱』(吉川弘文館, 2007)

古瀬奈津子『遣唐使の見た中国』(吉川弘文館, 2003)

中林隆之「東アジア〈政治－宗教〉世界の形成と日本古代国家」(『歴史学研究』885, 2011)

佐伯有清「山上氏の出自と性格」(『日本古代氏族の研究』吉川弘文館, 1985. 초출 1978)

東野治之「日本国号の研究動向と課題」(『史料学探訪』岩波書店, 2015. 초출 2013)

長澤和俊・横張和子『絹の道 シルクロード染織史』(講談社, 2001)

藤善眞澄『隋唐時代の仏教と社会 弾圧の狭間にて』(白帝社, 2004)

肥田路美「奈良国立博物館所蔵刺繍釈迦如来説法図」(『初唐仏教美術の研究』中央公論美術出版, 2011. 초출 1994)

大西磨希子『唐代仏教美術論攷 仏教文化の伝播と日唐交流』(法蔵館, 2017)

東野治之「遣唐使の朝貢年期」(『遣唐使と正倉院』岩波書店, 1992. 초출 1990)

小林正美『唐代の道教と天師道』(知泉書館, 2003)

小幡みちる「唐代の国際秩序と道教 朝鮮諸国への道教公伝を中心として」(『史滴』25, 2003)

小幡みちる「日本古代の道教受容に関する一考察 八世紀前半の日唐関

　　係を通じて」(『早稲田大学大学院文学研究科紀要』50-4, 2004)

小幡みちる 「八世紀後半の日唐関係と道教」(『史滴』29, 2007)

上田雄 『遣唐使全航海』(草思社, 2006)

藤善眞澄 「金剛智・不空渡天行釈疑 中・印交渉を手掛りに」(『中国仏教史
　　研究 隋唐仏教への視角』法蔵館, 2013. 초출 1976)

森安孝夫 「唐代における胡と仏教的世界地理」(『東西ウイグルと中央ユー
　　ラシア』名古屋大学出版会, 2015. 초출 2007)

森安孝夫 『興亡の世界史05 シルクロードと唐帝国』(講談社, 2016)

森部豊 『安禄山『安史の乱』を起こしたソグド人』(山川出版社, 2013)

濱田耕策 『渤海国興亡史』(吉川弘文館, 2000)

山内晋次 「国際情報と律令国家」(『日本の対外関係2 律令国家と東アジア』
　　吉川弘文館, 2011)

保立道久 『黄金国家 東アジアと平安日本』(青木書店, 2004)

西本昌弘 『桓武天皇 造都と征夷を宿命づけられた帝王』(山川出版社, 2013)

藤善眞澄 역주 『参天台五台山記』 상・하(関西大学出版部, 2011)

氣賀澤保規 『中国の歴史06 絢爛たる世界帝国 隋唐時代』(講談社, 2005)

石見清裕 「円仁と会昌の廃仏」(鈴木康民 편 『円仁とその時代』高志書店,
　　2009)

拙稿 「外国への遣使たち 遣隋使・遣唐使の時代」(舘野和己・出田和久 편
　　『日本古代の交通・交流・情報 第2巻 旅と交易』吉川弘文館, 2016)

제4장

田中史生 편저 『入唐僧恵萼と東アジア 附恵萼関係史料集』(勉誠出版, 2014)

佐伯有清 『悲運の遣唐僧 円載の数奇な生涯』(吉川弘文館, 1999)

佐伯有清 『円珍』(吉川弘文館, 1990)

佐伯有清 『高丘親王入唐記 廃太子と虎害伝説の真相』(吉川弘文館, 2002)

河添房江 『唐物の文化史 舶来品からみた日本』(岩波書店, 2014)

佐藤全敏 「国風とは何か」(『日本古代交流史入門』勉誠出版, 2017)

石井正敏 「いわゆる遣唐使の停止について 『日本紀略』停止記事の検討」
　　(『中央大学文学部紀要』35, 1990)

森公章「菅原道真と寛平度の遣唐使計画」(『遣唐使と古代日本の対外政策』
　　吉川弘文館, 2008. 초출 2006)

榎本渉『シリーズ選書日本中世史4 僧侶と海商たちの東シナ海』(講談社,
　　2010)

森部豊・石見清裕「唐末沙陀『李克用墓誌』訳注・考察」(『内陸アジア言語の
　　研究』18, 2003)

石見清裕「沙陀研究史　日本・中国の学会における成果と課題」(『早稲田
　　大学モンゴル研究所紀要』2, 2005)

森部豊「河東における沙陀の興起とソグド系突厥」(『ソグド人の東方活動
　　と東ユーラシア世界の歴史的展開』関西大学出版部, 2010. 초출 2004)

杉山正明『中国の歴史08 疾駆する草原の征服者 遼・西夏・金・元』(講談
　　社, 2005)

森安孝夫「ウイグルの西遷について」,「ウイグルと敦煌」(『東西ウイグル
　　と中央ユーラシア』名古屋大学出版会, 2015. 초출은 각각 1977・1980)

栄新江『帰義軍史研究 唐宋時代敦煌歴史考察』(上海古籍出版社, 1996)

中田美絵「沙陀の唐中興と五台山」(原田正俊 편『日本古代中世の仏教と
　　東アジア』関西大学出版部, 2014)

前田正名『河西の歴史地理学的研究』(吉川弘文館, 1964)

藤枝晃「沙州帰義軍節度使始末(1~4)(『東方学報』12-3~13-2, 1941~1943)

馮培紅『帰義軍時期敦煌与周邊地區之間的僧使交往』(鄭炳林 주편『敦煌
　　帰義軍専題研究續編』蘭州大學出版社, 2003)

土肥義和「帰義軍(唐後期・五代・宋初期)時代」(榎一雄 편『講座敦煌2 敦
　　煌の歴史』大東出版社, 1980)

拙稿「五代諸王朝の対外交渉と僧侶」(古瀬奈津子 편『東アジアの礼・儀
　　式と支配構造』吉川弘文館, 2016)

劉恒武「五代呉越国の対日『書函外交』考」(『古代文化』59-4, 2008)

西本昌弘「『唐風文化』から『国風文化』へ」(『岩波講座　日本歴史　古代5』
　　岩波書店, 2015)

塚本麿充「北宋初期三館秘閣の成立とその意義」(『北宋絵画史の成立』中
　　央公論美術社, 2016. 초출 2011・2012)

竺沙雅章『宋元仏教文化史研究』(汲古書院, 2000)

石上英一「日本古代一〇世紀の外交」(『東アジア世界における日本古代史講座 東アジアの変貌と日本律令国家』7 学生社, 1982)

榎本渉「書評 手島崇裕著『平安時代の対外関係と仏教』」(『ヒストリア』256, 2016)

鄭淳一『九世紀の来航新羅人と日本列島』(勉誠出版, 2015)

맺음말

Harold G. Nicolson 저, 深谷満雄・斎藤眞 역『外交』(東京大学出版会, 1968)

細谷雄一『外交 多文明時代の対話と交渉』(有斐閣, 2007)

森田吉彦「Diplomacyから外交へ 明治日本の「外交」観」(岡本隆司 편『宗主権の世界史東西アジアの近代と翻訳概念』名古屋大学出版会, 2014)

Satow, Ernest. *A Guide to Diplomatic Practice*. 3rd ed. London: Longmans, 1932

寿福隆人「明治20年代中期の古代史教材の転換 聖徳太子教材の成立を通して」(『日本の教育史学』28, 1985)

蒲澤悠貴「国定教科書第3期における歴史教育の特質 藤岡継平の歴史教育論に着目して」(『歴史教育史研究』15, 2017)

고대중일관계사 관련 연표

연도	왜국·일본(701년 이후)	중국(동아시아도 언급)
265		서진 건국
280		서진이 오를 멸망시켜 중국을 통일
316		서진 멸망
317		동진 건국
372		중국으로부터 고구려에 불교 전래
384		중국으로부터 백제에 불교 전래
410		동진이 남연을 멸망시켜 산둥반도가 동진의 판도로 들어감
420		동진이 멸망하고 송이 건국. 고구려왕·백제왕 등에게 일제히 진호
421	처음으로 송에 사절을 파견. 찬이 제수 받음	
425	송에 사절을 파견하여 토산품을 헌상	
430	송에 사절을 파견하여 토산품을 헌상	가라타국이 불교 용어를 구사한 상표문을 송에 보냄
438	송에 사절 파견. 송은 진을 안동장군·왜국왕으로 봉하고, 진의 요청에 따라 왜수 등 13명을 평서·정로·관군(冠軍)·보국장군에 임명	
439		북위가 화북을 통일
443	송에 사절 파견. 송은 제를 안동장군·왜국왕에 봉함	
446		북위에서 폐불이 일어남
451	송에 사절을 파견. 송은 제에 사지절·도독왜신라임나가라진한모한육국제군사를 더하고 안동대장군으로 임명. 제의 요청에 따라 23명에게 군사권 및 군군(軍郡) 지배와 관련된 칭호를 수여	
452		북위에서 폐불이 종료
460	송에 사절을 파견하여 토산물을 헌상	
462	송에 사절 파견. 송은 흥을 안동장군·왜국왕에 봉함	
471	이나리야마고분 출토 철검 명문이 작성됨	

234

연도	왜국·일본(701년 이후)	중국(동아시아도 언급)
477	송에 사절을 파견하여 토산물을 헌상	
478	송에 사절 파견. 송은 무를 사지절·도독 왜신라임나가라진한모한육국제군사·안동대장군·왜왕에 봉함	
479	남제에 사절 파견. 남제는 무의 칭호를 진동대장군으로 올림	송이 멸망하고 남제가 건국
502		남제가 멸망하고 양이 건국
518		양 무제가 보살계를 받음
527		양 무제가 첫 번째 사신拾身 백제가 양의 연호 대통을 따서 대통사를 건립 신라가 불교를 공인
529		양 무제가 두 번째 사신
531	제26대 게이타이천황 사망	
534		북위가 동서로 분열
539	제29대 긴메이천황 즉위	
540경		양에서 「직공도」가 제작됨
541		양 무제가 『마하반야바라밀경』을 강설 백제 사신도 참석하여, 무제가 찬술한 '반야 등의 경의'를 하사품으로 요구하여 허가를 받음
545	백제가 양에서 얻은 문물을 보내옴	
546		양 무제가 세 번째 사신
547 이전	왜국이 불교를 공적으로 '도입'	
547		양 무제가 네 번째 사신 후경이 동위에서 반란을 일으키고 양에 투항
548		양에서 후경이 반란을 일으킴
549		양 무제 사망
550		동위가 멸망하고 북제가 건국
557		서위가 멸망하고 북주가 건국 양이 멸망하고 진이 건국
562		가야 지역이 신라의 판도에 편입됨
572	제30대 비다쓰천황 즉위	

연도	왜국·일본(701년 이후)	중국(동아시아도 언급)
577		북주가 북제를 멸망시키고 화북 통일
581		북주가 멸망하고 수가 건국 백제·고구려 등이 처음으로 수에 조공
585	제31대 요메이천황 즉위	수가 동돌궐을 신종시킴. 문제가 보살계를 받음
587	제32대 스슌천황 즉위	
589		수가 진을 멸망시켜 중국을 통일
592	제33대 스이코천황 즉위. 요메이천황의 아들 쇼토쿠태자가 섭정이 됨	진왕 광(후의 양제)이 보살계를 받음
594		신라가 수에 조공을 시작
598		수가 고구려 토벌을 시도
600	제1차 견수사. 문제로부터 훈계를 받음	
601		사리탑 건립 사업 시작 고구려·백제·신라에 사리를 분여
602	백제와 고구려에서 승려가 방일. 사리탑 건립 사업의 정보를 제공?	제2기 사리탑 건립 사업 마가타국에서 사리탑 건립을 칭송하는 사신이 옴
603	오하리다궁으로 거처를 옮김 관위 12계제 제정	
604	17조 헌법 제정	제3기 사리탑 건립 사업 문제 사망, 양제 즉위
607	제2차 견수사. '일출처천자'로 시작하는 서장을 지참. 유학승을 파견	
608	견수사가 수에서 귀국. 선유를 위해 배세청이 방일 배세청을 보내기 위해 제3차 견수사 파견	양제가 홍려시에 고승을 보내 각국의 승려를 교육시키기로 함
609	제3차 견수사 귀국	
610	제4차 견수사 파견	뤄양에서 국제 이벤트를 개최
612		제1차 고구려 원정
613		제2차 고구려 원정
614	제5차 견수사 파견. 수에 입국했는지는 불명	제3차 고구려 원정
615	제5차 견수사 귀국	
617		당 고조 이연이 타이위안에서 거병
618		양제 사망 이연이 즉위하여 당 건국

연도	왜국·일본(701년 이후)	중국(동아시아도 언급)
619		고구려가 당에 조공을 시작
621		백제·신라가 당에 조공을 시작
622	쇼토쿠태자 사망	
623	견수 유학승·유학생이 신라를 거쳐 귀국. 당에 조공을 진언	당이 중국을 통일
624		당이 고구려왕·백제왕·신라왕을 책봉 고구려에는 도사도 파견
626		태종 즉위
629	제34대 조메이천황 즉위	
630	제1차 견당사 파견	당이 동돌궐을 멸망시킴
632	제1차 견당사가 고표인을 대동하고 귀국. 쟁례爭禮가 일어남	
642	제35대 고교쿠천황 즉위	
644		당이 고구려 토벌군을 파견(~648)
645	을사의 변. 제36대 고토쿠천황 즉위	
649		고종 즉위
650	견당사 선박 건조 개시	신라가 당에 고구려·백제의 침공을 호소
651	백제·신라에서 사신이 방일	당이 고구려·백제에 침공을 그만두도록 통고
652	백제·신라에서 사신이 방일	고구려·백제·신라가 함께 조공 사절을 파견하여 당의 통고를 받아들였음을 표명
653	제2차 견당사 파견. 유학생·유학승 파견	
654	제2차 견당사 귀국 제3차 견당사 파견. 사절단의 대표였던 다카무코노 겐리가 당에서 사망	
655	제37대 사이메이천황 즉위(고교쿠천황 재즉위). 제3차 견당사 귀국	고구려와 백제가 신라에 침입, 당은 고구려 토벌군을 파견
659	제4차 견당사가 에미시를 대동하고 입당. 사절단은 당의 백제 공격에 대비하여 억류됨	
660	억류되어 있던 견당사 일행의 귀국 허가	백제 멸망 백제 부흥 운동 시작. 부여풍의 귀국과 파병을 왜국에 요청

연도	왜국·일본(701년 이후)	중국(동아시아도 언급)
661	백제 부흥 운동에 개입하기 위해 아사쿠라에 행궁을 설치 제4차 견당사 귀국 사이메이천황 사망	당이 고구려 토벌을 본격화함
663	백강에서 백제 부흥군과 왜국에서 파견된 원군이 괴멸 패한 왜국의 원군이 이주를 희망하는 백제인을 데리고 귀국	
664	백강에서 수군을 이끌었던 유인원이 부하 곽무종을 왜국에 파견. 상경을 허락하지 않음	
665	당의 사신 유덕고 방일 제5차 견당사를 파견하여 유덕고를 호송	백제의 태자였던 부여융(웅진도독)과 신라왕 사이에 맹약이 체결됨
667	유인원이 사마법총을 파견하여, 제5차 견당사였던 사카이베노 이와쓰미 등을 호송 사마법총을 배웅하기 위한 사신을 한반도까지 파견	
668	제38대 덴지천황 즉위	당이 고구려를 멸망시키고, 한반도 전체를 도호부와 도독부의 통치하에 둠
669	고구려 평정을 축하하는 사신을 파견	
670		한반도를 통일하려는 신라와 당 사이에 전쟁이 발발
671	1,400명의 망명 백제인을 받아들임	
672	임신의 난	
673	제40대 덴무천황 즉위	
676		당이 한반도에서 철수
686	덴무천황 사망	
689	황태자였던 구사카베황자가 사망 신라에서 덴무천황의 조문사가 방일 아스카키요미하라령을 반포	
690	제41대 지토천황 즉위	고종의 황후였던 측천무후가 즉위. 왕조 명칭이 당에서 주로 바뀜
694	후지와라궁(나라)으로 천도	
697	지토천황이 제42대 몬무천황에게 양위	
698		발해 건국
701	제7차 견당사 임명	
702	제7차 견당사 출발	

연도	왜국·일본(701년 이후)	중국(동아시아도 언급)
704	제7차 견당사 귀국	
705		쿠데타로 측천무후가 퇴위하고, 아들 중종이 즉위. 왕조 명칭이 당으로 복원됨
707	제43대 겐메이천황 즉위	
710		중종이 독살되고 예종이 즉위
712		예종이 양위하고 아들 현종이 즉위
714	오비토황자가 입태자(후의 쇼무천황)	
715	겐메이천황이 제44대 겐쇼천황에게 양위	
716	제8차 견당사 임명	
717	제8차 견당사 출발. 홍려시에서 유교를 교수받음. 공자묘와 사원, 도관에도 참배	해홫가 현종에게 사원과 도관에 참배 및 동시와 서시에서의 교역을 요청하여 허가받음
718	제8차 견당사의 우두머리가 귀국	
719	제8차 견당사 일행이 당 황제로부터 하사받은 조복을 입고 조하 의식에 참석	
720		남천축이 당을 위해 사원을 건립
724	제45대 쇼무천황 즉위	
727	발해에서 처음으로 사신이 방일	
729	후지와라노 고묘시를 황후로 세움	토하리스탄이 당에 승려를 사신으로 파견하여 각종 약을 헌상
731		중천축이 당에 승려를 사신으로 파견
732	제9차 견당사 임명	
733	제9차 견당사 출발	카슈미르가 당에 승려를 사신으로 파견
735	제9차 견당사의 우두머리가 귀국. 기비노 마키비·겐보가 귀국	
736	나카토미노 나시로가 귀국. 귀국의 편의를 얻기 위해 현종이 주석을 단 『노자도덕경』의 하사를 요청. 원진경과 도선·보제선나·페르시아인 이밀예 등이 방일	
742		감진이 방일을 결심
745		기르기트가 당에 승려를 사신으로 파견
746	견당사 임명. 그러나 파견하지 않음	스리랑카가 당에 승려를 사신으로 파견하고, 조개껍질에 새겨 넣은 산스크리트어 대반야경 등을 헌상

연도	왜국·일본(701년 이후)	중국(동아시아도 언급)
748		기르기트에서 국왕과 승려가 입국. 현종은 승려를 홍려원외경에 임명한 후 귀국시키고, 국왕은 숙위로 머물게 함
749	쇼무천황이 출가. 제46대 고켄천황에게 양위	
750	제10차 견당사 임명	카피시가 당에 승려를 사신으로 파견하고, 당의 사신 파견을 희망하므로 사신을 파견
752	제10차 견당사 출발	
753	신라 사절과 조하의 석차를 다툼. 현종으로부터 도사의 방일을 권유받았지만 사양. 감진 방일	
754	감진이 쇼무태상천황·고켄천황·고묘황태후에게 보살계를 줌	
755		안록산이 반란을 일으켜 뤄양을 함락
756	쇼무태상천황 사망	안록산이 뤄양에서 즉위. 현종은 촉으로 피란하고, 황태자였던 숙종이 쿠데타로 즉위
757		안록산이 아들에게 살해됨 당군이 위구르 원군의 도움을 받아 장안과 뤄양을 탈환
758	고켄천황이 제47대 준닌천황에게 양위 발해에서 안록산의 난 소식이 전해짐	안록산의 부하 사사명이 군대를 수습하여 당군과 싸움. 당군이 패하여 다시 뤄양을 잃어버림
759	후지와라노 기요카를 데리러 간다는 명목으로 제11차 견당사를 임명. 발해를 경유하여 입당	사사명이 뤄양에서 즉위
761	후지와라노 기요카와의 귀국은 허가되지 않음. 심유악의 호송를 받으며 고원도 등이 귀국 당의 요청에 따라 소뿔을 보내기 위한 견당사를 임명 쇼무천황의 손자 오사베왕이 탄생	사사명이 살해됨 토번에서 불교가 '국교'로 됨
762	고켄천황과 준닌천황이 불화	상황이 되어 있던 현종과 숙종이 사망. 숙종의 아들 대종이 즉위 위구르군의 원조를 받아 당군이 뤄양을 탈환

연도	왜국·일본(701년 이후)	중국(동아시아도 언급)
763	발해의 사신을 통해 당이 아직 혼란 상태에 있는 것을 알고, 소뿔과 당 사신을 보내기 위한 견당사 파견을 중지	사사명의 아들 사조의가 당군에게 쫓겨 자살하여 안사의 난이 종결 토번이 한때 장안을 점령
764	후지와라노 나카마로의 난. 준닌천황이 퇴위되고, 고켄태상천황이 재즉위(제48대 쇼토쿠천황)	
765		밀교승 불공이 우타이산에 황제의 권위를 강화하기 위한 사원 건립을 개시. 이후 당 황제는 우타이산 불교의 최대 공양주가 됨
770	쇼토쿠천황이 사망하고, 제49대 고닌천황 즉위	아베노 나카마로가 당에서 사망
771	오사베친왕이 입태자	
772	오사베친왕이 태자에서 폐위됨	
773	고닌천황의 장남인 야마베친왕이 입태자 (후의 간무천황)	
775	오사베친왕이 사망 제12차 견당사 임명	
777	제12차 견당사 출발	
778	제12차 견당사가 당의 사절을 대동하고 귀국. 당 사절을 보내기 위해 제13차 견당사 임명	
779	제13차 견당사 출발	덕종 즉위
781	고닌천황이 제50대 간무천황에게 양위 제13차 견당사 귀국	
783		당과 토번이 회맹
784	나가오카경으로 천도	
786		토번이 둔황을 함락하고 하서회랑(중국에서 실크로드로 나가는 간선 루트)을 장악
792		위구르가 실크로드 교통의 요충지인 북정(톈산산맥 동부)을 탈취
794	헤이안경으로 천도	
801	제14차 견당사 임명	
803	제14차 견당사가 출발했지만 실패	
804	제14차 견당사가 재출발. 사이초·구카이가 입당	

연도	왜국·일본(701년 이후)	중국(동아시아도 언급)
805	제14차 견당사가 원일조하에 참석. 덕종의 서거와 조우 이해에 귀국	순종 즉위. 순종이 병 때문에 헌종에게 양위
806	제51대 헤이제이천황 즉위	
809	헤이제이천황이 제52대 사가천황에게 양위	
810	헤이제이태상천황의 변	
821~ 822		당·토번·위구르 사이에 회맹이 성립. 아시아 대륙부 대부분이 세 제국에 분할되는 시대가 됨
823	사가천황이 제53대 준나천황에게 양위. 사가태상천황의 아들(후의 닌묘천황)이 입태자	
833	준나천황이 제54대 닌묘천황에게 양위. 준나천황의 아들이 입태자	
836	제15차 견당사 임명. 출발했지만, 역풍이 불어 표착	
837	재출발했지만, 역풍으로 표착	
838	세 번째 출발. 엔닌과 엔사이가 입당	
839	제15자 견당사가 신라선을 빌려 귀국	
840	준나태상천황이 사망	당·토번과 함께 아시아 대륙부를 삼분하던 위구르제국이 붕괴
841 이전	에가쿠가 입당	
841		회창 폐불이 시작되어, 장안에서만 5,000명 이상의 승려가 환속
842	사가태상천황이 사망 조와承和의 변. 준나태상천황의 아들이 태자에서 폐위되고, 닌묘천황의 아들이 입태자(후의 몬토쿠천황) 에가쿠가 귀국하여 우타이산에 일본국원을 건립하기 위해 모금을 시작	토번의 첸포인 란다르마가 암살되어, 토번이 분열 폐불이 다른 종교로까지 확대되어 마니교 승려가 처형됨
844	에가쿠가 두 번째 입당	
845		50세 이하의 승려와 외국인 승려는 모두 환속해야 한다는 명령이 내려짐
846		폐불을 명했던 무종 황제가 사망하고 선종이 즉위

연도	왜국·일본(701년 이후)	중국(동아시아도 언급)
847	에가쿠가 의공을 데리고 귀국 엔닌이 귀국	회창 폐불 종료
848		둔황이 토번의 지배로부터 독립
849	에가쿠가 세 번째 입당	
850	닌묘천황이 제55대 몬토쿠천황에게 양위	
851		둔황이 당에 사신을 파견하여 귀의군 절도사 설치가 허가됨
849~854	이 사이 에가쿠가 네 번째 입당	
854	의공이 귀국. 에가쿠는 의공을 보내러 다섯 번째 입당	
858	제56대 세이와천황 즉위. 일본 역사상 최초의 어린 천황	
862	신뇨친왕이 입당. 에가쿠가 수행	
875		황소의 난 발생
876	세이와천황이 제57대 요제이천황에게 양위	
880	세이와태상천황이 사망	황소가 뤄양과 장안을 함락하고 장안에서 즉위
881		희종이 촉으로 피란
882		황소군에 있던 주온이 당에 투항하고, 주전충이란 이름을 하사받음
883		사타족 이극용이 장안을 탈환, 황제가 귀환
884	요제이천황이 제58대 고코천황에게 양위	황소 자살
887	제59대 우다천황 즉위 아형사건이 일어남	
893	우다천황이 아들(후의 다이고천황)을 입태자	
894	견당사 파견이 계획되었지만, 중단됨	
897	우다천황이 제60대 다이고천황에게 양위	
900		후백제가 자립
901	스가와라노 미치자네가 다자이후로 좌천됨	
907		당 최후의 황제 애제가 주전충에게 선양, 후량 건국
911		감주 위구르와 티베트계 집단이 후량에 사신을 파견, 후량은 사절단의 일원이었

연도	왜국·일본(701년 이후)	중국(동아시아도 언급)
		던 승려에게 자의를 하사
916		야율아보기의 거란이 제국으로 결집
918		고려 건국
923		후량이 무너지고 후당 건국
924		후당 건국과 우타이산 불교 소식이 서역으로 가는 승려를 통해 둔황에 전해짐 이 무렵부터 외국에서 사절로 입국하는 승려가 증가하고, 그들에 대한 자의·대사 칭호 수여도 보이기 시작함
926	간켄이 입당을 신청	거란이 발해를 멸망시킴
927	간켄 일행 입당. 간켄은 곧바로 사망	
930	제61대 스자쿠천황 즉위	
930~933	간켄과 함께 갔던 간호 등이 입경	
936	오월에서 상인이 와서 오월왕에게 통교 의사가 있음을 전함	후당이 거란에 멸망하고, 후진이 건국 고려가 한반도를 통일
946	스자쿠천황이 제62대 무라카미천황에게 양위	후진이 거란에 멸망함
947	오월국왕과 후지와라노 사네요리 사이에 서장이 교환됨	거란이 후진의 수도였던 카이펑을 점령 거란군이 카이펑을 포기 후한 건국
950		후주 건국
951	천태경전의 송부를 의뢰하는 사신이 방일	
953	오월국왕과 후지와라노 모로스케 사이에 서장이 교환됨	
955		후주 세종에 의해 폐불이 단행
960		송 건국
972		촉에서 개보대장경 판목 제작을 시작
975		오월국이 송에 영토를 헌상
979		송이 중국을 통일
983	조넨이 입송	
986	자의·대사 칭호와 대장경을 하사받은 조넨이 귀국. 송은 조넨을 통해 조공을 촉구했지만, 일본은 응하지 않음	

| 지은이 소개 |

가와카미 마유코河上麻由子

1980년 홋카이도에서 출생. 2002년 홋카이도대학교 문학부 인문과학과 졸업, 2008년 규슈대학교 대학원 인문과학부 박사후기 과정을 수료하고 문학박사 학위 취득. 나라여자대학교 문학부 준교수를 거쳐 현재 오사카대학교 대학원 인문학연구과 준교수로 재직하고 있다. 주요 저작으로,『古代アジア世界の対外交渉と仏教』(東京, 山川出版社, 2011),『梁職貢図と東部ユーラシア世界』(共著, 東京, 勉誠出版, 2014),『日本古代のみやこを探る』(共著, 東京: 勉誠出版, 2015),『東アジアの礼・儀式と支配構造』(共著, 東京, 吉川弘文館, 2016),『日本古代の交通・交流・情報 2 旅と交通』(共著, 東京, 吉川弘文館, 2016),『日本的時空観の形成』(共著, 京都, 思文閣出版, 2017) 등이 있다.

| 옮긴이 소개 |

서각수徐珏洙

한국외국어대학교 역사문화연구소 초빙 연구원. 서울대학교 역사교육과를 졸업하고, 일본 교토대학 일본사학과에서 박사 과정을 수료한 후 서울예술고등학교에서 교직에 종사하였다. 주요 역서로는『새로 쓴 일본사』(공역, 창작과비평사, 2003),『관동대지진 조선인 학살 관련 번역 자료집 1』(동북아역사재단, 2023) 등이 있다.

이근명李瑾明

한국외국어대학교 사학과 교수. 서울대학교 동양사학과를 졸업하고 같은 대학에서 박사 학위를 취득하였다. 역사학회 회장, 송원사학회 회장 등을 역임하였다. 주된 저작으로『남송시대 복건 사회의 변화와 식량 수급』(신서원, 2013),『왕안석 자료 역주』(한국외국어대 지식출판원, 2017),『왕안석 평전』(신서원, 2021),『송명신언행록』(편역, 전4권, 소명출판, 2019),『아틀라스 중국사』(공저, 사계절, 2007) 등이 있다.

접경인문학 번역총서 007

고대중일관계사

왜의 오왕에서 견당사 이후까지

초판 1쇄 인쇄 2023년 10월 16일
초판 1쇄 발행 2023년 10월 27일

지 은 이 | 가와카미 마유코(河上麻由子)
옮 긴 이 | 서각수·이근명
펴 낸 이 | 하운근
펴 낸 곳 | 學古房

주   소 | 경기도 고양시 덕양구 통일로 140 삼송테크노밸리 A동 B224
전   화 | (02)353-9908 편집부(02)356-9903
팩   스 | (02)6959-8234
홈페이지 | http://hakgobang.co.kr
전자우편 | hakgobang@naver.com, hakgobang@chol.com
등록번호 | 제311-1994-000001호

ISBN 979-11-6995-456-3 94910
     979-11-6995-455-6 (세트)

값 : 20,000원

■ 파본은 교환해 드립니다.